POCH

VAINCRE L'AUTISME

BARBARA DONVILLE

VAINCRE L'AUTISME

Odile Jacob

poches

© ODILE JACOB, 2006, FÉVRIER 2008.
15, RUE SOUFFLOT, 75005 PARIS

www.odilejacob.fr

ISBN : 978-2-7381-2051-9
ISSN : 1621-0654

« Je maintiendrai… »

À mes enfants.

Introduction

Il n'a pourtant qu'un mois, et cependant quelque chose semble manquer déjà. C'est comme si vous n'arriviez pas à rassembler tous les éléments du puzzle de cette vie si brève. C'est bien cela, il n'a que trente jours et des morceaux manquent déjà ! Mais quoi exactement, ce serait bien difficile à définir. Durant votre grossesse, toute une relation s'est construite entre vous et votre enfant : c'est si extraordinaire cette aventure unique de la création que vous avez vécue pendant ces neuf mois qui viennent de s'écouler. Mais depuis qu'il est enfin là, rien ne paraît vraiment s'être mis en place, rien ne s'est poursuivi, il y a comme une étrange césure que vous ne vous expliquez pas, que vous préférez ne pas saisir !

Dans tous les livres que vous avez lus durant votre grossesse, on vous a assez rabâché que les heures de tétée, de repas, sont des moments d'essentiel partage avec votre enfant. Et vous vous souvenez des précieux conseils que vous avez relevés : « Prenez tout votre temps pour votre bébé »,

« Les moments de repas sont des moments d'intenses échanges, profitez-en »... Mais tout cela, à dire vrai, vous ne le ressentez pas. Votre bébé à vous paraît comme un peu lointain, il ne semble pas du tout profiter des câlins que pourtant vous vous efforcez de lui prodiguer. En fait, vous ne ressentez pas cette tendre réciprocité, cet intime partage, dont parlent tous les livres que vous avez parcourus avant sa naissance.

Oh ! ce n'est pas qu'il refuse ce que vous lui donnez, bien au contraire ! Il boit voracement son biberon, jusqu'à parfois régurgiter tellement il s'est précipité dessus, c'est un bébé en pleine santé, cela se voit bien ! Mais, il y a l'heure du bain durant laquelle il ne cesse de pleurer dès que vous le mettez dans l'eau, d'ailleurs vous avez vite remarqué que lorsqu'on le touche, cela provoque également des crises d'angoisse, comme si cela lui faisait mal, il a vraiment horreur qu'on lui mette une couche.

Lorsque vous cherchez à lui mettre un hochet dans la main, il a une curieuse façon de le saisir, le tenant dans sa main, sa tête tournée de l'autre côté, sans chercher le moins du monde à regarder l'objet que vous lui faites pourtant tenir, comme s'il n'y avait pas de relation entre sa main et sa tête, du moins c'est votre sentiment. Vous avez la vague impression que sa main ne lui appartient pas, qu'il ne sent pas ce que vous lui avez mis entre les doigts.

À trois mois, alors que tous les autres bébés qui vous entourent dans vos sorties quotidiennes commencent à sourire et à s'intéresser à l'environnement, le vôtre reste impassible avec son petit regard toujours sérieux sur lequel un sourire n'arrive pas à poindre. Il est tellement sage votre enfant à vous qu'on n'y prête pas tellement attention, déjà !

Et puis les mois passent, mais votre bébé à vous, reste toujours aussi sage. Lorsque vous le prenez dans les bras, il se fait tout mou, il ne cherche jamais à vous agripper, à saisir une mèche de vos cheveux. À dire vrai, cela ne semble pas du tout lui faire plaisir d'être pris dans vos bras. Vous ressentez peu à peu d'insensibles différences avec les bébés des autres mamans que vous avez rencontrées au square. Et c'est sans malice aucune qu'elles vous assènent les premiers coups de poignard : « Comme il est sérieux le tien ! On dirait un petit bouddha ! » ; ou encore : « Comme il a l'air rêveur ! »

Et c'est vrai que vous n'y connaissez pas grand-chose aux enfants, c'est votre premier et vous n'avez jamais vraiment observé les autres petits, ou bien c'est votre second et vous vous dites que vous ne vous souvenez plus vraiment, et puis tous les enfants ne sont pas obligés d'être semblables... Et pourtant cela vous gêne, cela vous dérange de raisonner ainsi, car vous voyez bien que même si vous ne vous en souvenez pas, les congénères de votre bébé sont là pour vous montrer comment on est à cet âge-là.

Il est 17 heures 30, l'heure de son goûter est passée depuis longtemps et vous n'avez rien entendu du tout. Habituellement, de multiples petits frottements à peine perceptibles proviennent de son lit, mais aujourd'hui, il doit dormir encore. Vous vous approchez sans bruit, pour l'éveiller gentiment, mais votre petit garçon ne vous a pas attendue. Il a les yeux écarquillés, absorbé par quelque chose que vous ne voyez pas, son regard est lointain, fixant un quelque part qui vous échappe. Vous vous approchez de lui et l'appelez doucement : il ne tourne pas la tête ; vous recommencez, mais en vain ! Vous approchez votre visage du sien et lui souriez : il ne semble pas vous voir, il a une expression rêveuse et énigmatique. Vous posez vos mains sur ses petits bras : il frissonne comme si cela le dérangeait. Il est étrangement calme. C'est un beau bébé de six mois.

Vous avez la très nette impression que quelque chose ne va pas vraiment, c'est difficile à définir, un peu comme si vous

vous trouviez devant un mur. Mais il faut bien que la journée
se poursuive. Il n'a pas réclamé son goûter, il n'a sans doute
pas faim ! Mais, à votre grand étonnement, il dévore glouton-
nement le biberon et le petit pot que vous lui proposez, sans
un regard !

Ce qui est curieux chez votre enfant, c'est le décalage qui
s'est fait entre ses capacités psychomotrices, dont vous êtes
très fière naturellement, et le fait que l'environnement ne
semble vraiment pas beaucoup l'intéresser. Pourtant, agile
comme il l'est, il devrait mieux profiter de tout ce qui se passe
autour de lui. Il a marché si tôt, cet enfant-là, cela avait de
quoi aiguiser votre fierté ! C'est vrai, il a tout de suite voulu
« jouer au grand », il n'a pas fait de quatre pattes, et alors que
tous les bébés de vos amies se traînaient par terre, le vôtre se
tenait déjà debout, passant de meuble en meuble, comme un
petit homme d'habitudes, refaisant toujours les mêmes
parcours, ce qui vous a beaucoup amusé dans les premiers
temps : il ne faisait pas comme tous les autres, cela vous
paraissait être sans doute le signe d'une intelligence précoce !

Forte de votre conviction, vous avez entrepris de lui
acheter des cubes à empiler, des constructions à encastrer,
tout ce qui devrait intéresser cette petite intelligence si
singulière ! Et lorsque vous recevez chez vous une de vos
rencontres de square qui vient avec son bébé qui, lui, trotte
à quatre pattes dans toute la maison et s'affaire volontiers
avec les cubes sortis à l'occasion, le vôtre, lui, continue à
faire ses petits tours habituels sans sembler s'intéresser le
moins du monde au petit copain qui est venu lui rendre
visite. Cela commence même à vous faire un peu honte, car,
bien entendu, vous essayez de le faire venir jouer avec
l'enfant que vous avez invité pour lui. Mais vos efforts tour-
nent court : ça ne l'intéresse pas du tout ! Il préfère poursuivre son petit manège, pendant que l'autre petit garçon

empile gentiment les cubes que vous aviez sortis pour qu'ils jouent ensemble.

Lorsque vous vous retrouvez seule, après cette visite un peu embarrassante, vous décidez de venir jouer avec votre enfant. Il est sans doute un peu timide, c'est pour cela qu'il n'a pas voulu jouer avec le petit copain tout à l'heure, mais avec vous, cela devrait marcher, du moins vous l'espérez...

Et vous l'appelez en empilant simultanément les cubes : « Viens voir maman, viens là mon chéri, viens voir ce que maman a fait ! » Mais, non, il ne se retourne pas et continue inlassablement son tour du salon de la table à la fenêtre, de la fenêtre au canapé... et pourtant, cette fois, il n'y a plus personne pour l'intimider. Et vous recommencez, il va bien finir par venir ! Vous mettez patiemment toutes les formes proposées dans le dos de la tortue, mais cela ne paraît pas éveiller en lui le moindre intérêt... C'est désarçonnant à la fin ! Vous donnez alors un bon coup de pied dans la pyramide de cubes, mais il ne s'est pas retourné, pas même un mouvement de tête, il n'a pas entendu !

Vous lui lancez alors l'intégralité de la tortue remplie de cubes dans les jambes : il s'arrête un instant, le temps de se baisser pour écarter l'intrus de sa trajectoire, et reprend imperturbablement son manège.

Un sentiment ambigu vous envahit alors, c'est comme si se mêlaient tout ensemble un immense poids et une curieuse évanescence, quelque chose de très lourd qui n'existerait pas vraiment ! Vous vous prenez alors la tête dans les mains, comme pour combler le vide de cette étrange présence. Vous vous mettez peut-être à hurler, si vous ne pouvez pas vous en empêcher : « Mais il n'y a personne », et votre voix vous répond comme en écho.

C'est pourtant vrai qu'il est agile ce petit bonhomme, mais curieusement, cela ne paraît pas l'intéresser de se servir de son agilité. Il a commencé à marcher bien tôt. Avant son premier anniversaire, le voici qui parcourt toute la maison de long en large, allumant et éteignant les commutateurs, tripotant toutes les clés des portes, les ôtant et les remettant inlassablement dans leurs serrures. Mais il n'explore rien à proprement dit, il n'observe pas pour chercher à utiliser. Ses gestes sont comme mécaniques, restreints, répétitifs. Il se sert des autres comme s'ils étaient des instruments, cela ne l'intéresse pas de partager quelque chose avec vous, il ne désigne d'ailleurs jamais rien du doigt, ne tend jamais les bras, ne réclame jamais rien, ça ne l'intéresse pas. Sa petite figure trop sérieuse est la plupart du temps rivée au sol.

Mais il est astucieux, c'est indéniable. À dix-huit mois, il fait fonctionner avec une dextérité de professionnel votre chaîne hi-fi : il a parfaitement repéré les disques qui lui plaisent et sélectionne avec précision les plages de ses morceaux favoris, c'en est incroyable !

Il n'est donc pas sourd ! Pourtant, la maîtresse de la halte-garderie dans laquelle vous l'avez inscrit vous a suggéré de lui faire faire un audiogramme car, a-t-elle précisé, « il n'entend pas, il ne participe pas aux activités proposées, d'ailleurs il n'est pas possible de lui attribuer une surveillance particulière, il serait préférable que vous le gardiez chez vous », et voilà, un premier lieu de socialisation qui se ferme !

En attendant, vous reprenez vos après-midi au square du quartier, où vous retrouvez vos connaissances. Mais votre enfant s'écarte immédiatement de toute cette gentille foule grouillante et bigarrée. Il ne va jamais ni avec les autres, ni vers les autres. Il est bien difficile à surveiller d'ailleurs, car il se sauve volontiers dans un coin isolé, il peut se cacher dans un buisson et vous le chercherez des demi-heures entières, affolée. Mais la plupart du temps, il trouvera un arbre, à l'écart de la foule, autour duquel il se mettra à tourner de longues minutes. Ou bien, il se focalisera sur la petite porte du square qu'il ouvrira et fermera indéfiniment. Gênée, vous irez le chercher pour lui proposer de jouer avec les autres enfants, mais lui y retournera encore et toujours, incroyablement têtu !

Les pelles et les seaux que vous apportez restent inertes. Pourtant, vous voyez bien les autres enfants de son âge entrer avec joie et excitation dans les multiples petites histoires de leur cru : « Allô, tu m'entends », s'écrient-ils dans leur pelle à sable, « si on jouait au papa et à la maman »… Vous les voyez bien les autres enfants, ils parlent gentiment, ils se poursuivent dans tous les coins et recoins du square, ils aiment bien être ensemble, ils prennent même des colères lorsque leur maman leur signifie que c'est terminé et qu'il va falloir s'arrêter de jouer pour rentrer à la maison.

Mais votre petit garçon, lui, ne parle à personne, d'ailleurs il ne parle pas pour ainsi dire, quelques mots esseulés de temps en temps et c'est tout. Il est toujours seul, il ne s'intéresse à personne et personne ne s'intéresse à lui ; on n'a même pas envie de lui proposer de venir jouer. Il n'attire personne avec son petit regard buté, toujours absorbé par l'emboîtement du système d'ouverture de cette maudite porte de square.

En rentrant chez vous, vous vous sentez désemparée, démunie, sans savoir très bien par quoi ni de quoi exactement ! Votre petit garçon paraît insaisissable, d'une incroyable lourdeur quotidienne, tout à la fois si « attendu » dans tout ce que vous savez à l'avance qu'il vous refusera systématiquement, et si énigmatique dans sa façon permanente de faire en sorte que vous ne l'atteigniez jamais vraiment. Vous avez la plupart du temps le sentiment de vous trouver en porte-à-faux vis-à-vis de lui, trop possessive, peut-être, vous vous sentez pourtant tellement dominée, possédée par lui. Vous ne vous sentez jamais en phase avec cette petite personnalité qui semble si volontiers se passer de vous.

Et cependant, l'évidence n'est pas de mise, toutes ses bizarreries sont latentes, irrégulières, parfois on se demande si l'on n'exagère pas un peu. Mais à certains moments, c'est tellement évident que quelque chose ne va pas, quoi exactement, on ne le sait pas, et s'installe un malaise confus et indescriptible. Les parents constatent que certaines acquisitions qui s'étaient mises en place les mois précédents ont tout bonnement disparu, leur enfant désapprend ! Ils ne le reconnaissent plus, ils ont vraiment le sentiment de se trouver face à quelqu'un d'autre, et le pédiatre qu'ils voient régulièrement ne leur dit rien, ne leur apporte aucune réponse, si ce n'est au pire que tout cela est de leur faute, que c'est eux qui angoissent leur enfant !

Les médecins esquivent le sujet, ils préfèrent réserver leur opinion sur la question, comme s'ils voulaient vous préserver d'un diagnostic qui les laisse totalement démunis et impuissants, eux qui ne sont à l'aise que dans la toute-puissance.

Et pourtant, les parents ont senti juste ! Il se passe bien quelque chose de curieux chez leur enfant, un peu à la manière d'un événement attendu et qui n'a pas lieu, c'est ça, oui, ce qui se passe, c'est précisément que ce qui devrait se produire ne se produit pas, il se passe que justement ça ne se passe pas !

C'est toute l'histoire de l'enfance qui refuse de s'écrire, tous ces instants délicieux, merveilleux de câlins, de baisers, de tendresse, de multiples petites découvertes – une feuille qui tombe, une péniche qui passe... – tout ce qui fait que l'enfant s'éveille et s'émerveille de tout petits riens ! Magnifiquement féconde étape de l'enfant philosophe qui se montre tellement reconnaissant des occasions infinies que lui donnent les instants du jour qui fuit...

C'est tout cela, oui, c'est bien tout cela qui ne lui est pas offert, qui lui est refusé à votre enfant, un peu comme si, tout doucement, insensiblement, la vie se retirait de lui, marchait en parallèle, ne parvenait pas à l'atteindre, ne le concernait tout simplement pas. Vous avez alors l'insupportable impression que votre enfant déambule sur un chemin solitaire, borné de chaque côté d'un mur infiniment haut, infiniment épais, votre enfant prisonnier, prisonnier de la vie, prisonnier de lui-même, enfermé dans un huis clos insupportable où l'enfer est lui-même, condamné à errer seul, sur un chemin où il ne se reconnaîtra même pas, indéfiniment, éternellement.

Que se passe-t-il ? Comment en êtes-vous arrivés là ? Les parents se sentent tour à tour coupables de peut-être trop d'exigence, à moins que ce ne soit de trop d'indifférence, d'incompréhension. Que n'avez-vous pas su voir ? apercevoir ? En quoi n'avez-vous pas su vous y prendre avec cet enfant, surtout s'il s'agit de votre aîné, peut-être êtes-vous de mauvais parents, vous n'avez pas compris sans doute l'enjeu d'être parents, papa, maman ? Mais vous l'aimez pourtant votre enfant, si particulier, si étrangement « autosuffisant ».

Et pourtant, vous ne pouvez pas dire que les choses n'évoluent pas du tout, car les mots commencent à sortir. C'est vrai qu'il n'y a pas de quoi chanter victoire, car il va avoir trois ans, et qu'à cet âge-là cela fait beau temps que tous les enfants de son âge cassent les oreilles de leurs parents avec leurs « comment » et leurs « pourquoi », et qu'à bien observer la situation, vous en êtes encore loin !

Ses mots sont plus réguliers, certes, et pourtant, là aussi, vous avez l'étrange impression que quelque chose refuse une fois de plus de se mettre vraiment en place. Lorsque vous lui proposez ceci ou cela, il ne répond pas clairement, jamais vraiment serait encore plus juste ! Il répète simplement la fin de vos phrases et c'est tout, bien souvent il ne semble pas avoir réellement compris de quoi il s'agit : « Tu veux du fromage ou un bout de pain ? », « de pain » vous répond-il en se sauvant de la pièce et vous avez le sentiment qu'il n'a pas du tout saisi que cette question s'adressait à lui et impliquait qu'il reste avec vous pour obtenir ce qu'il avait « demandé ». C'est justement cela qui ne va pas, en fait, il ne « demande » jamais rien. Il ne vient jamais vous réclamer quoi que ce soit, au mieux il répète la fin de votre question, mais n'est jamais demandeur.

Et puis sa voix égrène une étrange psalmodie, elle a toujours la même intonation, toujours le même ronron. Lorsqu'il n'est pas compris, il réagit violemment, en se tapant la tête contre le plancher. Ses réactions lorsqu'on essaye de communiquer avec lui sont exagérées, disproportionnées. Il ne se situe jamais dans un contexte : lorsque par hasard, il tient dans les mains une petite voiture, vous n'entendez jamais de « vroom vroom », au mieux il les range en ligne dans sa chambre puis s'en désintéresse totalement.

Vos rendez-vous chez le pédiatre deviennent de plus en plus pénibles, de plus en plus tendus, vous avez la lancinante impression qu'il ne veut pas vous avouer quelque chose : « C'est vrai, votre enfant n'évolue pas classiquement », mais il en reste là. Et puis un jour, alors que vous allez chercher votre garçon à la halte-garderie, la directrice vous interpelle : « Votre pédiatre ne vous a pas téléphoné, Madame, je l'ai joint la semaine dernière, vous ne pouvez pas continuer ainsi, votre garçon a de gros problèmes de communication, il va falloir faire des investigations. » Mais non, il n'a pas eu le courage de vous téléphoner votre pédiatre ! Pourtant vous l'aimez bien. En rentrant chez vous, vos jambes et vos mains tremblent, car ce que vous craignez depuis longtemps va arriver, on va donner un nom aux « problèmes » de votre petit garçon…

Vous joignez quand même votre pédiatre, vous avez une boule dans la gorge, vous pouvez à peine parler, vous savez que c'est inévitable à présent. Au bout du fil, sa voix est claire, mesurée, comme s'il ne percevait pas votre angoisse et vous lui en voulez terriblement : « C'est vrai, elle a raison la directrice de votre garderie, nous allons faire des investigations. » Pourquoi maintenant ? Pourquoi a-t-il tant attendu ? Vous saviez bien qu'il savait, mais il n'a pas eu le courage de vous dire la vérité, il vous le confessera peut-être plus tard !

Vous obtenez un rendez-vous, vous y allez seule avec votre fils, vous avez peur, vous vous sentez mal à l'aise. La femme qui vous reçoit est sûre d'elle, elle lit la lettre que votre pédiatre a faite à son intention, elle vous écoute avec une certaine condescendance, vous n'avez pas d'autre choix que de lui expliquer tout ce que vous avez déjà fait pour que votre petit garçon paraisse plus « vivant ». Comment vous avez déjà passé de longs moments à étudier ses réactions, à les faire naître, en mettant ses petites mains sous l'eau ou sur son hachoir à viande, en lui apprenant à sauter sur les canapés, en lui lançant des coussins à la figure, pour voir… Mais vous sentez que ça ne passe pas. Elle vous répond qu'elle ne pense pas que tout ce que vous avez entrepris jusque-là ait pu faire progresser votre fils ; vous n'insistez pas, vous sentez que vous n'obtiendrez pas gain de cause.

À la fin du rendez-vous, elle vous signifie qu'il va falloir revenir dans quinze jours, elle lui fera passer une batterie de tests. Encore quinze jours après, vous êtes de nouveau dans son cabinet, mais cette fois vous êtes seule, vous attendez les résultats qui ne tardent pas à venir : « syndrome PDD » *(pervarsive developmental disease)*, ce qui correspond en français au « syndrome TED » (troubles envahissants du développement). Sur bien des points, votre garçon a déjà un an et demi de retard alors qu'il a à peine trois ans. Il développe d'ailleurs, vous précise-t-elle, neuf comportements types de cette forme de troubles, à savoir : l'attention, la perception, l'association, l'intention, l'émotion, l'imitation, le contact social, la communication, la cognition.

« Bien entendu, il est hors de question de le faire entrer dans une structure scolaire classique en septembre ! », ajoute-t-elle sur un ton que vous sentez ironique, car vous lui avez précisé que vous avez déjà inscrit votre fils à l'école. « Revenez à la rentrée, je le prendrai dans mon groupe de travail, nous avons des personnes très compétentes pour s'occuper de ce type d'enfant. »

Au moment de repartir, vous la regardez droit dans les yeux : « Autisme, c'est ça ? » « Je crois que vous commencez à saisir la situation, Madame, venez me voir à la rentrée, mais surtout ne le mettez pas à l'école, il en serait très rapidement rejeté, je vais écrire tout cela à votre pédiatre. »

Dans la voiture, les mots que vous venez d'entendre résonnent, se bousculent dans votre tête, vous sanglotez, vous étouffez, vous ne voyez plus rien à travers vos larmes, vous ne pensez même plus à démarrer. « Qu'est-ce qu'on va devenir ? » Jamais vous ne vous êtes sentie ainsi submergée, aussi démunie. C'est un véritable cauchemar !

*   *
*

Mais pour vous parents, qui n'avez pas eu la chance de vivre cette belle histoire, ce « miracle de l'amour » qui m'a permis de comprendre que la différence entre une fleur et une mauvaise herbe était simplement affaire de jugement. Pour vous qui n'avez pas pu, pas su comprendre qu'au fond nous sommes nos seuls experts, nous sommes seuls à pouvoir décider si ce que nous vivons est heureux ou malheureux, nous sommes seuls fondateurs de notre propre puissance.

Quand rien de tout cela ne vous a été révélé, lorsque sonne l'heure de vérité, lorsque le terrible diagnostic finit par tomber comme un couperet, et que votre enfant est soudainement étiqueté, catalogué, vous vous sentez tellement épuisés, impuissants, vous ressentez tellement ne plus avoir d'autre choix que vous soumettre au discours officiel et suivre le parcours institutionnel : c'est l'unique « solution » qui vous est proposée, lorsque toutes les autres portes, une à une, se sont refermées.

Et cependant, vous tous parents qu'il m'a été donné de rencontrer, vous n'êtes pas satisfaits de ce qu'on vous propose dans nos hôpitaux de jour pour votre enfant. Vous vous sentez mis à l'écart, rien n'est entrepris pour que vous soyez un tant soit peu mis au courant de ce que l'on fait pour eux durant toutes ces journées. Vous vous sentez rejetés, culpabilisés par les rares rendez-vous que vous obtenez avec les spécialistes, durant lesquels, d'ailleurs, les éternelles questions reviennent comme une rengaine : « Parlez-moi de vous, Madame, de votre famille, de vos relations avec le père de l'enfant », « Pourquoi êtes-vous seule ? et le père de l'enfant, pourquoi n'est-il pas au rendez-vous ? », « Je vous trouve très nerveuse, je pense qu'il vaut mieux que vous n'interveniez pas trop auprès du petit », « Faites-nous confiance, laissez-nous faire, nous avons une équipe compétente pour s'occuper d'un enfant comme le vôtre. » À chaque rendez-vous, c'est la même rengaine, la même routine, vous avez l'impression de vous engluer lentement. Et votre enfant qui ne progresse pour ainsi dire pas… Vous sortez de là ahuris, abrutis par tant d'incompréhension, d'incommunicabilité humaine.

Pour le médecin que ces parents viennent de croiser, c'est une histoire semblable à toutes celles qu'il a l'habitude d'entendre, toutes semblables, et pourtant tellement singulières pour ceux qui la vivent ! Il ne les écoutera bien souvent qu'une demi-heure, le temps d'un examen, le moment du diagnostic, et puis plus rien, pas un mot de réconfort ! Mais pour ces parents, leur histoire est unique, ce n'est que la leur, ils voudraient tant qu'on les écoute, qu'on les comprenne, pour eux, c'est la première fois que le médecin entend cette histoire-là !

Mais ils n'ont « droit » qu'à des constatations, seulement d'insoutenables constatations : « syndrome PDD », d'ailleurs, ils ne savent même pas à quoi cela correspond… les lettres d'une indéchiffrable énigme ! Et la liste des déviances qui s'affichent comme s'il s'agissait d'un renseignement quelconque : « Voilà pour votre gouverne », ont-ils le sentiment d'entendre ! Et c'est tout. D'ailleurs, c'est sur le ton d'une insupportable neutralité que leur sera livré ce diagnostic, il a tellement l'habitude d'en voir des enfants comme le leur ce médecin-là. Et c'est toute une route qui se ferme d'un seul coup devant eux, la route de la vie est barrée, fermée, bouchée, l'étiquette est indélébile. Au suivant ! Un océan de souffrances… Ce qu'il adviendra de cet enfant-là lui est bien égal au médecin, il est déjà tellement sollicité, submergé par un nombre d'appels désespérés semblables au leur, un de plus, un de moins, il considère qu'il ne peut rien faire d'autre.

Quelle que soit la détermination que vous avez déployée pour obtenir des renseignements sur ce qu'on fait faire à votre enfant des heures durant à l'hôpital de jour, vos tentatives sont restées lettre morte. Mais quoi de plus logique, quoi de plus normal, tout cela n'est qu'un secret de Polichinelle : si l'on ne vous dit rien, c'est qu'il n'y a rien à dire ! Ils ne font rien de précis, rien de construit avec votre enfant. Il y a confusion entre une maternelle et ces prétendus lieux de soins travestis en « pseudo-écoles » ! Le travail proposé est fait par groupe : cela s'appelle effectivement « groupe » et pendant deux heures environ, on les laisse « jouer comme ils l'entendent » dans leur « salle référente », ils font ce qu'ils veulent, c'est un moment de détente !

La belle affaire ! Car tout un chacun qui connaît un peu ce type d'enfant, sait pertinemment qu'il ne joue pas, il ne sait pas jouer ! Qu'à cela ne tienne, on les retrouve parfois absents, hypnotisés, appuyant indéfiniment sur les boutons d'une « gameboy » qui était à leur portée ! Cela s'appelle encore « jardin d'enfants », où ils sont censés faire du « préscolaire » par groupe de huit. Quand on mesure la difficulté d'un travail de ce type entrepris quotidiennement avec un seul enfant, c'est tout simplement aberrant ! Et puis, il y a les « syn-thèses », les fameuses « synthèses », deux fois par an, pour lesquelles les parents sont convoqués : mais c'est le monde à l'envers ! Synthèse de quoi exactement ? On ne leur dit absolument rien sur ce qu'on fait faire à leur enfant ! Tout cela reste flou, sans réponse, comme si l'on cherchait à éviter le sujet. Le rendez-vous consiste principalement à les faire parler de leur enfant, mais ils n'ont besoin de personne pour faire ce point-là ! Et à la fin de chaque synthèse, c'est toujours la même recommandation : « Surtout, à la maison, laissez-le décompresser » – et voilà, une journée de plus où ils n'ont rien fait de particulier. Mais bien sûr, « il faut attendre le désir de l'enfant » ! Or justement, ce désir, il reste intégralement à construire.

Comment peut-on accorder la moindre efficacité à ce pseudo-travail de groupe lorsqu'on sait combien ce type d'enfant est hétérogène ? Les troubles dont souffre votre enfant n'ont même pas une origine commune avec celle des autres petits qui sont avec lui, pas la même intensité, ils ne sont même pas tous semblables tous ces enfants. Le travail en groupe avec ce type d'enfants est tout simplement absurde ! Et non seulement le groupe, mais la personnalité de ces petits êtres est elle-même hétérogène. Comment espérer le moindre résultat d'un travail standardisé ? Mais de toute manière, vous vous heurtez toujours à un mur de silence, on ne vous dira rien, il faut que vous laissiez faire les professionnels !

Et votre enfant végète, s'enferre d'année en année, d'errances institutionnelles en errances institutionnelles, et lorsqu'il atteint l'âge de seize ans, on vous dit qu'on ne peut plus le garder, qu'il est trop vieux, et bien souvent vous n'aurez pas d'autre solution que le reprendre chez vous, et attendre et attendre encore ! Vous vous sentez frustrés, humiliés, vous vous retrouvez dans votre infinie solitude, plaidant coupables d'avoir accordé une trop grande confiance à ceux qui vous avaient pourtant assuré qu'ils savaient, qu'ils pouvaient !

Et cependant, vous les parents, vous pouvez ! Il est temps de comprendre que les médecins ne feront que ce qu'ils savent faire pour votre enfant, c'est-à-dire – hélas ! – pas grand-chose, et que la balle est largement dans votre camp. Seule une approche éducative, doucement contraignante et entreprise le plus précocement possible (en effet, il n'est jamais trop tôt pour s'y mettre !), peut transformer ce supplice de Sisyphe que sont tous les traitements pour l'autisme et tous les troubles envahissants du développement en règle générale, en réelle victoire ! Vous n'en pouvez plus d'être toujours mis au banc des accusés, vous commencez à comprendre que le « professionnalisme » de nos « spécialistes » n'est bien souvent qu'une façade, un miroir aux alouettes.

Nous en sommes tous là, c'est toujours pour notre enfant que les portes se ferment. C'est toujours pour notre enfant qu'il aurait fallu s'y prendre plus tôt et autrement, mais il est trop tard à présent ! Et cette vie en miettes est bien la nôtre, et la folie de notre enfant devient notre miroir. Devant le mystère que constitue encore aujourd'hui l'autisme et tous les troubles envahissants du développement adjacents pour le corps médical, ne doit-on pas se rendre à l'évidence que, si cette affliction présente des symptômes communs d'un enfant à un autre, chacun d'eux développe ses propres troubles dont l'intensité et le déroulement lui sont personnels, ils sont toute son histoire, tout son fragile passé comme une ombre sur son destin. Il faut comprendre et envisager que seul un programme personnalisé, ajusté au jour le jour autant de fois que cela se montrera nécessaire, est vraiment l'unique solution efficace !

Mais il n'existe pas en France à l'heure actuelle dans les hôpitaux de structures pour aider les parents à se former afin qu'ils sachent monter un programme le plus juste possible pour leur enfant, pour qu'ils apprennent à le modifier efficacement ! Nous en sommes bien loin, car en réalité, les professionnels sont tout à fait incapables d'assurer ce type de formation !

Chacun de vous, parents, devez savoir que vous êtes porteurs d'espoir pour votre enfant, il faut vous en persuader, vous vous êtes sentis tellement écartés, inutiles, humiliés. Chacun de vous médecins avez besoin de ce pont parental pour que votre travail auprès de nos enfants devienne enfin cohérent et efficace. Acceptez que votre professionnalisme change de statut, ne soyez plus la porte hermétiquement close du savoir, devenez médiateurs, prenez réellement en considération cette irremplaçable collaboration que nous sommes seuls en mesure d'apporter parce que nos enfants ne sont pas des « cas » pour nous. Nous avons, nous parents, la mission de les faire naître jusqu'au bout !

*   *

*

Les institutions spécialisées ne sont pas la seule solution envisageable ! Nous, les parents, nous pouvons, nous *devons* nous investir dans cette éducation, pas comme les autres certes, mais qui reste avant tout une éducation. Ne sommes-nous pas les premiers concernés par cet enfant qui est le nôtre ?

Ainsi qu'Antoine de Saint-Exupéry le fait dire par la bouche du Petit Prince : « C'est le temps que tu as perdu pour ta rose qui fait ta rose si importante... tu deviens responsable pour toujours de ce que tu as apprivoisé. » C'est bien de cela dont il s'agit ! Il est de notre responsabilité d'apprivoiser notre enfant à la vie commune, nous devons avoir pour notre enfant, pour cet enfant si particulier qui nous a été donné, un projet éducatif à sa mesure.

C'est en comprenant la signification profonde de ma responsabilité de parent que j'ai saisi que mon petit garçon n'avait pas tout à fait fini de naître. Il fallait que, sage-femme de l'espérance, je l'aide à naître jusqu'au bout, à naître, pour être enfin !

Cela demandait réflexion et remise en cause personnelle, certes, mais quelle n'est pas la vie qui n'exige une telle démarche ? J'ai pleinement senti, pendant ces quatre années, combien j'étais créatrice de ma propre puissance. Tout dans ma journée tendait à rendre pleinement signifiant ce magnifique plein-temps à domicile, cet essentiel « métier de vivre ».

Il est vrai qu'organiser sa journée pour entreprendre une telle démarche demande beaucoup de constance, beaucoup de souplesse dans l'agencement du quotidien. Ce qui compte avant tout, c'est notre disponibilité qui doit aller tout d'abord à nous-même (je n'ai jamais manqué mon heure de sport quotidienne), afin d'être le plus efficace possible auprès de notre enfant.

C'est toute une philosophie de vie qui s'est peu à peu mise en place dans mon travail auprès de mon fils, il ne fallait pas qu'il se sente jugé, il ne fallait pas qu'il se sente attendu. Je deve-nais pleinement médiateur de liens, l'aidant à entrer dans sa propre petite expérience. Et je constatais que tout était chemin, tout était opportunité, il était toujours possible d'exploiter les instants que nous vivions ensemble positivement.

Je l'observais, je l'imitais dans sa propre gestuelle, j'entrais pleinement au-dedans, je l'acceptais tel qu'il était pour comprendre où il voulait en venir. C'est en apprivoisant lentement son corps que je guidais peu à peu son esprit. Les programmes que je répartissais en « ateliers » quotidiens devaient avoir une logique, des liens cohérents. J'essayais sans cesse de créer des ponts entre tout ce que j'organisais pour donner corps à mes séances spécifiques d'intervention d'une part, et la façon dont il réagissait dans le quotidien d'autre part. Créer des liens pour qu'il devienne un jour, lui aussi, un être de liens.

Mes programmes prenaient tout d'abord soin de préparer le corps à « recevoir » les autres apprentissages de la semaine, avec la motricité fine et la psychomotricité. Puis c'était un « atelier d'écoute », où après avoir préparé le corps, on concentre l'esprit. On passait alors au domaine du rythme, du mime et de l'expression corporelle pour concentrer simulta-nément le corps et l'esprit dans un cadre plus structurant grâce à la musique. Puis venait l'atelier consacré au langage auquel succédaient les perceptions tactiles et olfactives, et la transposition pour apprendre à mon fils à faire semblant, ce qui me demanda d'ailleurs toute une démarche lente et singu-lière. Tous ces ateliers évoluaient au jour le jour s'il le fallait : parfois, en un instant, je me risquais à une audacieuse nouveauté car il me semblait que le temps était venu... Le fil du temps, son rythme personnel, ses besoins, ses régressions, ses stagnations, ses progrès, guidèrent mes pas un à un.

Ainsi passèrent les heures, les mois, les années, durant lesquels je n'ai eu d'autre souci, d'autre préoccupation qu'accomplir ma mission jusqu'au bout : aider ce petit garçon qui était le mien à terminer de naître.

Et lorsque j'ai senti que je pouvais doucement diminuer mes heures d'intervention parce qu'une telle tutelle était devenue inutile, je me suis retirée sur la pointe des pieds. Mon garçon s'était forgé ses armes, il allait prendre son envol vers son propre destin. Je n'avais jamais rien été d'autre pour lui qu'un humble tuteur, l'aidant à bâtir pierre par pierre son propre édifice, durant tous ces instants de vie si particuliers, si pleinement humains qui nous avaient menés jusqu'à ce jour.

Comme le chante Jacques Brel, « il n'y a que l'amour qui peut offrir à ceux dont l'unique combat est de chercher le jour, la force de tracer un chemin et de forcer le destin à chaque carrefour[1] » !

* *

*

J'ai toujours été une laborieuse, grosse travailleuse infatigable et mes efforts n'avaient pas toujours porté leurs fruits, bien loin s'en fallait ! Mais au cours des années qui s'étaient écoulées j'avais fait mienne la puissante devise de Guillaume d'Orange qui m'avait appris qu'« il n'est pas nécessaire d'espérer pour entreprendre, ni de réussir pour persévérer », et cette fois encore j'ai voulu y croire.

Dans la semaine qui suivit le diagnostic de mon fils, je pris une décision qui allait bouleverser toute ma vie : je ne retournerai pas en septembre dans l'institut spécialisé qui m'avait été proposé, je mettrai mon fils à l'école comme je l'avais décidé, mais surtout, surtout, je pris la très lourde décision de ne plus jamais en référer à la médecine.

Je me souviens avoir lu dans un journal l'histoire de parents américains qui avaient sauvé leur enfant très sévèrement autistique, qui l'en avaient sorti. J'en parlai autour de

---

1. Jacques Brel, *Quand on n'a que l'amour*, 1956.

moi, quelqu'un me dit que cela lui rappelait quelque chose et qu'elle avait même le film de cette histoire chez elle.

Cela me permit de retrouver facilement leurs traces, ce qu'ils avaient fait, ce qu'ils en avaient écrit. Je consultai tous les livres à la bibliothèque du Centre Beaubourg, je commandai tout ce qui était disponible en français, et le reste en anglais, je me débrouillerai bien, c'était pour la bonne cause. J'ai réellement le sentiment d'avoir commencé une course contre la montre ! Il faut rattraper le temps perdu, faire en sorte que le mal ne se propage pas plus, car il est facile de constater que dès qu'il est angoissé, mon petit garçon développe de nouveaux comportements déviants qui n'étaient pas là la veille. « Troubles envahissants », cela m'obsède et me hantera tout au long de mes quatre longues années d'intervention auprès de mon fils, mes quatre mille heures de séances spécifiques seule à seul avec lui.

Cette extraordinaire aventure que nous avons vécue ensemble, qui pourrait s'appeler « thérapie parentale » mais qui donne surtout conscience et pleine mesure du vrai rôle des parents, celui de vraiment écouter pour vraiment comprendre le petit être qui nous fait face. Ce rôle unique, irremplaçable qui fait du parent que nous sommes un prophète, au sens où l'entend Eugen Drewermann : « Celui qui est capable d'interpeller l'autre […] pour éveiller en lui ce qu'il y a de meilleur en lui, dans une perspective dynamique, vers l'avenir, celui-là est, dans son essence, un homme prophétique. Le prophète ne prédit pas l'avenir, il se contente de créer dans le présent les conditions qui, dans le cœur d'un homme, peuvent porter et construire l'avenir[1]. »

---

1. Eugen Drewermann, *De la naissance des dieux à la naissance du Christ*, traduction française de Joseph Festhauer, Paris, Seuil, 1992, p. 178.

Et c'est très modestement que j'ai commencé à essayer de lui faire explorer notre espace. Notre « communication » dans les premiers temps fut essentiellement gestuelle, je lui montrais et lui montrais indéfiniment ce que pouvait signifier mettre un objet devant l'autre, s'asseoir sur une chaise… Toutes nos notions spatiales les plus quotidiennes, les plus humbles, et il restait là, assis dans la pièce sans bouger, sans le moindre signe d'intérêt pour ce que je faisais devant lui. Je me disais que je ne voyais pas de meilleure manière de m'y prendre, je ne voyais pas d'autre solution que de faire et de refaire indéfiniment devant lui, car peut-être qu'un jour ferait-il ?

Je me souviens de l'instant où, faisant et refaisant les mêmes gestes devant lui, depuis trois mois que nous avions commencé cette démarche ensemble, il se leva de sa place où habituellement il ne semblait pas prêter la moindre attention à ce que j'exécutais et refit le geste que je venais d'accomplir ! Bien sûr, c'était un geste tout simple, j'avais juste posé une cuillère de poupée devant une assiette. Incroyable ! Il reproduisait mon geste, il avait compris ce que j'attendais de lui. Les larmes me montèrent aux yeux et je sortis comme une furie de la pièce en appelant mon mari, j'étais très émue, je lui expliquai que je pensais que notre garçon venait de franchir une étape essentielle, il avait « imité », il avait tenu compte de l'autre. Nous allions progresser.

Pour établir le programme de travail le plus juste, le plus fin possible, j'avais tout d'abord passé plusieurs semaines à prendre des notes et des notes sur lui, sur ses façons d'agir et de réagir (j'ai bien entendu continué à en prendre durant mes quatre années d'intervention, tant en séance que durant le déroulement quotidien de la journée), rien ne devait m'échapper. Simultanément, je visionnais durant des heures nos vidéos familiales, ce qui me permettait de percevoir les signes avant-coureurs des déviances désormais présentes. Je voulais comprendre, il y avait certainement quelque chose à comprendre. Les parents américains dont j'avais lu les livres avaient fait ainsi, je pensais que c'était effectivement la meilleure solution. Cependant, je raffinais leur processus en prenant également des notes sur moi-même, cela pourrait certainement m'aider. Et je passais des heures à réfléchir sur le sens d'un acte, minutieusement je découpais, je décortiquais toutes les étapes de cet acte, le sien, le mien, en comparant, en analysant, pour comprendre.

J'en vins peu à peu à saisir qu'il avait lui aussi son propre système de liens, en l'occurrence, ses stéréotypies. Je comprenais que ses incohérences, ses bizarreries avaient une logique. Mon petit garçon se trouvait en permanence dans la situation mentale de quelqu'un qui se serait perdu dans un pays dont il ne connaîtrait ni la langue, ni l'écriture, ni les us et coutumes. Imaginez-vous que cela vous arrive ! Que feriez-vous ? Ne répéteriez-vous pas indéfiniment la même « question », jusqu'à ce que vous ayez le sentiment qu'on vous a donné une « réponse » ? Vous vous sentiriez piégé, incapable de vous sortir de cette situation sans issue. Eh bien ! mon petit garçon vivait ainsi la plupart des situations qui se présentaient à lui, d'où la logique de ses stéréotypies qui étaient sa façon à lui de se répondre à lui-même.

À partir du jour où il balbutia une imitation, je décidai audacieusement, car je ne savais pas du tout, en réalité, à quoi tout cela me mènerait, de monter des « ateliers » plus ciblés, plus structurés, car il m'était apparu évident que la seule stimulation, même intense, serait largement insuffisante. Il était essentiel de saisir et d'analyser le plus précisément et le plus finement possible l'ordonnancement et la logique d'émergence des capacités de mon garçon. J'avais tout de même commencé à le faire réagir à notre monde

depuis quelques mois, et une chose m'apparaissait évidente :
tout passait par le corps, c'est par le corps qu'il fallait donc
commencer, car c'était au corps harmonieux et ordonnancé
qu'il fallait aboutir. Et durant ces quatre ans, je montai des
programmes que j'ajustais sans cesse, que je modifiais
parfois insensiblement, pour jouer toujours au plus juste avec
sa petite personnalité en construction, avec son corps.

Lorsque les progrès se firent sensibles et que l'écholalie
eut peu à peu disparu, une forme de langage plus élaborée se
mit en place. Si elle était plus développée, elle ne m'apparut
pas pour autant plus communicante. Alors que les autres
enfants posent des questions pour essayer de comprendre, de
déduire, les siennes étaient étranges, de facture constatante,
un peu à la manière de quelqu'un qui aurait eu besoin de vérifier que nous voyons bien la même chose que lui. Il me
demandait par exemple si le fauteuil qui se trouvait devant
nous était bien marron alors qu'il était évident qu'il le voyait
de la même couleur que moi. Je comprenais peu à peu que si
c'était pour nous une évidence, ce n'en était pas une pour lui.
Je subodorais derrière ces curieuses préoccupations une
étrange incapacité, sans doute.

Sa syntaxe évoluait de manière désorganisée, il construi-
sait mal ses phrases, il disait même parfois l'inverse de ce
qu'il aurait voulu effectivement exprimer. Il ne conjuguait
pas les verbes et les laissait à l'infinitif, il se révélait incapable
de me rapporter un petit fait tel que : « C'est Jean qui a donné
ce livre à Pierre. » Il employait mal les pronoms personnels,
et lorsqu'il parlait de lui, il disait « tu » à la place de « je ».
De même, lorsqu'il se faisait mal et que je lui demandais où
cela se situait, il me répondait « quelque part ».

J'ai beaucoup réfléchi, beaucoup cherché pour comprendre
la nature de toutes ces incapacités, j'y ai passé des heures,
marchant de long en large seule chez moi. Cela m'a menée

parfois à rencontrer des personnalités étonnantes, comme Yvonne Berge par exemple, chez qui je suis allée prendre des cours d'expression corporelle aux environs de Paris. Toute sa vie a été consacrée à prendre la pleine mesure du geste. Elle a inventé une manière personnelle et originale de faire évoluer le corps dans l'espace. J'entrai en contact avec elle après avoir lu tous ses livres. Lorsque je me rendis chez elle pour un premier entretien, je constatai avec stupéfaction que c'était une femme de quatre-vingts ans déjà, ce qui ne l'empêchait pas de continuer sa mission encore et toujours, la quête du corps ! Elle était impressionnante, émouvante. C'est en adaptant sa « philosophie du geste » que peu à peu je fis faire à mon fils d'indéniables progrès de langage. Simultanément, j'étudiais de près tous les livres du docteur Roger Vittoz qui avait lui aussi fondé son important travail relatif à la rééducation du contrôle cérébral sur la décomposition de nos sensations. Il n'était plus de ce monde, mais j'eus l'occasion de rencontrer quelques-unes de ses élèves.

Au cours des mois, des années de travail, les progrès de mon garçon se sont faits non seulement de plus en plus profonds, mais aussi de plus en plus rapides, ce qui me permit, toujours en respectant l'évolution de sa gestion mentale, de diversifier de plus en plus les ateliers, jusqu'à y travailler plusieurs domaines de compétences simultanément. Nous en sommes venus, la dernière année de mon intervention auprès de lui, à travailler une trentaine d'heures par semaine. Tout lieu et tout matériel, quel qu'il fût, était devenu prétexte à un travail toujours plus approfondi et réfléchi de sa part. Je n'en revenais pas, c'était incroyable. J'avais longtemps rêvé d'un enfant qui dirait « je pense » et « je veux », cela m'avait obsédée, et j'y étais parvenue après tant d'embûches surmontées, tant de régressions maîtrisées, tant d'incohérences apprivoisées. Mon garçon allait lui aussi pouvoir s'envoler vers son destin !

Je me souvenais de la lettre que mon pédiatre avait reçue après les résultats des tests quatre ans auparavant. Elle ne croyait pas si bien dire, cette lettre : il resta effectivement moins longtemps dans l'école qu'il aurait pu y séjourner. Il sauta son CE1. C'était devenu un enfant d'une incroyable maturité. C'est moi-même qui lui avais appris à lire entre sa seconde et sa troisième année de maternelle car sa syntaxe était encore très désorganisée à cette époque et j'avais pris le pari très risqué que, s'il comprenait ce qu'il lisait, il se mettrait peut-être à parler correctement, et j'y étais parvenue.

Il quitta son école après une brillante année de cinquième car il voulait faire du russe en seconde langue et du grec, or l'établissement ne le proposait pas. Il se passionnait pour les langues mortes et m'avait demandé d'apprendre l'hébreu biblique, la langue du sens par excellence. Je suivais avec lui les cours chaque semaine, dans une structure normalement réservée aux adultes, mais la sœur de Sion qui nous avait accueillis, et qui était réputée pour être la plus grande grammairienne de France dans ce domaine, s'était intéressée à ce petit bonhomme de dix ans à peine qui était arrivé une après-midi d'octobre dans son bureau poussiéreux et vieillot en lui montrant qu'il savait déjà lire cette langue. Il en avait effectivement très rapidement compris le maniement. Elle n'en revenait pas, cela l'intéressait de faire l'expérience.

Pour clore son année de cinquième, le préfet de division avait loué le théâtre du Ranelagh où tous les élèves qui le souhaitaient pouvaient présenter des petits sketches. Mon garçon avait décidé qu'il monterait seul sur scène : il avait appris l'intégralité de la scène du « non merci » de *Cyrano de Bergerac* d'Edmond Rostand. Il en assurait tous les rôles à la fois avec une maîtrise de lui-même fantastique. Mon mari filmait, mais moi durant toute sa performance je pleurais. Tant de souvenirs se bousculaient dans ma mémoire ! Les gommettes rouges et bleues, les marionnettes devant lesquelles il se cachait les yeux, nos musiques de clowns et de vagues que nous avions répétées durant des heures et des heures. J'étais immensément heureuse : il était excellent et il fut très applaudi. Le lendemain, plusieurs de ses professeurs passèrent la tête dans la classe pour le féliciter, et je reçus des coups de téléphone de parents pour me dire combien ils l'avaient trouvé bon ! Et je me disais : « S'ils savaient ! »

Aujourd'hui, il est un beau et grand jeune homme heureux, ouvert, sportif, mais aussi très ambitieux. Féru de philosophie et de langues mortes, mon garçon a un recul particulier et déjà une très grande sagesse, on sent qu'il a vécu. À présent, sa quête profonde est celle du « sens » qui lui fait dire si souvent, avec son calme et son sourire qui n'appartiennent qu'à lui : « Carpe diem. »

Tous les enfants dont je parle dans ce livre sont des cas réels dont j'ai bien entendu changé les prénoms. Depuis que mon fils est sorti d'affaire, j'ai poursuivi ma démarche pendant plusieurs années avec d'autres enfants. Mais j'ai toujours pensé que ce n'était pas la solution, que le plus important serait de former les parents de ces enfants afin qu'ils puissent mettre en œuvre, eux aussi, au sein de leur famille, cette éducation unique faite d'attention permanente, d'observation spécifique, d'infinie patience, que nul, hormis des parents aimants, n'est en mesure d'offrir à ce petit être spécial que le destin leur a confié.

CHAPITRE 1

Observer l'enfant

En France, le constat est unanime, le diagnostic d'autisme, et de tous les troubles envahissants du développement en règle générale, est posé beaucoup trop tardivement ! La grande majorité des parents restent sans réponses précises durant plusieurs années. Dans le meilleur des cas, les médecins commencent à s'en préoccuper vers l'âge de trois ans, mais aucune règle n'est de mise, les parents verront bien souvent leurs enfants rejetés de l'école maternelle car un temps précieux s'est écoulé où l'on n'a rien fait !

Et cependant, bien des signes avant-coureurs doivent alerter les parents. Cela leur permettrait de mettre en place, de la manière la plus précoce possible (en effet, il n'est jamais trop tôt pour débuter), une intervention spécifique et adaptée, de nature éducative et rééducative auprès de leur enfant. Mais encore faut-il être capable de détecter, de repérer ces signes, tous ces petits riens que les médecins, consultés régulièrement par les parents, semblent ne pas vouloir voir, et pourtant !

Tous ces petits riens, ces bizarreries, ces étrangetés, ces incohérences, qui font que, insensiblement notre enfant « n'est jamais ni tout à fait le même, ni tout à fait un autre », doivent nous alerter. Bien sûr, certains enfants ne développeront que quelques-uns de ces troubles, mais il ne faut pas attendre, le moins possible en tout cas, car le « calcaire » se dépose vite, très vite, et la seule chose que les parents voient alors réellement progresser, c'est l'angoisse de leur enfant, comme une vague au galop qui fait naître du jour au lendemain de nouvelles manies, de nouvelles déviances, qui n'étaient pas là la veille.

Il est donc essentiel dans un premier temps, de remarquer chez notre enfant, un certain nombre de signes, plus ou moins latents, plus ou moins irréguliers, qui, la plupart du temps, s'installent et se développent avant l'âge de trois ans.

Que doit-on observer chez l'enfant ?

Si la définition de l'autisme et de tous les troubles envahissants du développement reste encore floue et controversée, car le spectre autistique est en réalité très large, nous dirons que l'autisme est avant tout un trouble de la communication entraînant des désordres au niveau de l'attention, de la perception, de l'association, de l'intention, de l'émotion, de l'imitation, du contact social, de la cognition, du langage pouvant aller de la désorganisation à l'absence totale. Il est clair que chaque enfant développera tous ces symptômes selon un déroulement qui lui est propre, et que bien souvent, toutes ces déviances n'apparaîtront que de manière lente, parfois imperceptible, au début tout du moins. Il faut savoir qu'il n'y a pas d'ordre précis dans l'apparition des déviances, chaque enfant a son propre cheminement en la matière.

En ce qui concerne le domaine de l'*attention*, c'est à plusieurs niveaux que nous devons être vigilants car l'enfant développe de différentes manières un manque de contact oculaire.

Julien a deux ans et lorsque sa mère s'approche de son lit pour venir l'éveiller après sa sieste, elle constate avec étonnement que son petit garçon paraît comme absorbé par quelque chose de lointain qui lui échappe. Elle l'appelle doucement, mais il ne tourne pas la tête, il ne semble prêter aucune attention à tout ce que sa mère entreprend pour l'attirer par ses caresses et ses sourires. Le temps d'aller chercher son petit pot et son biberon, elle le pose quelques instants dans son parc, mais lorsqu'elle revient vers lui, Julien n'a absolument pas bougé, il est là, figé, dans une posture hiératique de petit bouddha rêveur, tout paraît étrangement immobile autour de lui. Troublée par cette curieuse attitude, elle l'appelle doucement, mais il n'émet pas un mouvement, pas un battement de cil, rien ni personne ne semble exister pour lui.

Il est clair qu'une telle attitude est parfois de très courte durée (du moins dans les débuts) et que, de ce fait, elle peut parfaitement échapper à notre vigilance ; ou bien nous aurons le sentiment d'une étrangeté soudaine, momentanée, mais comme cela ne dure pas, nous n'aurons pas l'idée qu'il puisse s'agir d'un début de symptôme pourtant lourd de conséquence.

Cela dit, on constate, hormis ces moments de fuite, que l'enfant ne nous regarde jamais, ou bien jamais vraiment. En règle générale, son regard n'est pas piloté par un tiers : l'entourage de Julien n'arrive pas à capter son intérêt, son attention, seuls les objets semblent l'attirer. Lors des repas par exemple, il prend son petit pot, ou sa viande hachée, sans regarder la personne qui le nourrit. Il ne semble jamais intéressé par ce qu'on lui propose, un peu comme quelqu'un que l'on n'arrive pas à distraire de sa vie intérieure. Et lorsqu'on lui met une cuillère à la main, il n'en tient pas compte comme quelque chose d'utilisable, il la laisse inerte, sans chercher à s'en servir à des fins utiles ; parfois certes, il peut l'utiliser, mais pour taper sur la table par exemple. Lorsqu'on lui parle, même si son corps est tourné vers la personne qui lui adresse la parole, il ne la regarde pas et ne semble d'ailleurs pas vraiment réaliser que c'est à lui que l'on s'adresse, on le sent en permanence comme extérieur à lui-même.

Cette déficience de l'attention fait que Julien se trouve dans l'incapacité de créer des liens entre tous les éléments de son environnement. Il donne vraiment le sentiment à son entourage d'avoir une vision du monde semblable à une série de diapositives qu'on lui présenterait et qui n'auraient pas de rapport entre elles. Il n'y a donc pas, bien entendu, que l'attention qui soit en cause, même si c'est ainsi de prime abord que l'on peut détecter ce symptôme.

En effet, on constate vite que cette déficience attentionnelle entraîne chez Julien quelque chose qui pourrait ressembler à une difficulté de concentration. Lorsqu'il se trouve dans le salon qui donne sur une petite rue calme où rien ne se produit de particulier, Julien passe des minutes entières à aller d'une fenêtre à l'autre, alors qu'il n'y a rien à voir de différent à travers l'une ou l'autre ; et si ses parents cherchent à l'en empêcher, il se met immédiatement dans une colère difficile à maîtriser, pourtant, la rue est calme, il n'y a rien de particulièrement attractif à y observer ce jour-là. On a la curieuse sensation qu'il voit chaque fois le paysage pour la première fois, comme s'il ne s'en souvenait pas. Il la connaît bien cette rue, mais il donne le sentiment d'être en perpétuel état de découverte, son regard scrute longuement par une des fenêtres, avant d'aller observer tout aussi minutieusement par l'autre, alors qu'il n'y a pas un bruit, pas un passant : c'est une de ces petites rues calmes, écrasées de soleil d'un dimanche après-midi parisien.

En ce qui concerne le domaine de la *perception*, ce sont essentiellement l'ouïe, le toucher et la vue qui sont principalement affectés, et il n'est pas rare que ces trois sens n'arrivent pas à s'allier entre eux.

En ce qui concerne l'ouïe plus spécifiquement, nous dirons que celle-ci réagit toujours de manière étrange, comme décalée. Par moments, lorsque la mère de Christian l'appelle, même si elle se trouve tout près de lui, il ne lève pas la tête, ce n'est pas fréquent que son joli regard noisette prête véritablement attention à ceux qui l'entourent, et pourtant, rien ne semble vraiment évident, car à d'autres moments il se montre très intéressé par ce que ses parents lui lisent sur un de ses livres favoris, il participe vraiment et puis soudainement, sans raison apparente, il se réfugie dans une de ces torpeurs dont plus rien ne peut alors le tirer. Lorsqu'il se trouve seul dans une pièce, et que l'on vient voir ce qu'il est en train de faire, il a la plupart du temps son petit visage, trop sérieux, rivé vers le sol, comme si, de ce côté-là, il y avait vraiment quelque chose d'intéressant ! Mais non, ce n'est même pas le cas, car s'il trouvait quelque chose d'attrayant au sol, il se baisserait pour l'observer, alors que lui, Christian, ce gentil petit garçonnet de tout juste trois ans, marche la tête basse, les bras ballants, comme abandonnés le long de son corps, retranché de lui-même. Pourtant, quelques instants auparavant, une voiture de pompiers est passée dans la rue et Christian s'est mis à hurler, cela ressemblait à une véritable panique chez lui. D'ailleurs, ses parents ont remarqué qu'il n'y a pas que la voiture de pompiers qui le fait sortir de sa torpeur, il ne supporte pas non plus la sonnerie du téléphone, le ronronnement de l'aspirateur et la sirène des ambulances.

Sa vue est elle aussi perturbée : le regard se fige soit parce qu'il tient un objet à la main, soit encore à l'occasion de trop grands bruits : Cyril, un petit garçon qui se trouvait alors à la cantine à midi dans son école, a soudainement eu le sentiment de perdre la vue. Extérieurement, il était devenu écarlate comme s'il avait eu beaucoup de fièvre. L'établissement ayant joint la mère, lorsque celle-ci est venue le chercher, il lui a avoué ne rien voir : « Maman, je ne vois rien, je suis aveugle », s'écria-t-il, car il y avait eu trop de bruit à la cantine. Il lui fallut se coucher et dormir jusqu'au lendemain matin pour recouvrer normalement la vue. En effet, à la différence de l'ouïe et du toucher, qui peuvent être seuls perturbés, la vue, elle, développe une anomalie parce qu'elle est entravée soit par l'ouïe, ainsi que nous venons de le relater, soit par le toucher, lorsque l'enfant tient un objet à la main qu'il fait d'ailleurs tourner ou non.

Le toucher est lui aussi extrêmement fragile, et ce de différentes manières, on le remarque vite. Alors que tous les enfants se réfugient dans les bras de leurs parents à la moindre occasion, et qu'il n'y a souvent pas moyen de les en faire descendre, Pierre, lui, n'aime pas être caressé, il a horreur qu'on l'embrasse, on dirait presque que cela lui fait peur ! Et lorsqu'on essaye de le prendre dans les bras, il se débat comme un beau diable pour qu'on le lâche. À vrai dire, il ne supporte pas qu'on le touche : il retire son bras ou sa main au moindre effleurement, comme si cela lui faisait mal, ou du moins le gênait, même un frôlement peut entraîner un mouvement de retrait, et c'est ainsi chaque jour. Pourtant, là encore, rien n'est évident, ce petit garçon de cinq ans, alors qu'il ne se laisse pas embrasser durant la journée, va chaque nuit se mettre à hurler, et le seul moyen que ses parents ont trouvé pour le calmer, c'est de le serrer très fort dans leurs bras. Cela peut durer une heure entière, et Pierre, dans ces moments-là, semble vouloir se fondre totalement dans le corps de son père ou de sa mère qui le gardent, blotti contre eux, tellement qu'il faut une bonne demi-heure pour que les parents de Pierre puissent commencer à relâcher doucement leur étreinte !

Vincent, un petit garçon de quatre ans, alors qu'il était déjà dans son lit, prêt à s'endormir, se mit soudain à hurler. Lorsque ses parents arrivèrent, ils le trouvèrent les yeux effrayés, tirant la langue, comme paniqué. À travers ses larmes, il finit par leur expliquer qu'il avait le sentiment d'étouffer, car on lui avait mis plein de sable sur la langue. Il fallut le lever, le mettre devant une glace pour lui montrer qu'il n'y avait pas le moindre grain de sable sur sa langue et qu'il pouvait dormir tranquillement. Dans la journée, lorsque Vincent se faisait mal et qu'il criait comme un écorché, il n'y avait jamais moyen de savoir ce qu'il s'était fait, car il disait toujours avoir mal « quelque part », sans jamais pouvoir montrer la partie de son corps endolorie. Et, de fait, ses parents étaient obligés de beaucoup le surveiller, car outre qu'il ne déterminait pas l'endroit douloureux, Vincent semblait avoir une certaine insensibilité à la douleur : alors qu'il était seul dans la salle de bains, il avait entrepris d'ouvrir le robinet d'eau, sans doute dans le but de se laver les mains, mais lorsque sa mère arriva, il avait ouvert l'eau chaude, celle-ci était bouillante et Vincent ne retirait pas ses mains, comme s'il ne semblait pas s'en apercevoir. Pourtant, ses petites mains brûlées durent être soignées pendant plusieurs jours après cet incident.

En ce qui concerne le domaine de l'*association*, comme nous l'avons mentionné plus haut, l'enfant ne crée que très difficilement ou même pas du tout de rapports, de liens, entre lui-même et son environnement et cela s'en ressent au niveau de ses capacités d'association. On le constate surtout, bien entendu, dans les apprentissages qui ne se mettent pas en place. Lorsque Jean-Baptiste, un enfant de cinq ans, est confronté à un jeu tel qu'un loto simple où il s'agit de poser le carton correspondant à une des images de la grille, même si on ne lui présente qu'une seule grille à la fois, il ne repère pas du tout où il faut placer le carton identique à l'image sur la grille. De même, si on lui propose un modèle simple sur lequel il y a trois éléments à mettre en place, il est tout à fait incapable d'effectuer l'exercice : il n'apparie pas. D'ailleurs, il ne comprend pas du tout lorsqu'on évoque les concepts de « pareil » et de « différent ». Si on lui demande de classer par couleur ou par forme différents objets, même si l'exercice lui a déjà été présenté, il n'y arrive absolument pas, il ne trie pas. Mais encore, lorsqu'on lui met un jeu de construction en mains, quel qu'il soit, des cubes à empiler, des éléments à emboîter les uns dans les autres, il n'entreprend aucune démarche constructive. Au mieux, il les aligne les uns à côté des autres et abandonne immédiatement l'activité, semblant l'ignorer totalement, et bien entendu, il n'est en mesure de prendre en compte aucun type de modèle : il ne construit pas.

Alors que dès les premières années de maternelle, les enfants, dans leur activité de mathématiques, sont confrontés à l'algorithme d'un type simple comme la reproduction sur une feuille d'un modèle tel qu'un carré rouge, un carré bleu, un carré jaune, Jean-Baptiste, lui, ne semble absolument pas saisir cette forme d'alternance, même si on prend la peine de lui faire opérer ce même algorithme avec des cubes de différentes couleurs. De plus, si dans un exercice avec des cubes, on lui demande de mettre plus ou moins ou encore autant de cubes que ce qu'on vient de construire sous ses yeux, il ne saisit pas du tout ce que cela veut dire. Toutes les notions de base engendrant les premières techniques opératoires telles que l'équivalence ou encore la différence lui sont totalement étrangères, il ne saisit pas du tout le sens de ces mots, cela n'évoque rien pour lui, ne fait référence à rien dans la réalité.

Hormis les apprentissages de ce type, comme l'enfant a des problèmes d'association, il a beaucoup de mal à *gérer un contexte*, car rien ne fait jamais écho dans son vécu. Ces difficultés d'association se retrouveront d'ailleurs au niveau de son incapacité à élaborer une histoire. Charles, un garçon de neuf ans, qui ne présentait pas de difficultés langagières particulières, mais chez qui tout était excessif, tant son physique (il était très gros) que son comportement (il était égocentrique et tyrannique avec son entourage), se montrait dans son quotidien en grande difficulté dès qu'il s'agissait d'intégrer un contexte quelconque, que ce soit son groupe de camarades en classe ou une activité passagère de nature sportive durant les vacances.

Il se faisait toujours remarquer d'une manière ou d'une autre, soit en refusant de faire le moindre exercice seul, si la maîtresse ne se trouvait pas tout à côté de lui, soit en parlant à voix haute si d'aventure il décidait enfin de s'y mettre. Mais encore, durant une activité sportive, il la perturbait systématiquement en agressant les autres enfants, si bien que la plupart du temps, les moniteurs ne voulaient pas le garder longtemps avec eux. De fait, on ne le voyait jamais inventer avec des personnages des histoires de son cru, comme font tous les enfants lorsqu'ils se trouvent seuls dans leur chambre, il avouait volontiers, lorsqu'on lui en demandait la raison, qu'il n'imaginait pas d'histoires dans sa tête. Et cet aveu pour le moins curieux faisait résonance à son attitude de tyrannie quotidienne vis-à-vis de son entourage, car Charles gérait mal le contexte et se montrait donc incapable d'en créer un.

Il serait difficile ici de dissocier l'*intention* et l'*émotion*, tant il est vrai qu'elles font part commune. Lorsqu'on demande à Gilles, un jeune homme d'une vingtaine d'années, ce qu'il voudrait faire plus tard, il répond, sur un ton un peu éteint, qu'il voudrait être cuisinier, et si on lui demande comment il compte s'y prendre pour y arriver, il répond qu'il « va apprendre à faire des gâteaux à la maison ». Durant toute la discussion, on a vraiment le sentiment de ne pas être devant quelqu'un qui ressent ce qu'il dit. De fait, Gilles, pour devenir cuisinier, n'envisage aucune démarche, il ne se sent jamais *dans* l'action au présent. D'ailleurs, il est notable que lorsqu'il parle d'une action, il emploie toujours un futur proche du type : « Il faudra faire des gâteaux à la maison. » De plus, lorsqu'on lui demande comment il envisage d'apprendre à faire ces gâteaux, il fait des réponses floues et évasives qui ne correspondent à rien dans la réalité, telles que : « Il faudra faire des efforts. » En effet, l'incapacité à développer des émotions, ou alexithymie, entraîne inévitablement d'importantes carences au niveau intentionnel : pour agir dans l'intention, dans la démarche, dans le but, l'émergence des émotions est indispensable. Cette double déficience entraîne notamment une incapacité à prendre une décision, tout est toujours vécu comme si les événements arrivaient comme par enchantement.

Lorsque arrive Noël ou son anniversaire, Gilles raconte volontiers qu'il va recevoir des cadeaux et si on lui demande ce dont il a envie, sa réponse ne va pas exprimer un désir particulier, il répondra qu'il « a envie de beaucoup de cadeaux », mais il ne sera pas capable de nommer quelque chose en particulier. Les parents de Gilles lui donnent de l'argent de poche, mais il le range soigneusement dans une boîte, que jamais il n'ouvre, il n'a jamais envie de quelque chose qu'il remarquerait dans une vitrine, comme ça, pour rien, pour le plaisir. Ses « envies » ne sont motivées en réalité que par les événements conventionnels où il sait que c'est la coutume de recevoir quelque chose.

Sa capacité à mémoriser un fait dans l'immédiat est quasiment absente. Un jour, Gilles s'était rendu au musée en métro, il était visible qu'il ne prêtait pas du tout attention aux lieux par lesquels on passait ; bien qu'on lui en fît la remarque, il ne changea pas le moins du monde son attitude. Lorsque, quelques minutes plus tard, on y fit de nouveau allusion, il ne se souvenait absolument pas de la première remarque, elle s'était effacée de sa mémoire.

C'est ici toute la pensée opératoire qui est perturbée, elle reste à un niveau sensori-moteur, dans lequel les émotions sont perçues comme des sensations corporelles. Le sujet décrit des actions ou des états ressentis, mais les termes utilisés sont généraux et ne font pas directement référence aux émotions. De fait, la conscience des autres, en tant qu'individus séparés, est minimale. Autrement dit, à ce niveau de pensée opératoire, il n'y a pas d'empathie possible à proprement parler.

Il y a donc une relation entre les troubles émotionnels et les troubles de l'apprentissage, et ce phénomène rend impossible ou diminue la conscience du ressenti émotionnel et la différenciation des émotions entre elles. Cette indifférenciation amène le sujet à éviter de réfléchir sur l'expérience émotionnelle, qui ne développe pas de représentations symboliques. Cet évitement est lui-même à relier au fait que l'apparition de l'émotion est vécue comme une situation de détresse somatique.

En effet, lorsque la mère de Gilles tombe malade et que nous en parlons ensemble durant une de nos séances, son regard reste impassible et sa façon de m'en parler toute mécanique. Il ne se montre pas le moins du monde préoccupé par l'état de sa mère, mais beaucoup plus par le fait que, puisqu'elle est malade, elle ne peut plus « lui rendre service », en l'amenant pour sa séance de travail en voiture chaque matin. Quand on le questionne sur la façon dont son père ressent les problèmes qui arrivent à sa mère, il ne perçoit pas du tout son inquiétude et ramène tout à lui, en disant que son père fera pour lui tous les trajets : c'est sa seule préoccupation. Pendant tout le temps où l'on parle avec lui, Gilles a le visage impassible, sans la moindre trace d'émotion, mais il se balance d'avant en arrière et tremble comme une feuille de tout son corps !

De manière générale, Gilles a une perception très extérieure de lui-même. Un jour où on lui demandait de parler de lui, de se présenter, il le fit de manière très mécanique en donnant son nom, son prénom, son âge ; il ajouta qu'il avait « beaucoup d'occupations » et il énuméra les matières scolaires que son père lui faisait faire et ce que nous faisions ensemble. Son vocabulaire est pauvre, très restreint, il est incapable de prendre l'initiative d'un dialogue et ne fait que répondre aux questions qu'on lui pose. Tout ce qu'il fait sont des « occupations », et son quotidien pour lequel il n'a de cesse de me répéter que « tout est beau, même les fauteuils de métro ! » est perçu de manière exclusivement positive. Le choix lui fait très peur, lorsqu'on aborde ce sujet, il devient écarlate et tremblant ; même pour une question aussi anodine que le choix d'un gâteau, il dit « avoir toujours peur de se tromper ». De manière générale, l'erreur le panique.

Lorsqu'il trace son portrait, il n'évoque aucun sentiment de stress, alors que le fait de commettre une petite erreur le met dans un état de nervosité tant physique (il devient rouge et tremblant) que psychologique (sa syntaxe devient mauvaise, il dit un mot pour un autre, ou bien, fait des phrases qui n'ont aucun sens). Face à la nouveauté, à l'imprévu, il dit ressentir de « mauvaises surprises », les habitudes « le protègent », dit-il.

Gilles avoue ne jamais penser à rien et ajoute : « Pour que je me mette à penser, il faut que quelqu'un me parle. » Lorsqu'on lui demande quelque chose, il met un certain temps à répondre, car il dit qu'il a besoin de « construire ses phrases dans sa tête », « sinon j'ai peur de me tromper », ajoute-t-il une fois encore. Sa façon de répondre ressemble à une série de constatations, rien n'est jamais déduit. Si par hasard il commence un dialogue, le sujet le concerne forcément, mais il ne tirera jamais aucune conséquence de ce qui vient de lui être dit. Si, par exemple, on lui suggère de se renseigner sur la date d'anniversaire de ses parents et qu'on lui demande pourquoi ce serait gentil d'y penser, il n'en perçoit pas du tout la raison, et n'entreprend aucune démarche pour se renseigner sur la date d'anniversaire. De manière générale, il ne perçoit pas du tout, tous les efforts que son entourage déploie pour lui.

Dans les exercices que l'on effectue durant les séances, on note une réelle incapacité à l'utile et à l'utilisable. Un jour qu'on lui proposait de faire un jeu de constructions dans lequel il y avait des petits éléments de couleurs différentes qui pouvaient s'emboîter les uns dans les autres, afin de construire un animal ou un robot, et que, d'ailleurs, un petit livret était également mis à sa disposition pour suivre des modèles, il vida tous les sacs qui contenaient les petits éléments et les aligna les uns à côté des autres sur la moquette sans chercher à les emboîter, ni bien entendu à ouvrir le livret de modèles.

En ce qui concerne la compétence de l'*imitation* qui, bien entendu, recouvre un très large domaine, car imiter c'est avant toute chose *tenir compte du modèle* quel qu'il soit, pour ce type d'enfant le modèle est souvent paniquant. Vincent, un petit garçon d'une dizaine d'années, refusa très longtemps de « passer par le modèle », il acceptait de faire l'exercice si on lui expliquait mais certainement pas en reproduisant un modèle proposé, cela le mettait très mal à l'aise. Dans le quotidien, toute son attitude montrait qu'il ne supportait pas de se conformer à une quelconque règle, il se montrait d'ailleurs très difficile avec son entourage, et lorsqu'on cherchait à lui faire une recommandation, on pouvait être sûr qu'il allait faire tout le contraire. Lorsque, par exemple, il avait bien réussi en séance et qu'il aurait pu refaire un exercice pour le montrer à sa mère, il se mettait systématiquement en situation d'échec, soit il faisait l'imbécile en courant tout autour de la pièce, soit il prenait les éléments de l'exercice et les jetait aux quatre coins de la pièce. Il avait horreur de montrer qu'il savait faire quelque chose, car il voulait absolument qu'on s'occupe exclusivement de lui. Il avait au fond de lui-même le sentiment qu'on allait l'abandonner s'il faisait preuve de la moindre autonomie.

Pourtant, Vincent était tout à fait capable de reproduire un modèle, mais cela le paniquait littéralement, si on lui en demandait la raison, il disait : « Un modèle, c'est comme une prison ! » Il fallut plusieurs mois pour qu'il accepte enfin de ne plus considérer le modèle comme une « prison ».

Mais, l'incapacité d'imitation peut se manifester d'une tout autre façon, comme, par exemple, l'impossibilité totale d'envisager le modèle comme un tout, c'est d'ailleurs le cas le plus fréquent chez ce type d'enfant. Dès lors, les parents doivent s'efforcer de tout découper en petites portions mentalement faciles à assimiler.

Constant, un petit garçon de huit ans, a longtemps été dans l'incapacité totale de « reproduire » un modèle, sa capacité de reproduction était quasiment absente. Quel que soit l'exercice abordé (repérage logique, topologie, parcours de motricité…), il fallait passer avec lui par un long et patient découpage de tous les gestes qui, à terme, reproduiraient le modèle proposé. Il fallait lui montrer indéfiniment de simples gestes comme empiler trois cubes les uns au-dessus des autres. Plusieurs séances furent nécessaires avant de lui demander quoi que ce fût. Il a fallu lui ouvrir le chemin en quelque sorte, et garder durant plusieurs semaines le même modèle pour qu'il s'apprivoise à chaque geste, et ce, quelle que fût l'activité proposée :

même un parcours de motricité très simple dans lequel on lui donnait trois ou quatre consignes différentes demandait qu'on travaillât chaque étape patiemment afin de les relier les unes aux autres. Rien n'avait naturellement de liens pour lui dans tout ce qui se produisait dans son environnement. Au bout de six semaines, Constant se montra enfin capable de commencer à reproduire, et demanda même à le faire seul et à recommencer. C'était gagné ! Constant se mit à faire des progrès qui se ressentirent simultanément dans son quotidien.

À la maison, sa mère disait qu'il cherchait beaucoup plus à entrer dans le jeu de ses camarades, il commençait à mieux appréhender un contexte, il cherchait à « faire pareil ». Long-temps, lorsqu'on prononçait ces mots « pareil » et « différent » devant lui, cela provoquait chez Constant une véritable gestuelle de panique, il serrait très fort ses bras autour de lui comme pour se protéger d'un danger imminent.

Un autre effet de l'incapacité d'imitation se situe au niveau de la représentation elle-même. Ce n'est pas tant la reproduction du modèle, qui est perturbée dans ce cas, que la capacité de *donner un sens à une représentation cohérente* qui est en cause : un jour que Gilles devait reproduire un modèle avec divers petits éléments de couleurs qu'il fallait placer sur une grille, il ne chercha pas à voir ce que cela représentait et posa la fiche telle quelle, à l'envers, sans se demander si elle avait un sens. Il se montra tout à fait capable de reproduire ce qu'il avait sous les yeux, mais en revanche cela ne le déran-geait pas du tout que cela ne représente rien de cohérent. Lorsqu'il eut terminé, il fut incapable de dire à quoi cela ressemblait, mais peu lui importait. Il avoua qu'il ne s'était pas posé la question. Et même, lorsqu'on lui suggéra de trouver à quoi ressemblait son modèle et qu'il se mit à tourner la fiche dans tous les sens, il ne trouva jamais la réponse, même lorsqu'il eut enfin mis la fiche dans le bon sens !

En ce qui concerne plus précisément le *contact social* et la *cognition*, il est clair que ce domaine est extrêmement large et englobe beaucoup d'aspects, mais nous remarquerons que les enfants dont le contact social est perturbé ne sont jamais demandeurs, leur communication verbale est le plus souvent écholalique, ils ont un esprit littéral et constatant, ils n'ont pas le sens de l'humour. Jean-Charles, un petit garçon de six ans, qui trépignait dans la cuisine alors que sa mère était en train de préparer le déjeuner, et à qui l'on proposait de donner un morceau de pain ou de fromage pour attendre plus calmement son repas, répondit après que la question lui eut été posée : « Ou de fromage » et se sauva à toutes jambes de la cuisine, sans attendre ce qu'il avait « demandé ». Car, en réalité, Jean-Charles ne s'était effectivement pas mis en position de demandeur, et de plus, il ne semblait pas avoir compris que c'était à lui que s'adressait la question, car sa « réponse » n'en était pas une, en réalité.

Si, lors d'un repas, on demandait à Jean-Charles de passer le sel qui se trouvait à côté de lui, il répondait par l'affirmative mais n'esquissait cependant aucun geste pour passer le sel qui lui avait été demandé, car il avait compris la question en termes de capacité et non en termes d'intention. L'humour également lui échappait totalement et lorsqu'en famille, ils regardaient tous ensemble un film comique, lui ne riait jamais, il s'arrêtait en permanence sur des détails de nature toujours constatante. Le sens de tous les jeux de mots lui échappait et si on utilisait en s'adressant à lui une expression telle que « ça te fera les pieds », il se mettait à regarder ses pieds dans tous les sens comme s'il cherchait à comprendre ce qui allait leur arriver !

De fait, le contact social est très nettement perturbé car l'enfant attribue mal ou pas du tout les rôles sociaux de ceux qui l'entourent et dans sa façon de parler il montre très clairement qu'il ne se distingue pas des autres, il emploie « tu » à la place de « je » pour parler de lui. Quand on demande à Constant ce qu'il doit faire pour bien réussir son exercice de « repérage logique » il répond : « Tu dois bien te concentrer » ; et quand on le reprend, en lui disant : « Non Constant ! Tu dois dire, "je" dois bien me concentrer », il répète la phrase mais en en sautant le début et n'articulant que la fin. Pour lui, « je » n'existe pas vraiment.

Leur façon d'entrer en communication est souvent ritualisante à l'exemple de Clément, un petit garçon de sept ans, qui, systématiquement, lorsqu'il rencontrait quelqu'un pour la première fois, posait toujours les mêmes questions : « Est-ce que tu as une voiture ? De quelle couleur est ta voiture ? Tu me montres tes clés ? » et, tant que vous ne lui aviez pas donné vos clés, il continuait de vous harceler. Les clés étaient son principal moyen de communication, chez lui il fallait que ses parents surveillent leurs sacs ou leurs poches, sinon il leur prenait leurs clés et les cachait dans un lieu bien à lui. Pour donner un sens à l'usage des clés, ses parents l'inscrivirent à des cours de karting où il devait s'en servir pour démarrer. Il se révéla particulièrement doué, prêt à prendre tous les risques pour réussir : il donnait enfin un sens et un contexte à son rituel des clés.

Même lorsque l'écholalie a disparu, un langage plaqué se met généralement en place et l'on constate que l'enfant ressort des phrases entières qu'il a entendues dans d'autres circonstances : Myriam, une jeune fille d'une quinzaine d'années qui n'avait jamais développé véritablement d'écholalie et qui avait une façon de parler généralement atone, ne donnait un ton à sa voix que lorsqu'elle répétait les expressions familières de sa mère. Dans ces moments-là, non seulement elle reprenait l'expression elle-même, mais encore elle imitait exactement la voix de sa mère, c'était tout à fait incroyable à entendre. Plus tard, Myriam devint une excellente chanteuse et une très bonne pianiste : elle avait l'oreille parfaite.

De même, les *capacités langagières* sont elles aussi extrêmement hétérogènes et peuvent aller de l'absence totale de langage à une certaine désorganisation qui peut se manifester soit par un phénomène d'écholalie directe ou différée, soit encore par un langage relativement élaboré mais que l'on qualifiera de plaqué car il n'aura rien de spontané et restituera simplement, en imitant la voix ou la syntaxe, des expressions entendues par ailleurs dans des circonstances que l'enfant aura repérées comme similaires.

Florian, un petit garçon de huit ans, dont la mère était d'origine sud-américaine, et parlait donc éventuellement l'espagnol devant lui, quoi qu'elle s'efforçât toujours de parler français avec lui, était totalement emmuré dans son silence. C'était un enfant magnifique, de belles boucles brunes et épaisses qui encadraient un visage d'une grande finesse. L'expression de ses yeux était étonnante, c'était un beau regard brun, qui n'avait rien de vide, rien de lointain, fascinant d'intelligence... et pourtant, Florian avait, à partir de l'âge de trois ans, progressivement, désappris à parler, il s'était emmuré dans le silence. Durant les séances effectuées avec lui, on sentait à quel point il comprenait parfaitement ce qu'on attendait de lui. Parfois, il refusait de le faire, mais, par ses gestes, il savait signifier la raison de son refus. Cependant, au fil des mois de travail, Florian commença à émettre quelques sons, des mots peut-être, si on voulait bien y prêter réellement attention... des mots, oui, mais des mots si légers, si ténus, qu'il fallait les deviner comme un secret, ses pauvres mots à lui, prononcés en espagnol ! Et dès lors, les séances changèrent de langue et se passèrent en espagnol puisque c'était le chemin que

Florian indiquait pour l'aider à sortir de son monde emmuré dans le silence.

Thibault, un petit garçon de trois ans et demi, n'avait pas prononcé un son, hormis des cris stridents, avant l'âge de trois ans. Et soudain, comme par enchantement, alors qu'il était encore tout à fait muet la veille, il s'était mis à chanter en restituant intégralement les paroles d'une de nos vieilles chansons françaises : c'était bien la première fois qu'on l'entendait faire des phrases. Très vite, et durant plusieurs mois, il devint évident que c'était le seul moyen qu'il proposait à son entourage de lui prouver qu'il savait constituer une phrase. Cependant, lorsqu'on l'écoutait chanter, cela donnait très nettement le sentiment d'une restitution robotique, mécanique, dans laquelle il n'y avait ni naturel, ni spontanéité. Et lorsqu'il avait terminé de chanter, il retournait à son monde du silence et ne cherchait pas à développer plus avant son langage parlé.

Dans les mois qui suivirent ce curieux phénomène, il commença à sembler vouloir « répondre » lorsqu'on l'interrogeait. Mais là encore, l'évidence n'était pas de mise, car, en fait de « réponses », il ne répétait que les fins de phrases ou même uniquement les derniers mots qu'il avait entendus. Il ne formulait jamais de « réponses » avec ses mots à lui, et ne semblait pas savoir le faire. De plus, un curieux petit ton de psalmodie se développait peu à peu lorsqu'il reprenait les fins de phrases. Il était notable d'ailleurs qu'il n'était jamais « demandeur » de quoi que ce fût et que, dans ce cas, on pouvait soupçonner que ses « réponses » à lui n'en étaient peut-être pas : il était écholalique.

Comment s'y prendre pour observer l'enfant ?

Lorsque les parents sont amenés à constater un certain nombre de ces comportements déviants, il est essentiel qu'ils interviennent auprès de leur enfant, tout d'abord par une observation extrêmement précise du comportement social de manière globale.

Dans sa *communication avec autrui en général*. L'enfant tient-il compte de l'autre ? De quelle manière ? En quelles circonstances ? Ici, plusieurs cas de figure peuvent aisément se présenter, car « tenir compte de l'autre » est un phéno-mène extrêmement fluctuant. Philippe, un petit garçon qui approchait les trois ans, avait une manière extrêmement hétérogène de « tenir compte de l'autre ». Parfois, durant des journées entières, il pouvait rester emmuré dans ses occupa-tions ritualisantes, et il était même difficile, ces jours-là, de l'inciter à prendre ses repas, il paraissait alors absorbé par une vie intérieure intense et semblait signifier qu'il pouvait parfaitement se passer de tout le reste du monde. Et puis le lendemain, on avait le sentiment d'avoir un autre enfant devant les yeux, et Philippe, à sa façon, sollicitait son entou-rage. Certes, ses manières étaient bien à lui, il ne savait pas expliquer ce dont il avait envie, alors il venait chercher un de ses proches et lui prenait la main, en manière d'instrument, comme s'il ne pouvait pas utiliser la sienne pour saisir ce qu'il voulait. De fait, il n'essayait jamais par lui-même d'atteindre ce qu'il désirait.

Dans ces moments-là, il semblait bien « tenir compte de l'autre », mais pas en termes d'échange, plutôt d'une manière mécanique. Philippe ne semblait pas vraiment réaliser qu'il était une personne à part entière qui aurait pu attraper seul ce qu'il désirait, et ne semblait pas non plus se rendre compte que celui qu'il « utilisait » était une personne elle aussi. Il donnait plutôt le sentiment de prendre les autres pour des instruments et il n'établissait alors avec eux aucun rapport délié et spontané comme savent le faire les enfants de cet âge.

L'enfant est-il capable de répondre à une sollicitation ? Là encore, il est bien difficile de faire la part des choses, et d'apporter une réponse claire, car si l'objet de la sollicitation entre dans ce qui l'intéresse, dans ses rituels, il peut se montrer tyrannique s'il ne l'obtient pas tout de suite. Philippe adore certains morceaux de musique, mais certaines parties seulement de ces morceaux ! Et lorsque ses parents le sentent mal à l'aise, ils savent à l'avance que Philippe va réclamer un de ses morceaux favoris, mais il faut qu'ils soient vigilants car, à partir d'un certain moment, cela lui fait peur et l'on doit retirer immédiatement le disque ! Cependant, pour cultiver sa capacité de sollicitation, ses parents utilisent ce moyen pour lui faire prendre conscience du lien entre l'expression d'un désir et sa réalisation.

Il est vrai que, dans les multiples petites invitations que nécessite un quotidien enfantin, Philippe ne semble absolument pas saisir ce qu'on attend de lui : il ne comprend pas lorsqu'on lui demande d'aller chercher quelque chose qui se trouve dans une autre pièce, comme par exemple, ses chaussures dans sa chambre, car il ne voit pas l'objet dont on parle et n'est alors pas capable d'élaborer la démarche nécessaire pour accomplir ce qu'on lui demande. Et c'est ainsi pour tout, il reste passif, comme si cela ne s'adressait pas à lui. Il faut alors l'emmener dans sa chambre, prendre les chaussures dont on vient de parler, et lui montrer nettement que c'est de cela qu'il s'agit ; mais là encore, toute son attitude reste comme extérieure, et même s'il saisit les chaussures, parce qu'on l'enjoint de le faire, il ne paraît pas du tout établir le lien entre la question qui lui a été posée et le fait qu'il faut prendre les chaussures dans sa chambre.

Va-t-il vers les autres ? Avec les autres ? Lorsque la mère de Philippe l'emmène au square, il cherche immédiatement un coin bien à lui et s'y installe, le plus loin possible de ses congénères, pour ne surtout pas être dérangé. Il a ses occupations favorites ! Par exemple le robinet d'eau qu'il sait parfaitement ouvrir et fermer, car, quand quelque chose l'intéresse, il ne met pas longtemps à trouver la marche à suivre ! Et si sa mère n'est pas vigilante, il peut rester une demi-heure entière, les deux mains sous le robinet, remplissant intégralement ses chaussures d'eau, sans se retourner une minute, sans le moindre regard pour son entourage ! Et puis, parfois, une sorte d'alternance semble s'instaurer dans ses occupations, on le voit courir de la grille du square dont, bien entendu, le système d'emboîtement de la porte d'entrée le passionne, au robinet d'eau qu'il ouvre et ferme avec frénésie. Et l'on garde l'impression d'une petite personnalité minutieuse et ingénieuse... Mais les autres, non, cela ne l'intéresse pas, il ne semble même pas les voir, ou plutôt si, il cherche à les éviter, car il ne se heurte jamais à eux comme quelqu'un qui n'aurait pas vu une autre personne devant lui. Lui s'installe toujours là où il y a moyen d'être en paix, il quitte même ses activités favorites s'il y a trop de monde, tant pis ! L'essentiel c'est d'être tranquille, donne-t-il le sentiment à celui qui l'observe.

En ce qui concerne ses *capacités attentionnelles*, l'attention de l'enfant est-elle parfois présente ou quasiment jamais ? Qu'observe-t-il ? Comment observe-t-il ? Combien de temps est-il capable de fixer son attention ? Quels sont ses domaines de prédilection pour fixer son attention ?

Paul est un petit garçon qui, à partir de deux ans et demi, se montra rapidement attiré par toutes les plaques d'immatriculation des voitures garées dans la rue. En effet, il eut une période où le plus clair de ses promenades se passait à manger des yeux ces rectangles jaunes ou blancs, il les faisait toutes, sans exception, restant là-devant, sans bouger, comme s'il essayait d'absorber, d'avaler les chiffres et les lettres, et puis, au bout d'un laps de temps, dont il était seul décideur, il changeait de voiture et se plantait de nouveau devant la suivante dans une extase contemplative imperturbable, et si d'aventure on essayait de l'en extraire, on se heurtait inévitablement à des crises de larmes et des colères d'une violence inouïe. Plus tard, lorsque Paul grandit, progressa et fut en mesure d'apprendre à lire, sa mère se rendit compte qu'il le savait déjà. Lors de l'apprentissage traditionnel de la lecture, il dit au bout de quelque temps à sa mère qu'il était inutile d'aller plus loin dans ses leçons de déchiffrage et qu'il allait lui prouver qu'il savait tout lire. Il prit alors un texte de lecture courante et devant sa mère ébahie il le lut sans aucune faute : elle comprit alors qu'il avait appris à lire tout seul sur ces plaques d'immatriculation !

De même, il se passionnait pour les clés de toutes les portes, il pouvait passer des après-midi entières à sortir et à rentrer une clé dans sa serrure, observant minutieusement le mouvement alternatif de celle-ci. Mais cette gloutonnerie, ce gavage d'observations n'était l'apanage que de certains domaines, car si le jeu qu'on lui proposait ne faisait pas partie de ses préoccupations favorites, il se réfugiait littéralement dans une fuite rêveuse, évitant du regard, s'enfonçant dans son monde intérieur où tout semblait prouver qu'il s'y sentait vraiment mieux que dans l'espace environnant.

Il était remarquable que ses capacités attentionnelles ne fussent jamais en alerte lorsque quelqu'un lui donnait une consigne, elles ne se mobilisaient que face à quelque chose, un objet précis, qu'il sélectionnait d'ailleurs lui-même, de manière ritualisante. Si ce quelque chose l'attirait, cela pouvait durer des heures à moins qu'on ne s'occupe de lui. Il était, dans ces moments précis, capable de déployer une énergie débordante dans son attention. Seulement voilà ! tout ne trouvait pas grâce à ses yeux, loin de là ! Son attention était exclusive, car pour le reste, il se laissait glisser vers un impénétrable ailleurs.

En ce qui concerne ses *capacités d'imitation*, l'enfant en a-t-il une, même minime, ou bien est-elle totalement absente ? Joue-t-il ? Invente-t-il des histoires ? Fait-il semblant ? Est-il capable de reproduire une consigne, un modèle ? De quelle façon ? Quelles répercussions cela a-t-il sur son comportement quotidien ?

Louis, un enfant de quatre ans, s'était rapidement révélé à son entourage d'une trop grande passivité. Alors que tous ses congénères, lorsqu'ils avaient atteint l'âge fatidique de deux ans, s'étaient lancés dans une insatiable phase de « grandes découvertes », déchirant un maximum de pages de magazines qui se trouvaient à leur portée, avalant avec avidité la terre de la plante verte dont leurs parents étaient si fiers, se montrant jaloux et colériques dès qu'une occasion se présentait à eux, Louis, en revanche, n'avait jamais rien développé de toutes ces fébriles qualités où le burlesque et la rage font souvent part commune, dans cette précoce tranche de vie où l'enfant ne fait au fond que s'initier à son quotidien ! Il avait, à l'inverse, toujours eu plutôt l'air d'un vieux sage retranché en lui-même.

Certes, cela n'avait pas immédiatement alerté ses parents qui, de prime abord, se félicitaient plutôt d'avoir un enfant sage et réfléchi, si « facile » à vivre… Cependant, ce sentiment n'avait pas duré, car alors que les autres enfants de son âge se livraient avec appétit aux activités les plus diverses, Louis refusait purement et simplement le moindre jeu, cela ne l'intéressait pas ! C'est cette époque de la vie où l'enfant saisit volontiers tout ce qui est à sa portée, tout ce qui est en son pouvoir, et se fait alors tour à tour chercheur, bâtisseur, ingénieur, toujours prêt à décortiquer, manipuler, inventer, mais aussi avide de premiers raisonnements, ces premières marches à suivre que lui offre chaque instant de sa jolie vie balbutiante.

Au lieu de cela, la moindre activité, le moindre jeu qu'on lui présentait, semblait provoquer chez ce petit garçon une sourde angoisse, il se fermait comme une huître. Cela paraissait le paniquer, déclencher une de ces terreurs tellement profondes, tellement enfouies, qu'il était impossible de véritablement l'exprimer. Si l'on sortait devant lui un simple loto, ou qu'on lui donnait des perles à enfiler, ou bien encore des cubes à encastrer, et qu'on entreprenait de lui montrer la marche à suivre, Louis ne semblait même pas saisir que c'était à lui que cela s'adressait. Il n'esquissait pas un geste, pas le moindre mouvement qui puisse montrer qu'il avait compris ce qu'on attendait de lui. Et, dès lors qu'on lui en laissait le loisir, il s'éloignait, retournant à ses occupations favorites qui oscillaient entre le transport incessant des pierres et la manipulation acharnée des commutateurs. Louis ne cherchait jamais à ôter seul son manteau ou à se déshabiller par lui-même ; alors que tous ses congénères avaient atteint l'âge du « moi tout seul », lui ne cherchait jamais à faire quoi que ce fût par lui-même, cela paraissait lui échapper tout bonnement.

D'ailleurs, il ne jouait pas : il avait bien, comme tous les petits garçons de son âge, un garage rempli de petites voitures, on s'était évertué à lui acheter des jeux de construction pour éveiller en lui sa masculinité en devenir, mais rien n'y faisait, il n'y touchait jamais et même, lorsqu'on l'y sollicitait, il ne cherchait pas le moins du monde à participer. Jamais il n'avait fait descendre ses petites voitures du garage au son d'un vroom-vroom assourdissant, jamais, il n'avait même essayé de monter son train en bois pour le faire circuler sur les rails et si l'on tentait de l'y intéresser, il tournait purement et simplement les talons et, sans un mot, s'esquivait de la pièce avant que l'on eût même le temps de réaliser qu'il n'était plus là.

Il ne cherchait pas non plus à s'intégrer dans un groupe d'enfants au jardin qui se seraient donné rendez-vous pour jouer à Zorro, et si d'aventure on avait cherché à le déguiser lui aussi, il ne semblait pas se rendre compte du changement, il restait dans son coin comme d'habitude, rivé à ses éternelles occupations alors que tous ses camarades poussaient à tour de rôle les cris les plus virils possibles en alléguant, à l'instar du Petit Nicolas et de ses inséparables copains, qu'on « ne se bat pas impunément contre la bande des vengeurs » ! Mais tout cela échappait bel et bien au petit Louis à qui ses quatre jeunes années semblaient déjà peser comme un fardeau trop lourd !

En ce qui concerne le domaine de la *perception* : comment l'enfant gère-t-il ses sens, notamment le toucher, l'ouïe et la vue ? Semble-t-il en dissocier certains ? Dans quelles circonstances cela se produit-il ?

Guillaume, un bel enfant aux boucles blondes foisonnantes dont les yeux d'un bleu profond semblaient parfois scruter un au-delà qui ne vous appartenait pas, avait, dès son plus jeune âge, montré d'évidentes difficultés de perception. À dix-huit mois, lorsqu'il s'asseyait pour écouter un disque de son choix et qu'il en gardait la boîte dans les mains, alors qu'il s'était montré très à son affaire dans les minutes précédentes, il se figeait soudain, tel un orant, durant toute la durée du disque. Son regard semblait s'éteindre tout à fait et l'expression de ses yeux mornes devenait dans ces moments-là comparable à une glace sans tain. Sa petite tête tombait insensiblement comme dans un songe et restait ainsi figée sans souffle de vie. Ce petit bonhomme si gentil, si alerte à sa façon par moments, paraissait voguer quelque part entre deux mondes, vers un infini intérieur, alors que ses petits doigts tournaient insensiblement la boîte qu'il avait entre les mains, sans en avoir réellement conscience, à la manière d'un automate. Dans ces moments précis, rien ne pouvait perturber cette fuite en lui-même : aucun appel, aucun bruit ambiant ne le sortait de sa torpeur, seule la fin du disque paraissait le réveiller brutalement, soudainement, et il reprenait alors, le plus souvent sans un son, ses occupations là où il les avait laissées.

Cependant, lorsqu'il était absorbé dans une de ses besognes favorites telles que, par exemple, l'inlassable ouverture et fermeture d'une des portes de l'appartement ou bien l'étude minutieuse du bouton de la chasse d'eau des cabinets qui offrait également l'irremplaçable loisir de pouvoir être tiré afin d'entendre l'eau couler, Guillaume entrait véritablement en extase. Même si son père, rentrant de son travail, l'appelait ostensiblement, il n'esquissait pas un mouvement, rien dans toute cette petite personnalité ne semblait avoir entendu quoi que ce fût, alors que tous ses frères et sœurs se jetaient dans les bras de leur père. Le trop joli petit rêveur ne semblait jamais se sentir concerné, il ne donnait pas l'impression d'appartenir à cette même fratrie.

Le plus déroutant chez Guillaume, qui paraissait comme sourd à beaucoup de moments dans la journée, était que, quelques sons comme le bourdonnement des insectes, ou bien encore certaines chansons que l'on fredonnait, pouvaient soudainement le rendre comme fou. Alors que son entourage n'avait encore rien entendu, rien remarqué, lui montrait un réel malaise, se mettant à crier de manière stridente. Ses parents finirent par repérer que Guillaume réagissait toujours ainsi à certaines chansons, mais pas toutes, ou à un certain type de bourdonnement mais pas tous. Et ce petit enfant, enfermé la plupart du temps dans sa carapace de surdité, se montrait à ces moments-là d'une extrême sensibilité auditive, sélectionnant avec une précision étonnante les sons qui le mettaient mal à l'aise ainsi que les plages de musique classique qu'il pouvait mettre sur la chaîne de ses parents.

De même son toucher était également perturbé, trop sensible par moments, il pouvait aussi en d'autres instants tenir lieu de carapace. Les parents de Guillaume ne pouvaient que très difficilement lui faire enfiler son pantalon, car visiblement le contact du tissu, et ce, quel qu'il soit, le dérangeait. Cela se produisait également avec un chandail ou une paire de chaussettes, le petit garçon se sauvait précipitamment dans toute la maison ôtant frénétiquement tout ce qu'on était arrivé à grand-peine à lui enfiler. Cependant, il n'était pas rare, lorsqu'on se trouvait à la campagne, qu'on le croisât presque nu dans le jardin, alors qu'il pleuvait à verse, ce qui ne paraissait nullement le perturber. Dans ce domaine, Guillaume était très imprévisible, car tandis qu'il sortait nu en un pareil moment, il n'y avait pas moyen, par ailleurs, de lui laver les cheveux, il se sauvait alors comme un beau diable lorsqu'il entendait son bain couler, collant ses mains sur ses oreilles, comme en présence d'un danger imminent.

Tous les aspects de la toilette quotidienne posaient un réel problème : il ne supportait pas le contact du gant pour se laver, il se sauvait à toutes jambes lorsqu'on voulait le sécher, il semblait souffrir d'être frotté d'une quelconque manière, cela provoquait chez lui des crises d'angoisse disproportionnées qui étaient bien difficiles à maîtriser. Et si l'on cherchait à le relaxer, en le massant doucement, on sentait sous les doigts d'insensibles tremblements, car Guillaume se crispait de tout son petit être.

En ce qui concerne tout ce qui touche le domaine de l'*intention* : l'enfant est-il capable de prendre l'initiative d'une relation d'échanges équilibrés ? Dans quelles circonstances cherche-t-il à le faire ? Pointe-t-il du doigt ? Est-il capable de réclamer quelque chose ? Si oui, est-il capable de le réclamer lorsqu'il ne voit pas l'objet ? S'il parle, quelle capacité a-t-il à dialoguer ? Comment se comporte-t-il lorsqu'il y a plusieurs personnes en jeu dans un même contexte, dans un jeu collectif par exemple, comprend-il à qui il doit passer le ballon ?

Dès l'âge de six mois, l'entourage de Damien le qualifiait bien volontiers d'enfant trop sage ! Et c'était vrai qu'on pouvait le passer de son lit à son parc, du parc à sa poussette, sans pour cela qu'il émît la moindre protestation, le moindre désir, il ne réclamait jamais rien. Cependant, Damien allait avoir vingt mois, et sa mère avait bien remarqué, alors qu'elle se promenait avec une de ses amies dont le fils était le contemporain du sien, même un peu plus jeune, que celui-ci se tortillait de belle manière pour tenter de sortir de sa poussette alors qu'elles passaient ensemble sur un pont et que des péniches glissaient le long de la Seine. Le petit se débattait, pointant son doigt vers les péniches en criant « bateau », quand Damien, lui, regardait droit devant lui, sans tourner un seul instant la tête. Pour tout dire, il ne semblait pas même se rendre compte du vacarme que faisait son congénère, il ne refusait pas de s'intéresser, il n'était pas là, voilà tout !

C'était la première fois que cela frappait autant sa mère. Intriguée par ce curieux décalage d'attitude, elle observa qu'effectivement l'enfant de son amie, qui n'avait pas encore dix-huit mois, se montrait rapidement impatient s'il n'obtenait pas ce qu'il avait réclamé lorsqu'il venait chez elle. Et puis, il disait déjà beaucoup de mots, dont certains étaient associés à bon escient. Alors que le petit Damien, lui, ne se montrait impatient de rien du tout, il ne tendait jamais son petit doigt pour obtenir une chose ou une autre, et n'émettait que quelques sons, toujours un peu les mêmes d'ailleurs, si l'on voulait bien être attentif, mais le plus clair de ses expressions se résumaient à des cris stridents, le plus souvent émis sur deux tons qui débutaient par un son grave, pour se terminer par un son aigu, toujours identiques.

Rien ne lui faisait jamais envie à ce petit Damien. Et si d'aventure on lui donnait un verre de jus d'orange et qu'on le remettait dans le réfrigérateur, alors que les autres enfants s'empressaient d'aller en tirer la porte brutalement au risque de tout renverser, lui quittait la cuisine, lentement comme un funambule sur son fil. Au fur et à mesure qu'il approchait de ses trois ans, il paraissait clairement tout à fait incapable de réclamer quoi que ce fût, et d'autant plus quelque chose qu'il ne voyait pas. C'était d'ailleurs très net lorsqu'on entreprenait avec lui une partie de cache-cache. Car, d'une part, si la personne qui jouait avec lui se cachait, il semblait oublier instantanément la partie et s'en allait dans une autre pièce, ne paraissant pas se souvenir que c'était à lui de chercher. Mais, d'autre part, lorsque c'était à lui d'être cherché, il ne restait pas dans sa cachette, où il fallait d'ailleurs le mettre, toute son attitude révélait qu'il ne comprenait pas pourquoi on l'avait mis derrière un rideau ou un fauteuil.

Au moment du goûter, c'était particulièrement flagrant : quand on sait combien tous les enfants attendent avec impatience leur paquet de gâteaux favoris, prêts à les avaler intégralement pour ne pas en laisser une miette aux autres, Damien, lui, qui mangeait volontiers ce qu'on lui donnait, ne semblait jamais attendre qu'on lui en offrît encore. Sa mère avait même tenté une expérience : alors qu'elle avait présenté un gâteau à son fils et que celui-ci était prêt de l'attraper, elle prit un journal et le cacha dessous, pour voir... Quelle ne fut pas sa surprise de constater que Damien ne cherchait absolument pas le gâteau, celui-ci avait disparu de son champ de vision, il l'avait oublié.

Aubin, un garçonnet de six ans qui n'avait jamais développé d'écholalie proprement dite, mais qui avait une manière de parler très singulière dans la mesure où tout ce qu'il disait était toujours exprimé sur un même ton, se montrait incapable, lorsqu'il appelait quelqu'un, et quelle qu'en soit la cause, d'interpeller la personne sur un autre ton que celui de la panique, ce qui fait qu'on était toujours enclin à penser qu'il s'était fait mal, alors qu'il n'en était rien la plupart du temps. En quelque sorte, sa façon de s'exprimer se déclinait sur deux tons.

Il était clair que lorsqu'il parlait, il ne faisait aucune différence dans son expression orale entre une phrase interrogative et une phrase exclamative ou affirmative. Tout ce qu'il disait était prononcé sur un même ton mécanique, sans aucune nuance, les mots ainsi débités ne semblaient pas vraiment faire sens dans sa bouche. Il était d'ailleurs remarquable qu'il ne disait jamais oui ou non de la tête, et si par hasard il les prononçait, ces deux mots semblaient souvent ponctuer un rêve.

Bien que tout à fait capable de faire des phrases avec une syntaxe correcte, Aubin se montrait dans l'impossibilité complète d'entrer dans un dialogue, il ne répondait jamais vraiment à ce qu'on lui demandait ou au mieux par un mot, il ne faisait jamais de phrase élaborée dans ces moments-là. Mais encore, il était absolument incapable de prendre l'initiative d'un dialogue. Il ne posait jamais aucune question extérieure à lui-même bien entendu, mais même en ce qui le concernait, cela ne semblait pas l'intéresser non plus. S'il essayait d'obtenir quelque chose pour lui-même, il employait la plupart du temps le « tu » à la place du « je », et, malgré son âge, le « moi » n'était pas encore vraiment en place, il disait encore souvent son prénom pour se désigner.

Aubin ne savait pas, bien sûr, raconter aucun petit événement de sa vie quotidienne, que cela se rapportât à lui-même directement ou à l'un de ses camarades. Tout ce qu'il disait était toujours de nature constatante, jamais de nature intentionnelle, comme par exemple que la maîtresse aurait puni un de ses camarades parce qu'il aurait été méchant. Ses remarques à lui se cantonnaient au détail, mentionnant la couleur du manteau d'un camarade, remarques qu'il sortait d'ailleurs à la cantonade, inopinément, alors qu'on ne lui demandait rien de particulier. Il se plantait là tout bonnement devant sa mère pour l'en informer, puis se taisait sans ajouter quoi que ce fût d'autre. Rien dans son langage ne racontait, ne décrivait, ne cherchait à déduire, au mieux on obtenait de lui des considérations ponctuelles dont il ne tirait jamais aucune conséquence, qui n'avaient jamais aucun lien entre elles, un peu comme s'il avait sorti des cartes une à une d'un paquet et lu ce qui était inscrit dessus.

Pierre, un garçonnet de cinq ans, se montrait particulièrement maladroit dans les parties de foot, et cela se reproduisait pour tous les jeux de nature collective. Il ne comprenait pas que la balle ne fût pas toujours à lui et ne lui fût pas toujours passée. Lorsqu'il la tenait, il ne comprenait ni qu'il fallait la passer, ni à qui il fallait l'envoyer. Les notions d'équipe, de stratégie, d'action et d'anticipation, bref, tout ce qui engen-dre dans ce type de jeu une marche à suivre, une démarche constructive, lui échappait totalement. Il avait alors une attitude tyrannique : hurlant si la balle lui échappait, refusant de la lâcher si on la lui donnait. Dans la vie quotidienne, il ne comprenait pas bien l'échange et le partage, si on lui demandait de partager avec un de ses frères et sœurs, c'était des crises de larmes infinies, il ne pouvait pas concevoir que tout ne passât pas par lui et ne fût pas à lui, ce qui engendrait, au sein de sa fratrie, des relations compliquées à gérer, car cela nécessitait de la part des parents de parlementer longtemps avant qu'il accepte l'arrangement. D'ailleurs, tous ces épuisants discours ne faisaient pas expérience, il fallait sans cesse recommencer comme si c'était la première fois qu'on abordait avec lui le sujet.

En ce qui concerne l'*association* : comment l'enfant appréhende-t-il son corps ? Est-il capable de désigner simultanément son genou et celui d'un de ses proches ? Semble-t-il faire la différence entre l'autre et lui-même ? Dans ses jeux, est-il capable de trier, d'appairer ? Comprend-il les expressions telles que « pareil » et « différent » ? Est-il capable de comparer deux quantités avec des expressions adéquates telles que « un peu plus » ou « beaucoup moins » ? Est-il capable d'associer un geste à des mots dans le cadre de ses jeux par exemple ?

Laure, une gentille petite gamine aux grands yeux verts et aux boucles d'un brun d'ébène, alors qu'elle allait avoir quatre ans, avait bien des difficultés à montrer son nez lorsqu'on le lui demandait. Ce genre de questions la rendait particulièrement perplexe et, la plupart du temps, elle n'esquissait pas le moindre geste lorsqu'on la sollicitait de répondre. Si, en guise d'explication, son père lui montrait son nez à lui, elle refaisait le geste lentement sans paraître comprendre le sens de ce qu'il venait de faire puisqu'elle ne l'appliquait pas à son propre corps. Et même lorsqu'on s'efforçait de lui faire toucher simultanément son nez et celui de son père, elle ne paraissait pas du tout comprendre où l'on voulait en venir et, d'ailleurs, elle ne cherchait jamais à réinvestir le geste pour une autre partie du corps qu'on lui aurait demandée.

Si l'on abordait avec Laure des jeux qui engendraient le tri, elle ne percevait pas du tout la marche à suivre. Qu'il s'agisse de formes, de couleurs, rien ne semblait constituer pour elle le moindre repère, la moindre signification. Si on lui étalait sur le tapis différents éléments de couleurs variées, elle prenait alors systématiquement le sac duquel ils provenaient et les remettait minutieusement dedans sans chercher plus avant ce qu'il fallait faire. Et même si l'on tentait de lui montrer comment procéder et qu'on lui prenait sa petite main en geste d'accompagnement, dans les premiers temps tout du moins, sa main restait molle, se laissait saisir sans comprendre qu'on la guidait pour accomplir une démarche. Le sens du tri lui échappait totalement.

De même, quel que fût l'exercice d'appariement, que ce fût un loto ou bien assembler deux à deux des cartes similaires ou des objets tels que deux fourchettes ou deux couteaux, elle ne saisissait pas du tout, là non plus, le sens de ce qui lui était demandé, elle remettait toujours tout ce que l'on lui présentait dans un même tas, puis devenait soudain indifférente à la consigne. Le sens des termes « pareil » et « différent » lui échappait totalement. Si on lui posait une question en employant ces deux termes, elle répondait toujours par le dernier qu'on venait d'employer, en écholalie. Et bien entendu, toutes les nuances telles que « un peu plus » ou « beaucoup moins », ne faisaient absolument pas partie de son système de pensée. On sentait même, lorsqu'on abordait le domaine de la comparaison, que cela créait une sorte de césure dans sa personnalité, comme si le choix engendrait pour elle l'abandon d'une part d'elle-même. Rien ne faisait lien chez cette fillette. On avait toujours le sentiment que le néant semblait prêt à l'engloutir.

Lorsqu'on tentait avec elle un jeu de poupées et de dînette et que l'on commençait à faire parler une de ses poupées, elle l'arrachait de vos mains, furieuse, comme si c'était indécent, et jetait la poupée à l'autre bout de la pièce. De manière générale, elle se comportait ainsi dès qu'on essayait de construire une histoire, que ce fût avec des marionnettes, avec ses bêtes en peluche, avec des Playmobil : elle semblait ne pas supporter que l'on joignît le geste à la parole. Lorsqu'elle « jouait », elle ne semblait jamais vraiment construire une histoire, ses gestes restaient restreints, ils consistaient essentiellement à déplacer sa poupée d'une chaise sur l'autre, avec des gestes courts et nerveux, et tout cela dans le plus total silence. Non seulement elle n'alliait jamais les mots aux gestes, mais encore ses gestes eux-mêmes ne semblaient pas se relier entre eux, ils étaient comme saccadés, hachurés, ils n'étaient jamais bâtisseurs d'histoires.

En ce qui concerne l'*émotion* qui, comme nous l'avons mentionné plus haut, fait la plupart du temps part commune avec l'*intention,* il faut observer si l'enfant est capable de distinguer les différentes praxies sur un visage telles la colère ou la joie. Comprend-il le langage des yeux ou bien lui échappe-t-il ? A-t-il lui-même une certaine plasticité, mobilité du visage, ou bien son visage reste-t-il statique, à la manière d'une statue de cire ? Est-il capable d'exprimer lui-même différents types d'humeurs, hormis l'angoisse qui, elle, est presque toujours présente ? Comprend-il les réactions des autres au sein d'un groupe, et comment les gère-t-il ?

Antoine est un gentil garçonnet de bientôt trois ans. Mais lorsqu'on le côtoie pour la première fois, on est immédiatement frappé par son beau regard bleu perçant et sa jolie peau fine et blanche qui façonne un visage quelque peu étrange, étonnant, curieusement inquiétant peut-être, car rien dans ce trop beau visage ne semble réellement vivant, ne paraît vraiment respirer, à l'instar d'un masque de cire. Rien dans ce visage ne traduit la moindre sensation, le moindre sentiment, le moindre étonnement, la moindre surprise qui sont pourtant l'apanage courant des enfants de cet âge. Tout chez Antoine semble réglé aussi parfaitement qu'un automate, sa gestuelle est lente et trop précise, trop parfaite. Pas le moindre petit rictus n'apparaît sur ses jeunes lèvres, pas le plus petit plissement des yeux. On a réellement le sentiment de se trouver face à un personnage de science-fiction.

Son entourage a bien du mal à lui faire comprendre la discipline la plus élémentaire, si utile aux enfants de cet âge. Rien ne semble vraiment faire écho chez lui. Qu'il s'agisse d'un mouvement de colère ou de tendresse, tout est accueilli par lui avec une égale indifférence : il ne semble pas saisir. Rien ne paraît vraiment l'atteindre. Froncer les sourcils, faire les « gros yeux », ne provoque pas chez lui la moindre réaction. Lorsqu'on essaye de l'embrasser ou de le prendre sur les genoux, il s'échappe tout bonnement comme s'il trouvait cela déplacé.

Et c'est vrai qu'Antoine ne se montre jamais enjoué, jamais heureux de quelque agréable atmosphère de famille, en bref il ne se montre jamais content de rien. Mais par ailleurs, il ne se montre jamais déçu, jamais attristé par quoi que ce soit. Et pour tout dire, il ne semble pas vraiment attendre quoi que ce soit. On ne le sent pas concerné par son quotidien, voilà tout. Il navigue ainsi, d'une occupation à une autre, rivant adroitement, dans une observation trop minutieuse, son étrange visage de cire que rien ne vient perturber. Antoine n'a jamais pleuré, jamais une larme n'est venue baigner ce beau visage, Antoine ne peut pas pleurer !

Lorsqu'il se sent mal à l'aise, il se met à trembler de tous ses membres, devient écarlate, se recroqueville sur lui-même soit en se mettant en boule, soit en cachant son visage dans ses mains, mais ses parents ne l'ont jamais vu verser une larme, il ne sait pas, il ne peut pas. Quand il se trouve au sein d'un groupe d'enfants, il se montre tout à fait incapable de participer activement à ce type de contexte. Au mieux, il se laisse bercer par l'ambiance, se faisant tour à tour mettre le ballon dans ses mains puis l'ôter de ses mains sans la moindre réaction particulière, il ne comprend tout simplement pas ce qu'on attend de lui. La plupart du temps, il se recroqueville dans un coin sans bouger, comme un petit animal traqué.

Les parents d'Antoine avaient rapidement remarqué que, de manière générale, leur petit garçon ne s'impliquait jamais dans aucune situation, que ce fût un jeu entre amis ou une consigne à exécuter. Il ne réagissait pas, ni à ce qu'on lui demandait de faire, ni à ce qu'on lui proposait. Il semblait ne pas saisir qu'il fallait qu'il « entrât en scène ». Parfois, alors que d'autres enfants jouaient devant lui, il restait là planté devant eux. Et quand à la maison, ses parents demandaient à l'ensemble de ses frères et sœurs de ranger leur chambre, par exemple, alors que les deux aînés n'avaient qu'un et deux ans de plus que lui, un fossé d'attitude se creusait lentement entre eux et Antoine qui se mettait toujours à part, en spectateur de la vie.

Certes Antoine paraissait curieux par rapport à ses frères et sœurs, cependant il développait des qualités que les deux autres n'avaient jamais montrées, comme son attrait indéniable pour la musique classique où il repérait sans aucune difficulté les disques qu'il aimait, et il donnait alors véritablement le sentiment de savoir déjà lire. Ou bien encore, il avait un don d'observation et un goût du détail prononcés, il repérait avant tout le monde le moindre changement. Ses parents, dans les premiers temps, s'étaient sentis très fiers de ces curieuses capacités pour un si jeune enfant ! Ils avaient pris l'habitude de le surnommer leur « petit homme au masque de fer », car, plus Antoine avançait en âge, plus on avait le sentiment qu'il n'avait pas envie de réellement se dévoiler à son entourage, il paraissait se complaire dans son personnage énigmatique de « statue du commandeur » qui vous convie éternellement à son « festin de pierre ».

Il avait ses livres de prédilection qui allaient de préférence à tout ce qui pouvait tourner autour des voitures, des bateaux , des instruments de tous ordres. Il ne se montrait jamais attiré par un livre sur les animaux, sur les soldats ou les pompiers, alors que tous les enfants de son âge rêvaient de ces beaux uniformes. Lui préférait, semblait-il, « étudier » un objet et il ne se montrait jamais pressé de tourner les pages : il pouvait rester une demi-heure sur la même image, la décortiquant à la loupe pour ainsi dire. On avait toujours l'impression qu'Antoine avait besoin de prendre le temps de la réflexion quand ses deux aînés couraient volontiers dans toute la maison, grimpant, sautant, quémandant tout et n'importe quoi, évoquant mille projets pour leur journée. Antoine, lui, se retranchait derrière son beau visage impassible, infiniment pâle, profondément immobile, sur lequel seuls luisaient des yeux étrangement bleus, perçants et insondables.

En ce qui concerne la *cognition*, l'enfant mentalise-t-il ? Autrement dit, se pose-t-il des questions qui impliquent une déduction et pas seulement une constatation ? Semble-t-il avoir compris que pour « savoir » quelque chose il faut l'« avoir vu », autrement dit, est-il capable de se mettre à la place d'autrui ou bien, lorsqu'on lui pose une question qui entraîne de prendre en compte le fait de voir pour savoir, répond-il toujours de son propre point de vue, sans tenir compte de la position de l'autre ni du contexte ? Est-il capable de prendre en compte les différents paramètres d'un contexte impliquant non seulement la position mentale de chacun des protagonistes, mais encore les éventualités diverses qu'entraîneraient un changement de situation, ou bien cela lui est-il tout à fait étranger et ne saisit-il même pas l'existence du contexte lui-même ?

Amélie, une gentille petite brunette de sept ans qui, lorsqu'elle parlait avait une syntaxe tout à fait correcte, avait cependant une curieuse façon d'entrer en relation avec ses pairs. Lorsqu'elle s'approchait de l'un d'eux, on sentait que toute sa personnalité se raidissait comme si elle cherchait profondément en elle-même de quelle façon elle pouvait bien aborder la personne qui se trouvait face à elle. En effet, elle avait à son actif une série de questions qu'elle ressassait comme pour se sécuriser, et qui, *a priori*, n'appartenaient

jamais à aucun contexte. Elle s'enquérait ainsi toujours de la
« couleur » de l'objet : « De quelle couleur est ta brosse à
dents ? », mais encore : « De quelle couleur est ton cadeau ? »
et non pas : « Qu'as-tu reçu comme cadeau ? » quand elle
voyait que la personne avait reçu quelque chose. De manière
générale, la nature globale des sujets et des objets qui
faisaient son environnement lui échappait tout à fait, seul
comptait un détail, telle la couleur, sur laquelle elle se focalisait exclusivement.

Si on l'emmenait faire une visite au zoo, par exemple, et
qu'elle en parlait après en être revenue, elle ne mentionnait que
des détails sans le moindre intérêt comme la couleur des bancs
du zoo ou celle de la grille par laquelle elle était entrée. En
revanche, elle était incapable de faire un petit compte rendu de
l'ensemble des animaux qu'elle avait vus. On avait vraiment le
sentiment que cela lui était passé par-dessus la tête, elle ne
comprenait pas que l'intérêt d'une visite au zoo était de
regarder des animaux. Et même, si on la poussait dans ses
retranchements en lui demandant quels animaux on était allé
regarder, et que d'aventure on arrivait à lui en faire mentionner
un, elle spécifiait immédiatement un détail de moindre intérêt
comme la couleur des barreaux de la cage. Tout, dans sa
personnalité, ne semblait retenir que le détail, elle ne percevait
pas le contexte ni l'intention qui l'animait : le fait, par exemple,
que sa mère avait mobilisé une amie pour l'accompagner au
zoo afin de pouvoir partager avec elle ce qu'elles auraient vu.
Elle ne semblait pas en tenir compte, et si l'on parvenait à lui
faire mentionner cette petite amie, c'était pour s'entendre dire
qu'elle portait des chaussettes rouges. Amélie ne ressentait
pour ainsi dire rien de ce qui crée des liens intentionnels entre
deux individus, cela lui était tout à fait étranger.

Au niveau de ses apprentissages, et de la vie courante en
règle générale, tous les termes tels que « pourquoi », « comment »,

« quand », « parce que »… non seulement ne faisaient pas partie de son vocabulaire, mais encore, on sentait que lorsqu'on les employait devant elle, elle n'en saisissait pas le sens et répétait en écho la phrase telle qu'elle venait de l'entendre prononcer. Cela donnait par exemple : « Pourquoi as-tu ton manteau sur le dos Amélie ? », au lieu de répondre, elle reprenait intégralement la phrase alors que dans toutes les autres circonstances, elle ne développait pas cette sorte d'écholalie. Il était clair que dans le monde d'Amélie, la déduction n'existait pas, les événements n'en étaient pas, elle ne cherchait jamais à « savoir pourquoi » ou à « comprendre comment ». Tout ce qui se passait devant elle n'avait pas de lien pour elle, et elle n'en cherchait d'ailleurs pas, elle ignorait bel et bien que cela existât.

Lorsqu'on lui lisait une histoire, elle n'était capable que de restituer l'aspect descriptif de l'image qu'elle voyait, elle se souvenait absolument de tout. Les moindres détails encombraient sa mémoire, mais en revanche elle n'y mettait aucune intentionnalité, aucun lien de cause à effet entre ce que faisaient les personnages de l'histoire et le fait qu'il se passe tel événement. De même, elle pouvait retenir de curieux détails comme le nombre d'élèves qui se trouvaient dans sa classe à une date précise, qu'elle sortait comme cela, inopinément, sans aucune raison précise et qui n'étaient d'ailleurs suivis d'aucune phrase déductive : « Tu sais, maman, le 30 avril, on était dix-sept en classe » pouvait-elle alléguer. Et ce détail sortait à brûle-pourpoint, sans autre considération, elle retombait ensuite dans un bien curieux silence.

Si Amélie pénétrait dans un lieu qui lui était inconnu, une dégelée de questions pouvait s'ensuivre comme si elle avait besoin de se rassurer : « Il est marron le fauteuil ? » ou encore : « Les rideaux sont beiges, maman ? », et ainsi de suite, toute une pièce pouvait ainsi être passée au peigne fin par la petite fille qui, par ses questions, semblait avoir besoin d'être rassurée que ses proches se trouvaient bien dans le même lieu qu'elle et voyaient bien la même chose qu'elle.

Sa curieuse attitude semblait toujours être celle de quelqu'un qui cherchait à se tranquilliser et pourtant ses parents avaient saisi avec le temps que bien d'autres phénomènes sous-jacents étaient la cause de cette curieuse inquiétude, ils avaient appris à la comprendre et à la gérer.

Ce sont toutes ces bizarreries, toutes ces étrangetés, toutes ces incohérences sur lesquelles on aimerait bien fermer les yeux, ce sont tous ces petits riens que l'on essaye d'ignorer et qui, au fond de nous-mêmes, n'ont de cesse de nous inquiéter jusqu'à l'angoisse, qu'il va bien falloir prendre en compte pour de bon. Alors tout haut devant nos proches, comme pour nous protéger, nous nous disons volontiers : « Cela lui passera ! ce n'est sans doute rien ! » Mais lorsque nous nous retrouvons face à nous-mêmes, face à notre conscience de parents, nous savons bien que ce petit quelque chose nous domine, nous envahit, nous ronge. Nous ressentons très fortement que nous ne nous sommes jamais frottés à ce type de personnalité. Même si cet enfant-là est notre aîné, cela ne nous trompe pas, nous voyons bien qu'il est différent. Différent, mais en quoi exactement ? Nous ne mettons pas de nom sur cette différence-là, cela s'appelle « incohérence », « fuite », « malaise », cela s'appelle l'« insaisissable ». Et au fond de nous-mêmes, nous savons très bien que cela ne passera pas tout seul. Quelque chose de bouleversant est en train de se produire dans notre vie. Il va falloir plonger, s'engager sans réserve pour offrir à cet enfant qui est le nôtre une éducation à sa mesure, une éducation spécifique pour ce petit être spécial que le destin nous a confié.

CHAPITRE 2

Concevoir des ateliers

Pourquoi créer des ateliers ?

Le corps est une manne pour l'esprit. Nourriture providentielle, don indispensable par excellence, notre corps est d'abord et avant toute chose le reflet de ce que notre cerveau est en mesure de comprendre et d'intégrer. Ce sont tous nos gestes, toute notre cadence qui se font témoins privilégiés de notre être profond et qui traduisent par leur rythme notre forme d'esprit non seulement dans ses capacités actuelles, mais également dans son potentiel d'évolution.

C'est par le corps et à travers lui que se développent nos sens. Or ce sont bien eux qui sont les premiers soubassements, les premiers piliers, les prémices de ce qu'il adviendra du développement de nos facultés intellectuelles et de nos performances analytiques. C'est le rythme de notre corps qui donne le *la* à notre cerveau dans la mesure où le geste n'est jamais que la traduction intime, très profondément ancrée dans notre être, de ce que notre cerveau sent, ressent et perçoit du monde environnant. Pour que l'existence prenne sens, pour qu'elle

« fasse expérience », il faut avant tout qu'elle soit vécue par le corps. Rien ne peut être intellectuellement assimilé qui ne soit préalablement ingéré et intégré par le corps, qui ne soit « com-pris », « pris avec lui » : car pour « ap-prendre », pour nous emparer de ce que l'extérieur nous livre, il est indispensable de tout d'abord « com-prendre », de prendre avec soi, pour soi, dans le but d'une construction interne.

Juliette, une fille d'une douzaine d'années que les médecins avaient qualifiée d'« autiste de haut niveau », n'arrivait absolument pas à comprendre le concept de « différence », cela ne faisait pas résonance en elle, elle n'en « com-prenait » pas la signification.

Après avoir passé plusieurs mois infructueux à chercher toutes les explications possibles pour lui faire entendre ce concept, après avoir tenté de la faire « raisonner », j'eus enfin l'idée de fermer livres et cahiers et de m'y prendre tout autrement. J'allais instaurer des séances de « mathématiques corporelles », pour ainsi dire. Il n'y avait en soi aucune raison pour que cette fille, par ailleurs sensible et sensée, qui savait bien *choisir* dans sa vie quotidienne – or c'est mentalement le premier pas à faire pour intégrer le concept de différence –, ne puisse pas saisir ce qu'est une différence d'un point de vue opératoire. Cependant, si elle ne « raisonnait » pas, c'est que cela ne faisait pas « résonance » en elle ! Le raisonnement n'était pas *sa solution*, la résonance allait l'être.

J'instaurai donc des séances fondées essentiellement sur les frappés de mains et les sauts à pieds joints ; dans un premier temps en effet, je voulais que son instrument de raisonnement soit la résonance de son corps. Puis j'ajoutai des instruments de musique tels qu'un tambourin ou des maracas. Pendant un mois environ, nous passâmes nos séances de mathématiques à apprendre à ressentir dans le corps ce qu'était une différence. Il m'apparaissait évident que, jusque-là, son corps ne l'avait jamais *senti* et de ce fait son intellect y restait totalement hermétique.

Je constatai immédiatement, au début, que lorsque je tapais moi-même dans les mains quatre fois de suite et que je lui demandais d'ajouter deux coups de plus, ou bien d'en ôter deux, cela la mettait réellement en grande difficulté. Pour édifier cette fragile construction mentale, j'alternais tour à tour les frappés de mains et les sauts à pieds joints afin que toutes les parties de son corps ressentent cette différence sensible !

Au bout de trois semaines, au cours d'une de nos séances où elle ne s'était pas trompée, elle s'écria tout à coup : « Ça y est ! Je crois que j'ai compris. Donne-moi une opération à faire ! » Avant de la contraindre à la feuille blanche, je lui proposai d'effectuer ses premières opérations à l'aide de cubes, et ainsi je pus introduire une méthode conventionnelle pour lui faire effectuer ses opérations. Juliette avait « compris », elle ne se trompait plus, elle raisonnait car cela résonnait enfin en elle. Et il lui arriva, en guise d'autocorrection, de se lever de sa chaise et de se mettre à sauter à pieds joints afin d'être bien sûre de ressentir cette différence qui avait si longtemps été pour elle un trou noir !

J'ai personnellement beaucoup exploité cette technique : qu'il s'agisse de règles de grammaire rébarbatives pour lesquelles j'inventais des explications en chansons, ou bien d'énoncés mathématiques incompréhensibles à l'enfant que nous mettions en danse rythmée autour des chiffres proposés par l'énoncé ou que nous transformions en histoire que nous jouions comme une petite pièce de théâtre. J'ai toujours affronté ce type de difficultés avec mes propres enfants en chantant et en dansant, en riant aussi beaucoup – rien de tel pour désinhiber. Il est inutile d'expliquer trop longtemps à un enfant : s'il ne comprend pas, c'est que son intellect n'a pas préalablement été guidé par son corps. Le corps est bien la manne de l'esprit !

Tout part du corps et tout y revient. Tout part du corps, car tout en procède : son harmonie favorise la bonne marche de l'apprentissage intellectuel, elle est le reflet extérieur de la façon dont notre intellect appréhende cet apprentissage. Mais tout y revient, car un cerveau bien ordonnancé engendre à son tour l'harmonie du corps. On en veut pour preuve tous les maux psychosomatiques qui traduisent parfaitement combien un malaise mental peut se répercuter sur le corps. C'est parce que, préalablement, le corps se sera fait manne pour l'esprit qu'il recueillera à son tour les fruits qu'il aura lui-même semés dans notre cerveau.

François était un jeune homme de quinze ans ne sachant ni lire ni écrire pour qui j'avais monté un programme d'apprentissages reprenant tous les acquis des trois années de maternelle, notamment un important programme d'expression corporelle dans lequel, à ses débuts, il s'était montré mal à l'aise et relativement maladroit. Il s'était révélé tellement acharné qu'au bout de quelques semaines il avait été possible de modifier de nouveau son programme pour introduire des domaines, de culture générale notamment, beaucoup plus proches des intérêts des garçons de son âge. Lui-même se transformait de semaine en semaine. Lorsqu'il était venu les premières fois, son regard était tout à la fois fuyant et éteint, il répondait à peine aux questions qu'on lui posait comme si elles ne le concernaient pas. Cela faisait si longtemps qu'il avait le sentiment de végéter, de n'intéresser personne, d'être incapable du moindre résultat !

À la fin du premier programme, on constata que son regard n'était plus le même : une expression lumineuse et intelligente vibrait au fond de ses yeux. Il commençait à se faire confiance, à devenir quelqu'un pour lui-même. Le second programme que je montai pour lui le galvanisa. Enfin on le prenait en considération, enfin on lui demandait son avis sur les sujets qui préoccupaient son adolescence, enfin on considérait qu'il pouvait émettre une opinion ! Et même si les apprentissages purement scolaires restaient encore difficiles, François faisait d'incontestables progrès dans tous les domaines, sa physionomie se métamorphosait, il n'était plus le même, il se sentait exister pour lui-même et à travers le regard des autres. Toute son attitude corporelle s'était pour ainsi dire ouverte comme une fleur à qui l'on donne à boire. Lorsqu'il entrait dans une pièce, il se tenait droit, le regard clair, on le sentait concerné et heureux de l'être. Son esprit rendait à son corps ce que son corps lui avait préalablement offert.

À la rentrée suivante, à peine un an après avoir commencé le premier programme, sa mère arriva méconnaissable chez moi, elle non plus n'était plus la même : François avait appris à lire durant l'été, et même si c'était encore balbutiant, il était sur la bonne voie, elle en était sûre !

Chaque corps a sa raison d'être ce qu'il est, il est la clé de tout apprentissage. Chacun de nous avons nos raisons d'être ce que nous paraissons. Ce n'est pas une idée neuve d'alléguer combien le corps et l'esprit sont imbriqués l'un dans l'autre. Et cependant, bien que ce soit presque un lieu commun, combien d'entre nous pensent à explorer réellement cette vérité si essentielle ?

Notre corps obéit à une triple logique que l'on pourrait déterminer ainsi : logique tout à la fois *spatiale* dans nos proportions physiques, dans notre démarche, dans tout ce qui constitue la cadence de nos gestes, logique *temporelle* dans notre façon de gérer le contexte au sens large, mais surtout logique *affective* qui est très certainement le soubassement des deux autre s.

Nous paraissons dans notre spatialité et dans notre temporalité ce que notre affectivité veut bien traduire de nous.

Combien d'entre nous paraissent rajeunis par un bonheur ou bien vieillis par une meurtrissure ! Les raisons de notre apparence font sans cesse écho à notre corps et à notre esprit. Rien de très original, certes, mais encore faut-il savoir l'explorer pour l'exploiter, et c'est toujours ici que le bât blesse. Car si chacun de nous a bien ses raisons d'être ce qu'il paraît, ce paraître n'est pas voué pour autant à rester figé une fois pour toutes, surtout si celui-ci ne nous convient pas.

Nous sommes seuls responsables de sa modification, car nous sommes les seuls à pouvoir réellement agir sur nous-mêmes. Autrement dit, les raisons que nous invoquons pour nous-mêmes, et qui façonnent notre paraître, sont le fruit de notre propre volonté. Nous sommes nos propres experts, nous pouvons décider de nous percevoir autrement si cela nous convient, et ainsi modifierons-nous tout à la fois notre paraître, cela va sans dire, mais encore nos capacités d'apprentissage. C'est bien l'idée que nous nous faisons de nous-mêmes qui engendre ce que nous en tirons, et cela est valable quelles que soient nos capacités dans tous les domaines. Et là, plus qu'ailleurs, il n'y a pas de hasard, il y a simplement nécessité ! Nécessité de le comprendre, nécessité de l'assumer, pour accomplir en nous, pour nous-mêmes, les pas indispensables à la construction de notre authenticité.

Ainsi faut-il saisir que, pour nos enfants TED qui développent par essence une personnalité « dé-rythmée » et non « a-rythmée », car ils ont un rythme qui leur est propre, profondément en césure avec le monde qui les entoure, il est indispensable de rétablir en chacun d'eux ce *tempo* qui ne leur est pas donné de trouver par eux-mêmes, afin que, peu à peu, leur propre cadence se fasse jour dans la façon que chacun d'eux aura de créer ses propres mouvements, de forger ses propres gestes.

En effet, le geste créateur de forme est l'un des piliers de notre personnalité car il est à la fois très intime, il nous représente dans ce que nous avons de plus profond, de plus intérieur, mais aussi chemin d'ouverture, joint vers le monde, vers autrui. Créer pour établir des gestes *signifiants*, c'est tout d'abord engendrer un pont entre notre moi profond et le monde qui nous cerne. Le geste est avant toute chose la justification de toute notre mesure, de toute notre assonance : celle en premier lieu que nous nous offrons à nous-mêmes, mais encore celle qui fait suture et nous fait paraître à l'autre dans la pleine et profonde signification de notre être.

C'est bien parce qu'ils n'ont pas la possibilité, ni par eux-mêmes ni en eux-mêmes, de se mettre dans la *cadence du monde* que nos enfants TED sont « dé-rythmés ». Ils ont une mesure de retard sur le métronome de la vie, ils trottent à faux pour ainsi dire ! Mais ce « dé-rythme » n'est pas néant pour autant, il faut l'aider peu à peu à trouver la bonne cadence. Lorsqu'un de ces enfants, par exemple, est absolument incapable de mettre le ton juste dans sa voix, et que, quoi que ce soit qui lui arrive, il se met toujours à crier comme un écorché, cela traduit bien ce « dé-rythme ». De même, toutes les stéréotypies, éternelles questions-réponses à elles-mêmes, sont bien aussi témoins de ce « dé-rythme » permanent.

Et cependant, cela ne veut pas dire qu'ils n'ont pas de rythme. Bien au contraire, car d'un enfant à un autre on retrouve souvent les mêmes stéréotypies, les mêmes types de carences. C'est bien la preuve que cette affliction a un rythme qui lui est propre : ce sont des personnalités « a-rythmées », non pas dans le sens de la privation totale du rythme en lui-même ainsi que nous venons de le voir, mais elles sont « a-rythmées » dans le sens que leur mesure ne s'intègre à aucune démarche, à aucune cadence extérieure, à aucun mouvement d'allant, pouvant mener à la construction de quelque chose *vers l'utile* et l'*utilisable*. Or la signification profonde du rythme est avant tout celle de l'*accomplissement vers l'utile pour l'utilisable*. Dans leur cas, aucun accomplissement n'est envisagé ni d'ailleurs envisageable, car leur monde, véritable « cité des miroirs », ne fait d'eux que des êtres voués à « cent ans de solitude », à qui, pourtant, seule la résurgence du juste rythme, du juste accord, peut leur donner une seconde chance !

Et c'est bien tout ce lent cheminement qui ne se met pas en place, même pas en chantier, chez nos enfants atteints de troubles envahissants du développement, et qu'il faut donc aider à engendrer. Véritable maïeutique, tant dans leur *sens* que dans leur *tempo interne*, les ateliers auront essentielle-ment pour rôle de créer un joint entre la personnalité dé-rythmée de l'enfant et la création lente de cet équilibre harmonieux qui lui permettra d'arriver à terme, enfin. Pour ce faire, il faut avant toute chose respecter la gestion mentale de l'enfant afin que peu à peu les émergences nécessaires à l'ordonnancement corporel soient fondées.

Bâtir le *tempo interne* d'un être, c'est avant tout se faire médiateur de sa propre assonance, en forgeant par lui-même, et pour lui-même seulement, dans une perspective dynamique vers l'avenir, les conditions nécessaires pour construire et porter cet avenir précisément. Qui dit « tempo » dit mouve-ment, eurythmie nécessaire et suffisante pour créer l'indispen-sable équilibre de l'être profond. Car, ainsi que le mentionne Marcel Jousse dans le second tome de son *Anthropologie du geste*, sa *Manducation de la parole* : « C'est avec le geste de la parole active et de l'audition active qu'on fait revivre [...] l'Éducateur s'incarne gestuellement dans les éduqués auxquels il peut dire vraiment : je suis en vous et vous êtes en moi[1]. »

Bâtir le *tempo* interne d'un être en devenir, comme le sont tous les enfants du monde, c'est forger la vraie mémoire de

---

1. Marcel Jousse, *Manducation de la parole*, Paris, Gallimard, 1975, p. 42.

l'être profond en tant qu'intelligence approfondissante : la *vraie mémoire*, c'est celle de la *démarche*, de la possibilité d'accomplissement de l'utile. Car l'approfondissement est dépassement de soi-même. Le parent se fera alors prophète, surpassant son propre mythe de Narcisse car ce n'est pas dans la fontaine qu'il faut se chercher, se regarder, c'est *en* soi-même qu'il faut puiser pour engendrer le *tempo* du petit être en devenir. Lorsqu'on regarde au fond de cette source, on se retrouve soi-même à son propre matin, et l'on découvre alors, plus que soi-même, la force de venir boire à cet au-delà de soi-même. C'est en cela que le parent se fait avant tout *anthropologue du geste* de l'enfant qu'il lui revient de faire naître jusqu'au bout.

Respecter la gestion mentale d'un enfant, c'est avant toute chose pour le parent se faire *appreneur*. *Appreneur passager* tout d'abord, se faisant tuteur de chacun de ses gestes, de chacune de ses réactions afin que, peu à peu, ceux-ci entrent dans la dynamique du mouvement du monde ; mais encore *appreneur fidèle,* respectant la mesure particulière de l'enfant afin de lui insuffler lentement les fondements de son être propre ; et enfin *appreneur privilégié* se faisant accompagnateur, convoyeur du développement de l'enfant.

Certes, il est essentiel de respecter le rythme de l'enfant, mais il est aussi nécessaire de lui donner un cadre que l'on pourra modeler et modifier selon ses besoins afin que le petit être épouse peu à peu un schéma directeur pour faire naître et harmoniser les repères dans sa personnalité perturbée. C'est donc essentiellement dans la mise en place de cet ordonnancement, qui, chez ces enfants, ne se fait pas naturellement, que sert la mise en chantier des ateliers, ainsi que leur déroulement interne. Aussi est-il indispensable d'y travailler le plus minutieusement possible quel que soit le domaine envisagé.

Qu'est-ce qu'un atelier ?

En effet, dans l'ordre d'un programme, rien ne sera jamais laissé au hasard et le premier d'entre eux sera donc consacré au corps lui-même, il sera mis en œuvre dans un atelier de *motricité fine et de psychomotricité* où il s'agira de préparer le corps au travail de la semaine en intégrant des consignes pour lui-même et uniquement par lui-même. Puis un deuxième atelier sera celui de l'*écoute,* qui permettra, après avoir délié le corps, de commencer à concentrer l'esprit, dans une première étape nécessaire. Le troisième atelier sera consacré au *rythme, mime et expression corporelle,* qui offrira à l'enfant comme une synthèse des deux premiers jours de travail. Cet atelier lui donnera l'occasion de faire lien entre son corps et ses capacité s d'écoute et de transcription au niveau de son assonance corpo-relle. Le quatrième atelier sera plus spécifiquement consacré au *langage* : démarche plus conventionnelle, s'il en est, ce sera pour le médiateur l'occasion de faire un point sur l'apport des ateliers précédents, et ce mi-chemin sera propice à mettre en place, par un corps dispos et un esprit concentré, un langage et une syntaxe bien stimulés et bien organisés. Le cinquième atelier constituera un pas de plus dans la démarche mentale vers l'ordonnancement corporel, avec une séance consacrée aux perceptions *tactiles et olfactives*, conduisant la personna-lité de l'enfant à suturer des sensations concrètes (tactiles) et d'autres plus abstraites (olfactives). L'enfant doit apprendre l'aisance, quels que soient les contextes qui lui sont présentés. Son corps et son cerveau seront alors en mesure d'aborder le domaine délicat de la *transposition,* qui constituera le sixième atelier. À travers une démarche lente, il apprendra peu à peu à saisir et à « com-prendre » la mise en chantier d'une « logique d'histoire ». Certes, cela demande une bonne perception de son existence propre, une bonne intégration de la réalité, deux domaines qu'il faudra travailler petit à petit avec l'enfant. C'est donc à travers des exercices de motricité pure, mais encore de tout un lent et délicat cheminement visant à intégrer la compréhension *du contexte et de l'alternance*, que l'enfant peu à peu, apprendra à transposer, pour à terme être capable de développer cette essentielle marche psychique qu'est le « *faire semblant* ». Le dernier atelier de la semaine sera consacré au large domaine de la *trace*, à travers des travaux manuels, mais aussi à l'aide de tout ce qui relève du *graphisme* au sens le plus large possible, de sorte que l'enfant appose sa signature au travail de sa semaine.

Certes, cet ordre proposé sera susceptible d'évolutions et de modifications sensibles selon, d'une part, les capacités de l'enfant, mais également, d'autre part, son rythme et sa progression. Les premiers ateliers, quel qu'en soit le domaine, devront être extrêmement simples. Tout devra partir de la propre gestuelle de l'enfant, qu'il faudra reproduire, épouser, analyser afin de pouvoir peu à peu créer d'infimes *brèches d'alternance* dans les relations avec l'enfant.

Un premier atelier de *motricité*, surtout si l'enfant est très jeune (et c'est le mieux), pourra se cantonner, au début, à des gestes très simples comme ceux permettant d'intégrer nos notions spatiales les plus élémentaires, par exemple mettre un objet *devant* l'autre ou *sur* l'autre. Il s'agira alors de proposer des gestes très structurés, répétés plusieurs fois de suite, en utilisant des éléments familiers à l'enfant tels que du matériel de dînette, par exemple, en lui montrant simultanément comment l'investir avec son corps : c'est ainsi que je faisais évoluer l'un de mes élèves autour d'une chaise en reproduisant ce que nous venions de gestualiser avec la dînette. Quel que soit l'âge de l'enfant, il est essentiel de mettre en chantier chacun des ateliers dans l'espace le plus épuré possible de façon que l'enfant ressente la tâche comme mentalement facile à assimiler. L'excellence s'impose par essence, mais aussi par nécessité : la lenteur est garante de réussite, car ici, plus que partout ailleurs, rien ne sert de courir, il faut bâtir à point !

En effet, tous ces premiers ateliers, quel qu'en soit le domaine, seront d'abord consacrés à l'apprentissage de la *compréhension d'une consigne*, et dans ce domaine aucune norme temporelle n'est de mise. Tout dépend, d'une part, des capacités de concentration de l'enfant qui, la plupart du temps, sont inexistantes, ou à tout le moins très mauvaises, et d'autre part de l'état d'esprit du médiateur lui-même qui doit se mettre non dans une logique temporelle, mais dans une logique gestuelle vis-à-vis de l'enfant et de lui-même. C'est cette dernière qui bâtira et donnera sens et corps à une séance de travail, qui, à terme, créera les liens nécessaires à l'intégration et à la compréhension de l'environnement.

Dans un atelier de *motricité*, qui comprend à la fois la *motricité fine* et la *psychomotricité*, il est essentiel d'établir un programme spécifique, apte à mettre en place plusieurs concepts indispensables aux bons développement et fonctionnement intellectuels de l'enfant. Aussi trois paramètres sont-ils à prendre en compte, à savoir : apprendre à percevoir, apprendre à anticiper, apprendre à réagir.

Il faut tout d'abord comprendre comment l'enfant organise ses perceptions dans des situations concrètes. Car c'est avant tout les différentes expériences vécues simultanément qui engendrent les différents stades du développement de l'enfant et qui permettent peu à peu de développer sa sensorialité – point de départ de tout son fonctionnement perceptif. En premier lieu, l'atelier de motricité a pour mission d'aider ces enfants à avoir une perception d'eux-mêmes et des autres la plus juste possible.

Le principe de cet atelier consiste mentalement dans la création puis dans l'existence d'une limite du moi dans son rapport *avec* l'autre d'une part, et dans son apport *à* l'autre d'autre part, car l'acte perceptif est soumis à l'influence du vécu personnel. Or, c'est ici, précisément, que le bât blesse, car ce type d'enfant n'a pas à proprement parler de vécu personnel, *il ne fait pas expérience* et n'entre pas *dans* l'expérience. C'est bien cela en première instance qu'il faut essayer de rétablir : c'est cette entrée *dans* l'expérience *par* le corps et *à travers* lui, que l'intervenant doit mettre en place, par l'*apprentissage de la logique du geste*. Le parent doit peu à peu permettre à l'enfant d'élaborer un acte de perception cohérent et globalisant, dont le rôle est de saisir l'information par les organes sensoriels et qui aboutit, à terme, à une identification claire des *objets* environnants.

Ainsi, dans un souci d'ordonnancement, mettra-t-on d'abord en chantier des exercices de *motricité fine,* car notre corps a un sens et il faut le respecter. Il est donc toujours nécessaire de commencer par *apprivoiser* le haut du corps afin que, harmonieusement, il puisse s'insérer puis s'intégrer à ses propres racines, les pieds en l'occurrence, garants de l'équilibre corporel. Durant les exercices de psychomotricité fine, on fera donc travailler l'enfant avec des éléments qui permettront, d'une part, que le corps se délie petit à petit, mais encore qu'il se stabilise et se rende ainsi plus homogène, d'autre part. Dans un travail autour de la *précision gestuelle*, on proposera à l'enfant les éléments les plus divers possibles.

Avec de la *semoule alimentaire* que l'on mettra dans une large boîte de plastique, on apprendra à l'enfant la *précision gestuelle* ainsi que la *bonne perception du geste requis.* Aussi, lui apprendra-t-on à caresser, à frotter, à ramasser avec une seule main alternativement puis avec les deux mains en cuvette, à pincer avec tous les doigts des deux mains alternativement puis simultanément. Tout ce travail visera à délier le geste pour qu'il se fasse plus juste dans les moments de simultanéité.

Julien, un charmant enfant de sept ans, aux yeux bruns et à la peau mate, avait bien des difficultés à coordonner ses mouvements lorsqu'on mettait devant lui une boîte de plastique remplie de semoule, qu'il appelait d'ailleurs « le sable qu'on peut manger » ! Ses gestes ne se différenciaient pas, ne se déliaient pas, qu'il s'agisse de caresser, de frotter, de pincer la semoule, et pour tout dire ses doigts étaient incapables de se rapprocher en pince. La seule chose qu'il pouvait faire, c'était les agiter de façon convulsive, sans mouvements précis. En un mot, Julien ne savait pas *se servir* de ses mains.

Il fallut plusieurs semaines à sa mère pour que ses gestes commencent enfin à se différencier les uns des autres, car la plupart du temps ils restaient brutaux et saccadés. Le plus difficile pour Julien, fut d'apprendre à faire la pince avec ses doigts. Patiemment, sa mère passa plusieurs semaines à lui apprendre à les rapprocher les uns des autres. Ce ne fut pas simple, l'enfant, dans les premiers temps, ne comprenait pas ce qu'on attendait de lui. Il fallut passer par les phases successives de la démonstration simple pour que peu à peu le petit Julien apprivoise la forme de ce geste et qu'il en saisisse la signification. C'est en effet ce geste-là qui se rapproche le plus de l'instrument et qui donc engendre au mieux le concept d'*utilisable*. C'est la raison pour laquelle ce fut ce geste qui lui donna le plus de mal car *l'utile et l'utilisable* échappent la plupart du temps à ce type d'enfant. De fait, il lui fallut plusieurs mois pour arriver à effectuer des gestes de manière calme et déliée conformes à la consigne.

Puis avec *des haricots secs et des lentilles sèches,* chacun mis séparément dans des pots de confiture, on travaillera encore une fois la précision du geste mais cette fois-ci par l'intermédiaire de l'utilisation d'un instrument tel qu'une cuillère (grande et petite), un couteau, une fourchette, une pince à linge, une pince à épiler... toutes sortes d'instruments qui apprendront à l'enfant à transvaser d'un pot dans l'autre afin que le geste devienne *utilisant et utilisable* tout à la fois.

Comme nous l'avons expliqué plus haut, Julien avait bien du mal à se servir de ses doigts, et de ce fait, l'exercice proposé avec les haricots et les lentilles lui posa également de nombreux problèmes. Le premier à résoudre était de lui apprendre à tenir correctement une cuillère ou un couteau qu'il empoignait n'importe comment, par n'importe quel bout. Sa main avait bien du mal à garder serré l'objet une fois qu'on était parvenu à le lui faire tenir correctement. Les notions de *serrer* et *desserrer* allaient visiblement devoir faire partie du programme d'apprentissage ! Sa mère passa donc plusieurs semaines, tenant la main de Julien, afin de lui apprendre le geste de transvasement d'un bocal dans un autre, lui faisant effectuer plusieurs fois les gestes de *pression* nécessaire afin de saisir correctement un objet. Dans les premiers mois, on ne put pas lui proposer de prendre autre chose que la petite et la grande cuillères. Au bout d'un trimestre, il fut possible d'introduire enfin le couteau, ce qui, cela va sans dire, requerrait une agilité plus grande pour transvaser des haricots secs ou des lentilles d'un bocal à l'autre. Mais il fallut un an d'exercices acharnés pour que sa mère puisse enfin introduire la pince à linge comme instrument de transvasement.

On prendra également alternativement des objets de toutes textures, les plus variées possibles : dans un premier temps on travaillera à terre, en posant deux objets de texture identique sur un plateau, et l'on apprendra à l'enfant à les *attraper simultanément des deux mains*, l'enfant étant soit à genoux devant le plateau, soit assis en tailleur, soit encore à quatre pattes, comme il se sent le mieux. Puis, on reproduira le même type de gestuelle, mais avec deux objets de texture différente (le préparant ainsi mentalement à l'alternance), que l'on aura soin d'intervertir entre les deux mains de l'enfant. On pourra demander à ce dernier pendant tout l'exercice de fermer les yeux afin qu'il se concentre sur ses sensations. Lorsqu'il tiendra les deux objets dans les deux mains, on lui demandera d'effectuer des pressions plus ou moins fortes sur eux.

Étant donné que le *serrage* et le *desserrage* avaient posé des problèmes à Julien, il lui fallut également quelque temps pour arriver à saisir *simultanément* les deux pelotes de laine qui étaient disposées devant lui. La *simultanéité* était effectivement un vrai problème pour le petit garçon. Car la première qualité dans la coordination des mouvements est bien de les faire agir ensemble. Or les gestes de concordance étaient impossibles à effectuer pour Julien. Il fallut là aussi s'armer de patience pour délier un à un ses petits doigts. Durant un certain temps, sa mère passa plusieurs semaines à lui apprendre à montrer le même doigt de ses deux mains, car ce n'était pas simplement le fait d'attraper un objet qui lui causait des difficultés, mais encore l'idée de simultanéité qui lui était tout à fait étrangère. Dans la vie quotidienne, Julien confondait, lorsqu'il les employait, les termes *pareil* et *différent*. Il fallut en passer par de patients exercices, lui demandant de montrer ses deux pouces ou bien encore ses deux index, ses deux paumes, pour que, peu à peu, son corps engage son esprit à investir la simultanéité.

Ce n'est qu'au bout d'une année de long et minutieux travail que Julien put enfin commencer à saisir simultanément les deux pelotes de laine ou bien les deux objets différents qui se présentaient devant lui comme on le lui demandait.

Ainsi par ce type d'exercice travaille-t-on à la fois *l'éveil à la simultanéité et à l'alternance des sensations,* domaine essentiel pour que le cerveau de l'enfant crée peu à peu des *ponts* en lui-même d'une part, mais encore entre lui-même et son environnement proche d'autre part. Le corps est, en soi, le *premier contexte sociabilisant* que nous avons à gérer, il est donc essentiel de commencer par établir en lui équilibre et homogénéité.

Avec un *jeu de construction* du type Meccano auquel on associera un cadenas et des épingles à nourrice, on apprendra à l'enfant à visser et dévisser, frapper avec un marteau, enfoncer avec précision, ouvrir et fermer avec une clé le cadenas ainsi que les épingles à nourrice avec lesquelles l'enfant apprendra également à piquer dans des textures diverses. Ce type d'exercice apprend peu à peu à la personnalité à *s'ajuster au contexte*, il s'agit effectivement que le geste ne soit ni trop fort ni trop faible, il doit être *juste*.

Cela va sans dire, le Meccano posait à Julien d'innombrables problèmes. Il fallut à sa mère un patient travail de *décomposition* gestuelle afin de lui apprendre les gestes adéquats pour visser, enfoncer, taper avec un marteau. Elle passa plusieurs semaines à ne faire qu'esquisser des gestes tronqués, afin que l'enfant perçoive petit à petit le *mouvement premier* de chaque geste demandé : ainsi passait-elle plusieurs minutes à saisir un marteau, par exemple, et à commencer à esquisser un frappé sans l'effectuer en réalité. Elle voulait, par sa démarche, que l'enfant apprivoise peu à peu la *forme* et la *signification de ce geste particulier*. Il s'agissait là encore d'en passer par la *genèse* du geste en lui-même, car c'est toute la démarche gestuelle qui lui échappait dans sa totalité. Au bout d'une année, Julien commença à mettre de la précision dans tous ses gestes et l'on put enfin commencer à lui faire assembler des éléments entre eux, en le cadrant étroitement dans les premiers temps.

Le lien était en effet en soi-même un phénomène nouveau pour Julien, car naturellement, cela ne lui venait jamais à l'idée de lier entre eux deux éléments. Si, par exemple, on lui demandait de *construire* un bateau ou une voiture avec son Meccano, il se saisissait des éléments et les disposait à terre sans chercher à les relier ensemble ni, d'ailleurs, à ce que sa voiture ou son bateau ressemblât à quoi que ce fût. On mesurait vraiment alors dans quelle sorte de chaos l'enfant se débattait dans sa tête, à quel point rien n'avait vraiment de lien, aucune forme n'avait pour lui de signification véritable.

Avec un jeu de construction constitué de *planchettes de bois*, on travaillera le concept mental de construction *instable*, car ce type d'enfant supporte difficilement la destruction, cela le panique, car au fond cela le représente trop profondément. Or, par cet exercice, où il s'agit d'effectuer une construction uniquement avec des planchettes de bois posées les unes sur les autres, il va forcément arriver un moment où l'édifice s'effondrera et l'enfant devra apprendre à supporter que ce qu'il construit peut s'écrouler : ce type d'exercice, outre qu'il cultive la dextérité du geste dans l'équilibre précaire, apprendra à terme, à la personnalité de l'enfant, à créer et à prendre de la distance par rapport à lui-même et à ses réalisations.

Au jeu de planchettes, où il s'agissait d'empiler le plus adroitement possible ces dernières les unes par-dessus les autres, Julien se montrait plus capable jusqu'à ce que, équilibre oblige, celui-ci devînt plus précaire. Il supportait très mal cette instabilité. Tout dans le monde de Julien devait être réglé à l'avance, attendu dans les moindres détails. Cela le rendait nerveux et angoissé de voir une planchette posée, vacillante, sur la précédente, il appréhendait anxieusement le moment où, inéluctablement, l'édifice allait s'écrouler ! Cela le paniquait littéralement.

Pour habituer Julien à cet équilibre fragile, sa mère passa plusieurs semaines à n'effectuer que de petites constructions dont elle provoquait elle-même l'écroulement afin que l'enfant s'habitue et cesse de se paniquer. Ce fut la première étape par laquelle il fallut passer, avant même de réaliser simplement l'exercice d'agilité qui lui était en fait demandé, et pour lequel, d'ailleurs, il se montrait assez doué. Mais ce genre de situation touche profondément au domaine affectif de ces enfants car, je le répète, l'*effondrement* le représente très intimement.

Avec des *perles*, dont on aura soin de varier la grosseur selon la dextérité de l'enfant, outre qu'on lui apprendra à les enfiler et à les défiler, ce qui est souvent d'une extrême difficulté pour ces enfants, on travaillera également le concept d'*alternance* : soit par les couleurs, soit par la grosseur, soit encore par la forme si possible. Ce type d'exercice prépare mentalement à gérer la *mise en place et la compréhension du dialogue par le geste, premier contexte d'échanges*.

Il fallut plusieurs semaines pour que Julien apprenne à enfiler de grosses perles sur un fil de plastique : lui faire tenir le fil d'une main et la perle de l'autre fut une première victoire. Mais encore fallut-il une fois de plus esquisser devant lui le geste de l'enfilage de manière tronquée pour qu'il finisse par s'y essayer lui aussi. Et lorsqu'on eut franchi cette délicate étape et que l'on passa à l'enfilage des perles de deux couleurs différentes, même si sa mère prenait soin de ne lui présenter que les deux couleurs de perles demandées, on se heurtait cette fois non pas à un problème de compréhension, car il connaissait ses couleurs (ce qui était une chance !), mais à un problème de concentration lié à sa mémoire immédiate dite *mémoire de travail*.

En effet, il était très difficile à Julien de se souvenir de la consigne qui venait d'être donnée. Si sa mémoire était capable de rappeler un passé relativement lointain, mentionnant parfois d'incroyables détails, il avait en revanche un réel problème pour intégrer une consigne immédiate et l'exécuter. Là encore, sa mère l'accompagna durant de longues semaines afin que son corps investisse l'*immédiateté* d'une part et l'alternance de couleurs d'autre part, que l'exercice voulait susciter : ils travaillèrent ensemble quotidiennement cette *mémoire de travail* par un petit exercice qui consistait à inventer une phrase à deux, chacun ajoutant un mot en répétant l'intégralité de la phrase déjà formée. Au bout de quatre mois de travail acharné, le petit garçon se montra un véritable virtuose en la matière ! Du coup, dans son quotidien, sa capacité de dialogue s'améliora considérablement et il se montra de plus en plus à même d'exécuter une consigne que l'on venait de lui donner.

Avec toutes sortes de *cordelettes, foulards, collants, ficelles de diverses épaisseurs,* on apprendra à l'enfant, placé sur les genoux après avoir coincé sous un meuble ou autour d'une chaise un de ces éléments, à *tirer*, soit des deux mains à la fois en alternant leur place sur l'élément, soit encore d'une seule main. Il faudra que, préalablement, le parent démontre le geste à l'enfant en l'exagérant et, dans la mesure où celui-ci n'en prendra pas l'initiative, il faudra l'accompagner en le lui faisant faire.

Il fallut apprendre à *tirer à soi*. Du fait de ses difficultés de coordination gestuelle, Julien avait du mal à *saisir* toutes sortes d'objets pour les tirer. Certaines textures semblaient même lui être particulièrement désagréables au toucher, il refusait alors purement et simplement de s'en saisir. Mais, l'un dans l'autre, ce qui posait le plus de problèmes à Julien, c'était que ses mains restaient rivées à la corde ou au foulard qu'il empoignait. Il n'arrivait pas bien à serrer l'objet dans sa main qu'il laissait glisser sur la corde au fur et à mesure qu'on lui demandait de la tirer, ce qui fait qu'il lâchait prise bien avant la fin de l'exercice. Il fallut donc passer un certain temps à lui apprendre à *serrer* la corde avant même de la *tirer* comme le demandait l'exercice.

De manière générale, on le voit, tous les exercices de précision gestuelle posaient à Julien des problèmes essentiels, car son *toucher* était suffisamment perturbé pour qu'un déséquilibre au niveau des sensations se soit créé de sorte que la forme du geste ne se mettait naturellement pas en place.

Avec de la *pâte à modeler*, on travaillera le mouvement inverse, de *pression*. On se servira d'une galette de pâte à modeler en alternant la pression de chacune des paumes, puis, en posant deux galettes sur un plateau ou sur une table, on apprendra à l'enfant à effectuer une pression simultanément avec les deux paumes à la fois.

Les mouvements que demandait l'exercice de pâte à modeler n'étaient pas encore naturels à Julien. *Presser* sa petite paume afin de fabriquer une belle galette, ou encore *rouler* dans sa main de la pâte afin de faire un joli rondin, était d'une extrême difficulté pour lui. Si on le laissait faire, il émiettait indéfiniment la pâte et c'était tout. Il fallut là encore *apprivoiser son toucher* à la pâte elle-même, la posant un peu partout sur son corps afin qu'il s'habitue à cette texture nouvelle pour lui. Il fallut lui apprendre à tendre ses paumes en manière de pression, ou encore à les frotter l'une contre l'autre pour effectuer le geste du roulé. Mais ce ne fut qu'au bout de plusieurs semaines qu'on put enfin lui saisir les mains pour lui inculquer ce geste, et qu'il supporta de le faire sans montrer d'angoisse.

On passe ensuite au travail du bas du corps avec la psychomotricité globale.

Dans un premier exercice, on travaillera la *marche*. En effet, pour ce type d'enfant, il est courant de s'apercevoir que même à ce niveau-là, il gère mal sa démarche, marcher à reculons notamment est la plupart du temps problématique. Aussi travaillera-t-on à partir d'éléments tels que des dalles ou un ruban de motricité, ou encore des briques de liège, de bois ou de plastique, des coussins... toutes sortes d'éléments qui créeront des contextes nouveaux et différents pour l'enfant, afin qu'il apprivoise tous ces milieux possibles dans sa marche. On travaillera la marche avant, arrière et latérale, en ouvrant et en fermant les yeux, on apprendra à l'enfant à trouver son équilibre en mettant ses bras en croix. On lui apprendra à évoluer à cloche-pied en avant comme en arrière. Bref, tout ce qui fera qu'on pourra créer chez lui l'équilibre corporel de base.

Dans les exercices de marche, où il s'agissait, par exemple, d'aller en avant ou en arrière sur un ruban de motricité, Julien avait bien du mal à se servir utilement de son corps. Il ne lui venait pas naturellement à l'esprit de mettre ses bras en croix pour trouver son équilibre, un geste en général réflexe pour tous les enfants qui veulent essayer de marcher sur une poutre dans un square. Et même, il n'avait pas l'idée de regarder où il posait les pieds. Quant à la marche à reculons, il n'esquissait qu'à peine le mouvement avec un seul pied : il fallut lui apprendre à avancer et à reculer d'un pas, puis de deux, puis de trois, de sorte à enfin marcher sur le ruban de motricité ou bien sur les coussins et autres briques que l'on proposait à sa marche vacillante. Il fallut travailler près de six mois pour commencer à obtenir un résultat satisfaisant dans ce domaine.

Puis, toujours dans un souci d'ordonnancement, on travaillera les *sauts*. Travailler le saut avec l'enfant est indispensable à la mise en place d'une bonne coordination corporelle, et pour ce type d'enfant, c'est un domaine souvent difficile à réaliser. Il s'agira de proposer les contextes les plus variés possibles, pour que peu à peu l'enfant construise ses marques. On travaillera donc les sauts pieds joints tant sur place qu'en se déplaçant dans l'espace (avant, arrière, latéralement), en interposant un obstacle (sauter *par-dessus* une cordelette ou *dans* un cerceau, en avant et en arrière), on travaillera le saut à cloche-pied, d'un pied sur l'autre, on apprendra à l'enfant à « galoper » tant sur place qu'en se déplaçant dans l'espace. On pourra également organiser des parcours à l'aide de briques, de cordelettes, de cerceaux, de dalles de motricité, avec pour thème de fond, le saut quel qu'il soit.

Les séances de sauts, on s'en doute, n'étaient pas plus favorables au petit Julien. S'il arrivait, l'un dans l'autre, à sauter à pieds joints (et encore la symétrie laissait-elle à désirer), sauter d'un pied sur l'autre, ou encore à cloche-pied, lui était d'une incroyable difficulté. Mais ce qui lui posait le plus de problèmes, c'était le galop, même sur place, cela lui était tout à fait impossible. Il fallut, là encore, décomposer tous ces mouvements : afin qu'il comprenne comment on sautait d'un pied sur l'autre, il fallut lui apprendre à trouver son équilibre sur un pied pour obtenir un maladroit cloche-pied, puis à se pencher d'un côté puis de l'autre en sautillant sur un seul pied à la fois ; quant au galop, il fallut qu'il comprenne qu'il devait lever alternativement un genou puis l'autre, et le geste dut être répété durant plusieurs séances pour le lever d'un seul genou à la fois. C'est bien la genèse du geste qui ne se mettait pas en place naturellement chez lui.

On aura également le souci de savoir si l'enfant sait ou non *pédaler*, ce qui est essentiel pour la coordination, mouvement qu'on lui fera travailler assis sur une chaise, le parent se plaçant devant lui pour l'aider à effectuer les mouvements. Mais il sera également profitable d'avoir chez soi un petit vélo pour que l'enfant comprenne également l'utilité de ce mouvement.

Julien travaillait volontiers sur son petit vélo d'appartement qu'on lui avait acheté pour l'occasion, c'était sa mascotte en quelque sorte ! Cependant, il lui était encore nécessaire de passer par l'étape intermédiaire qui consistait à s'asseoir sur une chaise pour s'exercer à pédaler dans le vide. Longtemps, sa mère avait dû délier ses petites jambes, lui apprenant à plier le genou à bon escient afin qu'il arrive à créer le nécessaire rythme d'alternance que requerrait le mouvement du pédalier. À présent, il y arrivait et en était fier, il l'évoquait presque chaque fois : « Avant, je n'arrivais pas du tout à pédaler sur mon vélo », ne se lassait-il plus de clamer ! Il déambulait fièrement à travers tout l'appartement, regardant souvent ses pieds comme pour admirer l'exploit qu'il s'était enfin offert à lui-même de réussir !

Ces séances de psychomotricité seront également l'occasion de travailler l'*échange* avec une *balle molle* en se plaçant face à l'enfant et en lui disant « prends/donne » en ayant soin que l'enfant regarde dans les yeux du parent. On travaillera également le lancer de balle et le rouler, en se plaçant face à l'enfant et en lui demandant dans un premier temps de renvoyer la balle avec n'importe quelle main, pour peu à peu introduire un travail « en miroir » et en venir finalement à la latéralisation. Mais tout cela doit se faire dans le respect du rythme de l'enfant, sans rien brusquer, en proposant un nouveau contexte lorsqu'on sent que l'enfant y est disposé.

Dans les exercices de balle, il était encore difficile à Julien de bien saisir la consigne demandée. Même la lancer tout droit lui posait un problème. Ses gestes manquaient de précision et la balle partait alors n'importe où dans la pièce. Il fallut lui apprendre à faire des gestes lents et doux pour qu'il arrive enfin à lancer la balle dans la bonne direction. Longtemps il fallut faire travailler Julien « en miroir » avant d'aborder la latéralisation proprement dite. Au début, même l'exercice en miroir qui consiste à lancer la balle de la même main, ainsi qu'un miroir, sans tenir compte de sa gauche et de sa droite, lui posa un problème, il lançait la balle avec n'importe quelle main sans comprendre ce qu'on attendait de lui. Mais au bout d'un trimestre de travail, il avait compris la consigne et ses gestes se faisaient de plus en plus précis.

On travaillera encore l'agilité de l'enfant dans la *coordination* de ses pieds, en disposant à terre divers éléments tels que des quilles, des coussins, des briques, et en lui apprenant à faire circuler, avec ses deux pieds alternativement, la balle entre tous les éléments : on créera ainsi divers parcours que l'on aura soin de composer d'objets de plus en plus nombreux et de plus en plus resserrés au fur et à mesure que l'agilité de l'enfant progressera.

Ce type d'exercices fut pour le petit Julien un véritable calvaire au début. Cependant, sa mère prit soin de ne pas lui imposer tout de suite de nombreux obstacles, mais seulement deux, de façon à lui apprendre le geste de bascule du pied entre deux obstacles. Au bout de deux mois environ, Julien avait compris, il commença de se montrer capable d'accomplir un parcours avec quatre ou cinq obstacles en enfilade. Mais il fut difficile d'obtenir un résultat équivalent avec ses deux pieds, car, cela va sans dire, un de ses côtés lui était plus familier que l'autre. On passa donc une année scolaire à lui apprendre à se montrer aussi adroit avec un pied qu'avec l'autre, mais à la fin de l'année, Julien était devenu un vrai champion dans ce domaine !

La psychomotricité est aussi l'occasion pour le parent de commencer à mettre en place tout un travail autour de la *latéralisation* de l'enfant : en effet, à l'aide de dalles de motricité de formes et de couleurs différentes, ou de cerceaux de différentes couleurs, il faudra peu à peu rendre familières à l'enfant les notions de « gauche » et de « droite », de « haut » et de « bas » qui sont la plupart du temps très mal perçues par ce type d'enfant. Là encore, l'approche devra se montrer très progressive et, au début, il faudra donner tous les indices possibles à l'enfant : « Va sur le triangle rouge en haut à droite ! » Au fur et à mesure que l'enfant progressera dans la compréhension de la latéralisation, on pourra retirer des indices : « Va dans le triangle en bas à gauche ! », sans spécifier la couleur cette fois. Lorsque l'enfant sera plus à l'aise on supprimera le nom de la forme elle-même et on lui demandera alors de préciser sur quel type de forme il se trouve lorsqu'il aura su se placer : « Va sur la forme en haut à droite et donne-moi son nom et sa couleur ! » Ainsi l'enfant apprendra-t-il peu à peu à se sentir impliqué dans sa propre latéralisation.

Avant de commencer le travail de latéralisation propre-ment dite avec Julien, il fallut tout d'abord lui apprendre à *se situer dans un espace précis*. Ainsi lui apprit-on à s'exprimer le plus justement possible lorsqu'on lui demandait de se rendre sur une dalle de motricité : « Je suis sur le rond rouge », ou bien encore : « Je suis sur le triangle bleu. » Il fallut également lui donner des consignes un peu plus complexes du type suivant : « Va sur le carré jaune et assieds-toi face à la télévision. » Puis sa mère lui demandait de se situer à son tour : « Je suis assis sur le carré jaune, je suis face à la télévision, et je tourne le dos au bureau. » Ainsi Julien apprit-il à se situer précisément dans l'espace vis-à-vis de lui-même, avant même d'aborder le délicat concept de latéralisation dans l'espace.

Peu à peu, on put disposer quatre dalles différentes de motricité et demander à Julien de s'y rendre en lui donnant au préalable une consigne de ce type : « Va sur le carré rouge, puis tourne autour en partant sur ta gauche. » Et quand il devint virtuose en la matière, on ne mentionna plus le nom de la forme mais seulement sa situation dans l'espace : « Rends-toi sur la forme en bas à droite puis tourne sur ta gauche autour d'elle. » Ainsi Julien apprit-il à se situer dans l'espace vis-à-vis de lui-même dans un premier temps, puis en tenant compte de la latéralisation dans un second temps, et comme par enchantement, à partir du moment où il se situa bien dans l'espace, ses gestes se délièrent car ils se faisaient les témoins de sa bonne maîtrise de lui-même dans l'espace.

On fera également des exercices visant à apprendre à l'enfant à *anticiper et élaborer une stratégie* : avec des exercices qui lui demanderont de réfléchir afin d'ajuster son geste à la

consigne demandée : par exemple, on disposera deux cordelettes de couleur différente et on donnera à l'enfant plusieurs
balles de divers calibres. On lui demandera alors de lancer
chacune des balles le plus près de la corde qu'on lui indiquera
en ayant soin de l'envoyer ni trop fortement ni trop faiblement. Ainsi, à travers sa gestuelle, l'enfant apprend-il à
élaborer la stratégie la plus juste possible. Ce genre d'exercice
est très bénéfique pour assouplir la personnalité de ce type
d'enfant qui, généralement, a bien du mal à se plier au milieu
ambiant.

Julien dut apprendre à s'exprimer par le geste et simultanément par la parole afin de lancer le plus sûrement possible
la balle qu'on lui tendait vers la cordelette en ne la lançant ni
trop fortement, ni trop faiblement, pour atteindre le « geste
juste ». Puis on disposait à terre des monceaux d'objets tels
que des ronds de plastique, des cordelettes entremêlées les
unes aux autres et on lui demandait d'attraper avec un bâton,
en bousculant le moins possible les objets de dessus, la petite
balle de mousse située en dessous de tout cet amalgame.
L'exercice, au début, mettait Julien très mal à l'aise, car il lui
était pour ainsi dire impossible d'élaborer une manœuvre pour
y arriver. Le voyant en difficulté, sa mère retira alors quelques
éléments, et lui montra elle-même comment s'y prendre pour
élaborer la tactique la plus habile possible. Et lentement,
Julien apprit à devenir de plus en plus agile, rivalisant d'imagination et de ruse pour ne pas trop faire bouger tous ces objets
encombrants.

On exercera donc sa faculté d'anticipation dans un milieu
plus complexe cette fois, comme on vient de le voir, en
demandant à l'enfant, à l'aide d'un bâton qu'on lui fournit,
d'attraper un élément que l'on aura eu soin d'enfouir préalablement sous un tas d'objets : le but de l'exercice étant
d'attraper l'objet demandé en bousculant le moins possible

les éléments mis par-dessus, ce qui requiert là encore strata-
gème et réflexion de la part de l'enfant.

Enfin, dans le domaine de la *perception,* on apprendra à
l'enfant à avoir une juste vision de son schéma corporel, ce
qui implique une bonne représentation mentale des parties
du corps : on lui demandera de placer une cordelette alternativement soit devant soit derrière une partie du corps, puis on
emploiera des termes tels que « nouer », « enrouler », « fixer »,
« attacher », ainsi l'enfant apprendra-t-il à se sentir *impliqué*
dans une situation concernant son corps.

En donnant une cordelette à Julien, sa mère lui apprit, avec
le temps, à savoir exploiter avec aisance son « contexte
corporel ». Il fut difficile, au début, que Julien comprenne ce que
voulait dire « passe la cordelette autour de ton genou » ou bien
encore « tire la cordelette derrière ton dos de façon à la saisir en
diagonale ». Pour lui apprendre à exploiter son schéma corporel,
sa mère proposait à Julien de construire un bonhomme en lui
offrant des éléments tels qu'un cerceau, des petits et des grands
bâtons, des petits ronds de plastique, ou des balles de tennis, afin
que Julien fabrique son bonhomme en respectant le schéma
corporel. On lui apprit aussi à reproduire en grandeur réelle une
figure qui lui était préalablement dessinée sur une feuille de
papier, de façon que le concept de *schéma dans l'espace* se mît en
place dans la personnalité de Julien. Tout cela lui posa un
certain nombre de difficultés pendant plusieurs semaines, il
fallut, là encore, découper les exercices afin qu'il en saisisse peu
à peu la marche à suivre. Mais au bout de quelques mois, il se
montra réellement à son aise dans ce type de séance.

Un deuxième atelier sera consacré à l'*écoute.* Vaste domaine,
là encore, qui permettra au parent qui fait travailler l'enfant
de monter des séances tant à l'intérieur qu'à l'extérieur, le
milieu naturel offrant une palette auditive particulièrement

riche. En ce qui concerne cet atelier, il est essentiel de le proposer à l'enfant très progressivement. Au début, mieux vaudra ne travailler que les exercices d'intérieur et encore pas tous ! Ce type d'enfant ayant de grosses difficultés de concentration, il sera plus bénéfique de travailler peu d'exercices mais de manière approfondie.

Les exercices intérieurs

Dans un premier exercice, on apprendra à l'enfant à *discriminer, identifier* et *comparer* les sons les plus divers (vie quotidienne, animaux, bricolage, voix humaines). On utilisera un matériel du type « lotos sonores » où l'enfant reconnaîtra des bruits tels que « le remplissage d'une bouteille », « le départ d'un train », « une perceuse », « une chasse d'eau ».

Simon, un gentil garçonnet tout blond et frisé, à la figure d'ange, mais dont les yeux se noyaient souvent dans un ailleurs qui n'appartenait qu'à lui, avait encore bien du mal à se concentrer sur ses exercices d'écoute. En effet, deux fois par semaine, sa mère lui faisait travailler ce vaste domaine qu'est l'identification et la discrimination des différents sons. À l'aide de cassettes sur lesquelles étaient enregistrés de nombreux bruits quotidiens, Simon devait en reconnaître une dizaine à la suite, les nommer, et si possible les imiter. Tous les lotos sonores étaient exploités : qu'il s'agisse de cris d'animaux, de voix humaines imitant différentes humeurs, ce qui lui faisait d'ailleurs un peu peur car il n'avait pas une relation très aisée avec la voix en règle générale. Elle le mettait souvent mal à l'aise, ne déterminant pas bien lui-même à quoi elle correspondait, et d'ailleurs il ne savait pas bien moduler la sienne pour exprimer ce qu'il ressentait exactement. Aussi, ce type d'exercice lui fit faire des progrès essentiels dans tous les domaines.

Un second exercice sera encore consacré à la *discrimination des bruits*, mais cette fois, l'*enfant sera son propre intermédiaire* : on aura soin de lui bander les yeux et de lui présenter par exemple un verre plein d'eau ou bien une timbale vide et on lui donnera divers instruments pour frapper dessus tels qu'une spatule en bois ou une cuillère en métal, et ce sera à l'enfant de deviner sur quelle sorte d'objet il a frappé et dans quelle condition ou position (vide, plein, à l'endroit ou renversé) se trouvait cet objet. Ainsi la personnalité de l'enfant apprend-elle peu à peu à se sentir impliquée dans ce qu'il se donne à entendre par lui-même.

Dans le second exercice, la maman de Simon lui bandait les yeux et disposait devant lui un certain nombre d'éléments tels qu'un verre vide et un verre plein, un carton de lait vide, et une timbale renversée, et lui demandait de taper dessus avec les ustensiles qu'elle lui glissait dans la main. Elle lui demandait ensuite de deviner sur quoi il avait tapé. Cet exercice plaisait beaucoup à Simon qui avait le sentiment qu'on lui demandait son avis, qu'on l'impliquait dans quelque chose d'important. Cependant, sa capacité de discrimination était mauvaise, il avait beaucoup de mal à deviner juste. Alors, quand il se trompait, on lui retirait le bandeau des yeux, on lui faisait recommencer le même frappé, puis on lui remettait le bandeau sur les yeux. Et ainsi, au bout de quelques mois, son cerveau apprit à discriminer le son juste, et il ne se trompa plus.

Il n'est pas d'écoute sans silence. À travers un jeu dit du « roi du silence », l'enfant apprendra à parcourir un trajet imposé en faisant le moins de bruit possible. Lorsqu'il sera à l'aise, on pourra lui demander de prêter *simultanément attention* aux bruits ambiants qu'il lui aura été possible de détecter pendant le jeu. Ce type d'exercice développe particulièrement la concentration de l'enfant.

Simon apprit à jouer au « roi du silence » : cela le faisait beaucoup rire de devoir se déplacer tel un petit félin sans bruit jusqu'à la porte de sa chambre, ou se glisser sous sa chaise de bureau sans qu'on l'entendît craquer pour autant. Cet exercice, qu'il faisait au demeurant bien volontiers, lui apporta dans son quotidien calme et concentration. Cela l'aida à apprendre à se taire lors des réunions familiales au cours desquelles, bien longtemps, il ne supportait pas de ne pas occuper l'espace sonore en permanence.

Puis on passera à un exercice visant à apprendre à l'enfant à *reproduire des sons voisins* de ceux qu'on lui aura fait entendre : par exemple, on lui fera écouter le galop d'un cheval et on lui demandera de reproduire le même rythme en frappant ses mains sur ses cuisses. Cet exercice préparera le suivant concernant la *structure de rythme* pour lequel on choisira une comptine enfantine et on apprendra à l'enfant à la rythmer sur divers tempos et à reproduire ces différents rythmes en frappant dans ses mains. Il sera éventuellement bénéfique d'enregistrer l'enfant lors de ses diverses variations, cela lui donnera l'occasion de s'entendre de nouveau et de commenter la qualité de son travail.

Dans l'exercice de sons voisins, Simon se montrait moins adroit. Il lui était encore de manière générale bien difficile de s'immiscer dans un contexte. Car sa faculté d'adaptation était toujours vacillante, quand ici, on lui demandait précisément de reproduire un son, donc de s'adapter au contexte, le son entendu en l'occurrence, pour le reproduire le plus justement possible : sa mère lui passait une cassette sur laquelle on entendait le galop d'un cheval et Simon devait reproduire le rythme entendu en frappant ses mains sur ses cuisses, ou bien encore c'était le bruit d'une chasse d'eau qu'il devait reproduire avec sa bouche. Tout était prétexte à développer imagination et spontanéité, et, quand il fut plus à son aise, ce n'était pas rare qu'ils se mettent tous les deux à éclater de rire en cherchant à reproduire ce qu'ils venaient d'entendre sur la cassette ! Cet exercice fut longtemps difficile pour Simon et il fallut, dans les débuts, restreindre le nombre de bruits proposés à reproduire de façon qu'il s'ajuste le mieux possible à un seul son. Lorsqu'il se montra à l'aise avec un premier son, on put lui en proposer un second, et ainsi, au bout de six mois, sa capacité d'imitation s'était-elle considérablement améliorée.

Dans un souci d'aisance de la personnalité, on montera tout un travail *autour de la voix* elle-même : on apprendra à l'enfant à décliner sur tous les tons et tous les rythmes possibles sa voix en utilisant par exemple les voyelles. Puis on lui proposera de l'enregistrer dans un exercice où on lui demandera de reproduire un maximum de bruits avec sa bouche, qu'on aura soin de lui repasser une fois l'enregistrement effectué pour qu'il s'exprime sur les divers claquements de langue et autres babillages qu'il s'entendra faire au magnétophone.

À l'aide d'un magnétophone où elle avait enregistré préalablement la cassette, la maman de Simon lui apprenait à varier sa voix à partir d'un même son. On pouvait alors entendre la petite voix de Simon s'évertuer à monter et descendre la gamme, récitant avec application les six voyelles de la langue française. Mais Simon apprenait également à reproduire toutes sortes d'onomatopées, de pépiements, de stridulations et ronronnements avec sa bouche, qu'il tordait cette dernière, roulant la langue dans tous les sens, grimaçant comme un clown : cela allait l'aider à développer sa spontanéité lorsqu'il s'agirait de se donner en spectacle dans l'atelier autour du faire semblant qui avait lieu un autre jour de la semaine.

Une partie de cet atelier repose sur le principe de la *coordination audiogestuelle* : on fera écouter à l'enfant un morceau

de musique utilisant des instruments à percussion, des voca-
lises ou simplement des frappés de mains, et l'enfant devra
reproduire ce qu'il entend dans la cassette de manière simultanée. Pour ce faire, on mettra à sa disposition tout type d'instruments à percussion, tambourins et autres cymbales. Bien
entendu, dans un premier temps, le parent l'accompagnera
intégralement dans sa démarche, et lorsqu'il sera plus à son
aise, on pourra lui demander de reproduire seul les différents
rythmes entendus.

La maman de Simon lui faisait écouter des cassettes où l'on
entendait exclusivement des frappés de mains et des claquements de doigts que Simon devait accompagner tout en
gardant la cadence. Lorsqu'il y arrivait correctement, sa mère
lui proposait de recommencer le même morceau mais cette fois
en accompagnant la cassette avec son tambourin ou ses
maracas. Ce fut très difficile pour le petit garçon dans les
premiers temps, mais avec les mois de travail, sa cadence se mit
en place et l'on put constater que, d'une part, il se montrait
moins maladroit dans ses gestes, et que, d'autre part, son
langage devenait plus délié, plus spontané dans ses intonations.

Un dernier exercice reposera sur le principe de la *coordination audiovisuelle* : à l'aide d'un loto sonore des instruments de musique, l'enfant apprendra non seulement à
reconnaître l'instrument lui-même et ce, quel que soit l'ordre
proposé, mais encore le parent lui apprendra également à
s'exprimer sur ce qu'il ressent lorsqu'il entend l'un de ces
instruments – excellent exercice pour apprendre à faire un
choix dans un domaine touchant à l'abstraction, par ailleurs.

À l'aide d'un « loto sonore de la musique », la mère de
Simon apprit peu à peu à son fils à reconnaître les sons de
chaque instrument de musique. Mais ce fut un exercice long
et difficile. Le jeu consistait en six planches présentant
chacune six photos d'instruments divers de tous les pays du

monde, et l'enfant, lorsqu'il reconnaissait le son de l'un d'eux, devait poser un jeton rouge sur la photo correspondante. Les instruments étaient enregistrés plusieurs fois sur la cassette, mais l'ordre changeait selon l'enregistrement. Le premier ordre proposé suivait la fiche, puis cela devenait plus complexe car les sons des instruments étaient mélangés, ne répondant plus à aucun ordre précis : il fallait savoir les discriminer. Les débuts furent laborieux pour Simon qui, faute de concentration, avait une mauvaise capacité d'écoute. Le premier ordre proposé resta en vigueur un trimestre environ. Cependant, une fois que Simon eut repéré tous les instruments d'une fiche donnée, il y eut un déblocage et, comme par enchantement, sa mémoire se fit plus précise, ses facultés d'écoute plus minutieuses. Au bout de six mois, il avait fait des progrès considérables, son quotidien s'en ressentait nettement : il était moins enfermé dans son monde, plus présent au milieu ambiant, sa mémoire immédiate s'améliorait constamment.

Les exercices extérieurs

Un premier exercice pourra être envisagé à l'aide de différents appeaux que l'enfant apprendra à moduler afin d'essayer d'*entrer en contact* avec les animaux. Des séances le long d'une rivière, par exemple, où l'enfant avec son appeau imitera la poule d'eau, a toutes les chances d'être bénéfique et son résultat de galvaniser l'enfant.

À la campagne, la mère de Simon profita des vacances scolaires pour monter des ateliers dans le jardin et aux environs. À l'aide de différents appeaux, elle apprit à son fils à se concentrer sur les cris des animaux, à les reconnaître et à utiliser le bon appeau pour « répondre » à l'animal qu'il venait d'entendre. Une fois, alors qu'ils se trouvaient tous les deux au bord de la rivière qui borde leur propriété, Simon avait réussi durant dix minutes à « tenir conversation » avec une poule d'eau. Il faisait fonctionner son appeau et l'animal lui répondait. Au bout de quelques minutes, il eut même la joie de la voir sortir de son trou, venant s'ébrouer sous les yeux ébahis de Simon qui avait vraiment le sentiment de réaliser un véritable exploit.

Mais ces séances autour des bruits s'effectueront également dans un bois ou une forêt où l'on demandera à l'enfant de fermer les yeux (ou on les lui bandera) et de se concentrer sur tous les bruits ambiants dans un premier temps, puis sur un bruit spécifique. Cet exercice, cela va sans dire, favorise le calme et la concentration de la personnalité.

Tous les prétextes étaient bons à la mère de Simon, les promenades en forêt, les marches dans les champs de blés un jour de grand vent ou de pluie (le mauvais temps, c'est ce qu'il y a de mieux pour ce type de séances), pour apprendre à son fils à se concentrer sur les bruits que lui offrait la nature. Et de même que le petit garçon pouvait observer le balancement majestueux des branches et des feuilles des grands arbres, ou l'attitude mélancolique des épis de blés abattus par les vents, il pliait joliment son petit corps à toutes ces courbures naturelles, imitant la branche qui se balance, la feuille qui tombe, l'épi qui ploie. Son aisance corporelle s'en ressentit d'autant plus que ce type de séance l'aida à développer sa spontanéité et un gentil naturel tout nouveau s'épanouit. Lui qui avait longtemps été si rigide, si sérieux, devint un petit être plein d'humour et de facéties.

Un autre domaine d'exercices consistera à demander à l'enfant d'observer un bruit ambiant tel que le vent dans les arbres ou bien la pluie qui tombe (en effet il n'y a pas de mauvais temps qui empêche de sortir, plus le temps est incertain, plus sa palette de sons est riche), et de reproduire par

VAINCRE L'AUTISME

une petite danse, par les mouvements les plus justes possibles, ce qu'il aura observé dans la nature.

Il sera également profitable pour le parent d'enregistrer ces séances au magnétophone, ainsi, de nouveau à la maison, l'enfant pourra se prêter au jeu de devinettes de sa précédente séance : « J'étais en train de marcher lentement sur des feuilles mortes dans les bois », par exemple. Et cela créera un lien dans sa personnalité entre son travail extérieur et ses séances intérieures relevant du même thème.

Bien entendu, ces séances extérieures ne seront mises en place que lorsque l'enfant aura acquis une aisance certaine dans ses exercices d'intérieur, car travailler à l'extérieur est toujours plus déconcentrant, cela s'entend. De manière générale, l'ensemble des exercices proposés prendra plusieurs mois à se mettre en place, car, au début tout du moins, il ne faudra pas modifier beaucoup le programme d'un mois sur l'autre, mieux vaudra tabler sur un ancrage solide plutôt que sur des apprentissages qui pourraient s'avérer submergeants s'ils étaient trop vite abordés.

Après avoir délié et décontracté le corps avec la psychomotricité, concentré l'esprit avec l'atelier d'écoute, un troisième atelier se proposera de faire en quelque sorte la synthèse des deux précédents : une concentration simultanée du corps et de l'esprit à l'aide de soutiens sonores divers plus structurants. Ainsi mettra-t-on en place un atelier consacré au *rythme, mime et expression corporelle.* Cet atelier est l'un des plus difficiles à mettre en place avec ces enfants, car il demande l'utilisation de capacités qu'ils n'ont pas naturellement et sa bonne marche peut parfois ne se mettre réellement en route qu'au bout de plusieurs mois. Il ne faut pas se décourager !

Au début, le parent devra pour ainsi dire assumer seul l'ensemble de l'atelier, et là encore il est inutile de trop précipiter les choses en présentant plusieurs exercices, mieux vaut n'en travailler qu'un seul pour que l'enfant ne se sente pas submergé par ce qui lui est proposé. Il faudra donc au début que le parent montre à l'enfant ce qu'il faut faire, et très progressivement il pourra lui proposer d'essayer à son tour en l'accompagnant intégralement dans sa gestuelle. Ce domaine touche très profondément à la confiance de l'enfant, car il s'agit avant tout de « se donner en spectacle » et cela est très difficile pour ce type d'enfant. Par conséquent, il faudra se montrer très patient, mais tout vient à point à qui sait attendre !

On travaillera donc l'expression corporelle autour des thèmes les plus divers possibles tels que la nature, les animaux, les personnages, les actions, les objets, et les thèmes humains collectifs. Il s'agit de développer chez l'enfant une faculté de suggestion propice à l'imagination et à la liberté d'expression.

On utilisera donc des supports musicaux motivants et structurants. Il s'agit avant tout d'apprendre à l'enfant à se mobiliser sur un point précis afin *qu'il progresse vis-à-vis de lui-même*.

Lorsque la phase initiale, où seul le parent participe en règle générale, sera passée, on aura soin dans une première étape de laisser l'enfant improviser sur la musique proposée. Il est essentiel que celui-ci ne se sente pas contraint par une consigne trop rigide. Puis, à son tour, le parent s'essaiera lui aussi à l'improvisation en le lui précisant : « Regarde, moi aussi je vais inventer une danse ! »

Quand le parent sentira l'enfant plus à son aise, il pourra lui suggérer de l'accompagner dans son improvisation et ainsi, peu à peu, s'instaurera une coordination entre les deux chorégraphies. Mais il faudra toujours et avant tout partir de la gestuelle que propose l'enfant. Il est très important qu'il ait le sentiment de diriger la séance, cela assoit sa confiance émergente.

Au début, on pourra choisir deux thèmes différents que l'on travaillera individuellement jusqu'à ce que l'enfant développe une aisance suffisante. Il faudra alors franchir l'étape suivante consistant à travailler ces deux thèmes *simultanément*. À l'aide de deux magnétophones, le parent apprendra à l'enfant à alterner les deux thèmes, sans l'en prévenir, de façon que, peu à peu, sa personnalité s'assouplisse pour supporter de changer de contexte de manière imprévue.

Au fur et à mesure que l'enfant acquerra de l'aisance, le parent aura soin d'introduire des *objets de médiation* du type foulard, ruban, balle de mousse, brique en liège qu'il mettra à sa disposition durant le thème proposé. Le but étant que l'enfant change le plus souvent possible d'objet de médiation durant une même musique. Là encore, cela cultive la souplesse et l'aisance de la personnalité, car il s'agit mentalement de lui apprendre à « *faire corps* » avec cet *autre* qui lui est proposé et de construire une relation harmonieuse. Dans la vie quotidienne, ce type d'exercice apprend à l'enfant à développer sa spontanéité et son sens de l'humour.

Sylvain, un garçonnet de six ans à la grande chevelure brune, observa longtemps sa maman de ses yeux noirs perçants, recroquevillé dans un coin, ramassé sur lui-même, refusant obstinément de se lever, ni que l'on vînt le chercher : surtout, surtout, il ne voulait pas essayer, il ne voulait même pas en entendre parler, et pour le signifier, il mettait régulièrement ses petites mains sur ses oreilles ou bien sur ses yeux, surtout ne pas participer. La mère de Sylvain était consciente que cet atelier serait très difficile pour son fils : il touchait à tellement de cordes sensibles chez son enfant ! Il fallait qu'elle s'arme de patience, qu'elle n'exige rien de lui en particulier, c'était l'unique moyen, peut-être, d'arriver à ce que son fils accepte de participer un jour. Une année passa ainsi : la mère de Sylvain mettait patiemment les musiques qu'elle avait choisies pour travailler les différents thèmes collectifs tels que « Les vagues » et « Les clowns ».

Mais le mois de juin arriva et Sylvain n'avait pas bougé du coin de la pièce dans lequel il s'était réfugié toute l'année. Les grandes vacances débutèrent et la famille émigra à la campagne pour prendre ses quartiers d'été. Un jour qu'il faisait grand soleil et que toute la famille était en train de lézarder, Sylvain s'approcha du cercle familial, se campa au beau milieu et dit le plus naturellement du monde : « Regardez ce que maman m'a appris à faire à l'atelier d'expression corporelle, je suis très bon vous allez voir. » Et sous les yeux ébahis et émus de sa mère, il reproduisit toutes les chorégraphies qu'elle s'était évertuée à lui faire exécuter durant l'année, lui qui semblait s'être retranché dans son monde, lui qui avait mis ses mains sur ses yeux pour surtout ne pas voir et ses doigts dans ses oreilles pour surtout ne rien entendre, il avait parfaitement assimilé tous les gestes, toutes les danses, il le faisait avec grâce, don inné de l'enfance.

Dès lors, il demanda à sa mère de travailler cette séance dans le jardin, manifestant enthousiasme et intérêt pour les différents thèmes musicaux qui lui étaient proposés. À la fin de l'été, il dirigeait lui-même la séance, l'élève s'était fait maître, commentant les chorégraphies de sa mère, se proposant de les lui corriger, choisissant lui-même les thèmes, variant à l'infini les jolies courbures qu'il donnait à son petit corps, le visage épanoui, ébahi parce qu'il était capable à présent de s'offrir à lui-même.

Cet été-là, l'atelier devint alors pour toute la famille l'occasion de se retrouver autour de Sylvain. Bientôt son père ainsi que ses frères et sœurs devinrent aussi d'enthousiastes chorégraphes et l'exercice qui consistait à danser avec des objets de médiation tels que foulards, balles, collants, briques de liège... devint un moment extraordinaire de ballet fougueux et bigarré entre eux

tous, grisant littéralement le petit Sylvain qui se sentait responsable de cette joyeuse ambiance dont il se savait l'origine.

Les parents de Sylvain se sentaient particulièrement
émus, car il en avait fallu des heures, il en avait fallu des mois
de patience, où chaque geste avait été décortiqué, réitéré
autant que cela s'était montré nécessaire, chaque moment
musical apprivoisé lentement, si lentement, sans d'autre
objectif que d'offrir au petit garçon un instant de vie qui peut-
être un jour porterait son fruit, et à présent, leur enfant
courait, riait, virevoltait, passant avec bonheur de la balle de
tennis à la brique de liège, imaginant mille circonvolutions
pour rendre son foulard toujours plus souple, toujours plus
gracieux – incroyable cadeau, au-delà de toute espérance !

Le quatrième atelier est celui du *langage*, déjà bien
stimulé et organisé par un corps dispos et un esprit concentré
par les trois ateliers précédents.

L'atelier langage est d'abord l'occasion d'apprendre à
l'enfant à *préciser son vocabulaire*. On lui indique comment
décrire le plus finement une image de la vie quotidienne, puis
un objet photographié sous plusieurs angles de vue. C'est
aussi l'occasion de promenades où l'on demande à l'enfant de
décrire le paysage qu'il a devant les yeux et de le dessiner en
le commentant simultanément.

Cette première étape de *précision du langage*, bien avant
que cela pût faire l'objet d'un atelier à part entière, fut pour le
père de Charles très long à mettre réellement en place. Bien
souvent il s'était senti désespéré, il ne se passait jamais rien
durant ces séances quotidiennes, son garçon regardait le mur
de la chambre sans sembler se rendre compte de sa présence !
Longtemps, il s'était évertué quotidiennement à décrire au
petit garçon une image de la vie quotidienne de l'enfance
comme il en existe sur des livres cartonnés pour les tout-petits.

Il avait toujours pris soin de choisir une image vivante et amusante, remplie d'enfants qui courent dans un zoo ou qui barbotent dans la mer, qui pourrait éveiller l'intérêt de Charles. Mais le petit garçon n'avait jamais manifesté le moindre intérêt, et son père s'était heurté pendant des mois et des mois à un mur de silence. Une première année s'était écoulée ainsi.

Et pourtant, il avait patiemment continué jour après jour à décrire son image, expliquant tout, montrant tout, créant les liens entre les différents personnages de la page cartonnée. Il avait même eu l'audace de saisir le doigt de son garçon pour essayer que lui aussi participe à cette description qui aurait dû faire écho à sa tendre jeunesse, mais qui en réalité le précipitait dans une bien lourde indifférence. Et longtemps Charles ne s'était pas laissé saisir le doigt. Il était comme pétrifié, tétanisé par ce moment passé avec son père. Celui-ci avait vite mesuré combien ce quart d'heure de description submergeait son garçon, il sentait bien qu'il ne fallait pas aller trop vite : renard du Petit Prince qui criait de tout son être « s'il te plaît, tout cela ne me rappelle rien, laisse-moi le temps de m'apprivoiser ». Il s'était donc dit qu'il était inutile de bombarder l'enfant de nouvelles images, de nouveaux paysages, de nouveaux contextes, mieux valait aller très lentement, rester un mois sur une seule image, et reprendre le mois suivant celle qu'il lui avait déjà décrite deux mois auparavant. Pour qu'il ne fût plus terrorisé, pour l'apprivoiser !

Alors qu'une seconde année commençait et que les vacances d'été ne s'étaient pas montrées plus fructueuses, le petit Charles, qui avait jusque-là toujours opposé un silence énigmatique à son père, s'était saisi un beau jour sans crier gare d'une de ces fameuses images et alors que son père se trouvait encore dans le salon, il l'avait tiré par le bras, lui avait fait signe de s'asseoir et avait commencé à montrer de son doigt toutes les petites scènes auxquelles il ne semblait jamais avoir prêté le moindre intérêt ! Il avait tout retenu, il avait tout compris, et il l'exprimait enfin ! Magnifique instant de miracle qui se produit alors qu'on ne l'attend pas, qu'on ne l'attend plus ! Silencieusement, le papa de Charles sentait ses larmes couler le long de ses joues, lui qui s'était toujours évertué à entreprendre sans jamais rien espérer.

Il avait encore attendu quelques semaines pour bien s'assurer que tout cela ne relevait pas du mirage, avant de se décider enfin à introduire dans le programme de travail de son petit garçon un atelier spécifiquement destiné au *langage*. Il avait fallu y réfléchir longuement, car sa femme et lui étaient conscients que c'était sans nul doute l'atelier le plus conventionnel qui était proposé à leur garçon, or ils savaient combien la convention n'était pas de mise dans leur démarche, il allait encore une fois falloir imaginer, biaiser, décortiquer, bref, s'adapter à cette petite personnalité tellement évanescente, tellement indéfinissable !

Après avoir longuement réfléchi à ce que l'émergence du langage devait apporter au développement d'une personnalité, ils en étaient venus à penser que si l'enfant avait enfin franchi l'étape de la description en général, il était essentiel à présent de lui apprendre à *préciser* son langage en prenant l'espace et le temps comme contexte. Il était essentiel que le langage de Charles devienne l'*instrument de l'espace-temps* et ne reste pas un sac de mots lancés au hasard, sans contexte particulier comme cela avait trop souvent été le cas jusque-là. C'était bien cela, il fallait que le langage se fît *instrument utile pour l'utilisable.* Quel que soit le domaine exploité dans le programme de Charles, on en était toujours là, tous les ateliers n'étaient jamais que des contextes différents, cherchant toujours à mener l'enfant vers l'utile pour l'utilisable avec l'espace-temps en arrière-plan.

Galvanisé par cette première victoire, le père de Charles reprit son atelier hebdomadaire avec son fils et se procura un jeu d'images qui proposait différents objets tels qu'un fer à repasser photographié sous différents angles de vue. Il apprit à son garçon à le décrire, à donner le maximum de précision sur sa position spatiale représentée sur la photo. C'était bien entendu l'occasion d'aller chercher le fer de la maison et d'essayer de le placer dans la pièce comme il l'était présenté sur l'une des photos. Peu à peu, Charles créait les liens nécessaires : il s'exprimait sur son utilité, sur le moment de la journée où il voyait que l'on s'en servait…, l'objet se faisait peu à peu instrument, l'espace-temps entrait par ce nouveau biais dans la personnalité du petit enfant.

Son père voulut raffiner la mise en place de ce nouveau processus mental, en organisant des séances à l'extérieur où il s'agissait une fois encore de demander à Charles de décrire, en termes spatiaux cette fois, le paysage qu'il avait devant les yeux. Il apprit peu à peu à préciser, à comparer une hauteur, une profondeur, une largeur. Toute la description tournait autour de ces notions précises. Tout comme, à propos des mêmes paysages, l'atelier d'écoute exigeait de lui qu'il décrivît les différents bruissements de la nature, ici, on lui demandait de prêter attention aux *aspects spatiaux* de la scène.

Ainsi la personnalité de Charles entrait-elle dans l'*expérience de la limite*, essentiel repère ontologique pour se construire soi-même et mettre en chantier les fondations de l'aller vers l'autre. C'est bien cette expérience de la limite qui, en chacun de nous, prend place comme une conscience sociale d'exister comme un lieu propre, en raison d'une cohérence. Et c'est bien sur les fondements mentaux d'une *cohésion contextuelle* que se fondaient ces exercices : autrement dit, il fallait faire le pari, risqué certes, que si Charles était capable d'être homogène, cohérent dans ses descriptions, cette nécessaire

suture que constitue la conscience de ses limites, entrerait
peu à peu dans les fondements de sa petite personnalité en
construction, tant il est vrai que l'on ne peut se représenter
l'*altérité* qu'en référence à sa propre *cohérence* qui se constitue
dans l'*expérience* présente.

Pour que le langage soit *signifiant*, il s'agit d'éduquer la
sensibilité à se coordonner avec un contexte donné. Car il n'y a
pas que ce que l'on dit qui importe, également la *façon dont on
le dit*. Il s'agit d'apprendre à ajuster son langage aux êtres et aux
situations qui se présentent. Or ces enfants ont bien du mal, la
plupart du temps, à s'ajuster à un contexte et le premier des
ajustements doit d'abord se faire dans la modulation de la voix.

Le père de Charles travaillait donc avec lui tout ce qui
touche à l'*ajustement vocal*, qu'il s'agisse de chansons chan-
tées sur différents tons à diverses cadences ou de poésies réci-
tées en imitant l'hésitation ou l'assurance de soi, ou bien la
mauvaise humeur, ou l'excitation. Tout devait être exploité
pour que le petit garçon fasse le lien entre les mots prononcés
et l'attitude que l'on voulait traduire en y mettant un certain
ton et une certaine cadence.

Cet atelier fut aussi l'occasion de faire un pas vers l'*abstraction* et le *suggestif*, à l'aide d'un loto d'histoires sonores où seuls
les bruits ambiants étaient enregistrés, Charles devant deviner
où cela se passait en écoutant la cassette. Puis son père lui lisait
le texte correspondant aux bruits entendus et Charles devait
apprendre à faire le lien entre les bruits et le texte, avec des
images qu'il remettait dans l'ordre des bruits perçus dans l'enregistrement. Ce fut un exercice long et compliqué à mettre en
place, il fallut familiariser Charles à chaque contexte que proposait l'exercice, un bon trimestre fut nécessaire pour qu'il exploite
de manière cohérente une seule des histoires proposées.

Le dernier objectif de ce type d'atelier est de vérifier la
capacité de *globalisation* de l'enfant, c'est-à-dire la faculté du

cerveau à intégrer suffisamment d'informations pour lui permettre d'appréhender une situation donnée notamment en ce qui concerne le rôle social de chacun.

Les parents de Charles avaient constaté que lorsque leur garçon parlait de lui-même, il employait « tu » et non pas « je » ; il avait aussi une mauvaise utilisation du temps des verbes et prenait éventuellement une personne pour une autre. Bref, de manière générale, une confusion des rôles sociaux était évidente chez lui, notamment lorsqu'il devait lui-même se situer vis-à-vis des autres. Aussi, son père mit-il en place un exercice visant à le faire progresser dans ce domaine. Il s'agissait, à l'aide d'un loto de scènes, de lui apprendre à faire le lien entre, d'une part, une grande image représentant une situation globale, comme les activités d'une ferme, et différentes cartes où seul un élément appartenant à une des grandes images était représenté. En un mot, il fallait que Charles sache repérer à quelle grande image appartenait chaque petite image. Ce fut une longue mise en place, car Charles ne faisait que difficilement le lien entre un élément et l'ensemble d'un contexte proposé sur une grande image. Au début, il fallut ne lui montrer qu'une seule d'entre elles, ainsi que les petites cartes correspondantes, afin qu'il en comprenne le rapport.

Au bout d'un trimestre, lorsque chaque grande image fut exploitée pour son compte, son père put enfin lui proposer deux grandes images à la fois et mélanger les cartes correspondantes à replacer chacune dans leur contexte. Il était en effet notable qu'au fur et à mesure que Charles progressait dans ce type de situation, le « tu » était de moins en moins fréquent lorsqu'il parlait de lui-même et les verbes commençaient à être correctement conjugués. Charles intégrait de mieux en mieux les différents éléments qui construisent un contexte et s'y situait de ce fait beaucoup mieux. En un mot, Charles exploitait de mieux en mieux l'*espace-temps* pour se situer lui-même et situer les autres.

Il s'était, là encore, agi d'un pari risqué, fondé sur le principe de la *compréhension du contexte social*. Son père espérait que, s'il arrivait à mieux comprendre un contexte social, il se situerait plus correctement dans le monde environnant, et que cette meilleure compréhension entraînerait qu'il se localiserait mieux lui-même dans ce contexte, et donc par rapport à lui-même. Ainsi pouvait-on espérer que s'il s'intégrait mieux lui-même en se différenciant des *autres*, il finirait par utiliser le « je » pour se définir, et c'est bien ce qui était en train de se produire !

L'atelier suivant se veut un pont entre le *concret* et l'*abstrait*. En effet, celui-ci est consacré à la fois *au tactile et à l'olfactif*. Peu exploités de manière générale dans le quotidien, ces domaines sont essentiels pour ce type d'enfant chez qui, bien souvent, le toucher est très perturbé. De plus, cela permet à l'enfant de mieux prendre conscience de ce qu'il ressent par lui-même. Et rien non plus ne peut être laissé au hasard dans l'ordonnancement de l'atelier. Il s'agit toujours de commencer par l'aspect *tactile* car il est le *premier lien social* entre soi-même et les autres.

Le père d'Édouard était en charge de ce délicat atelier. Toutes les semaines, il se faisait fort d'être à ce rendez-vous privilégié, que son petit garçon attendait impatiemment. Édouard n'avait pourtant que cinq ans, mais on le sentait vraiment concerné par ce moment passé avec son papa : c'était leur moment à eux, personne n'aurait pu le remplacer dans le cœur du petit garçon. C'était pourtant un jour de semaine, mais le père d'Édouard s'était débrouillé pour agencer son travail de façon à rentrer ce jour-là vers 16 heures 30, quitte à revenir plus tard d'autres soirs. Ce moment privilégié avec son fils lui avait fait comprendre beaucoup de choses, lui avait ouvert les yeux, en quelque sorte. Il se sentait vraiment investi d'un rôle incontournable, irremplaçable pour le petit être qui comptait sur lui, il en était tout à la fois heureux et anxieux. À la fin de chaque séance, il en faisait un résumé minutieux, s'aidant des notes qu'il avait prises, ce qui nourrissait sa réflexion de la semaine sur le cours à donner à son atelier.

Dans cet atelier, il s'agissait donc pour le père d'Édouard d'apprendre à son garçon à s'exprimer le plus justement possible sur ce qu'on lui faisait toucher ou sur ce qu'on lui faisait sentir. Il s'agissait de trouver le *mot juste* pour exprimer le plus finement possible la *sensation* éprouvée.

Une fois encore, le corps était le point de départ, premier instrument, premier contexte tactile : le papa d'Édouard commençait donc son atelier par un simple jeu de mains, dans lequel, à l'aide d'une comptine, il demandait à son garçon de toucher les différentes parties de son corps ; il fallait qu'il s'exécute au rythme de la chanson. Longtemps, le toucher d'Édouard avait été très perturbé, le petit ne supportait pas qu'on lui touchât le bras ou la jambe, il avait fallu l'apprivoiser à ces nouvelles sensations en répétant quotidiennement de toutes petites caresses sur le bras, sur les cuisses, sur les joues d'Édouard. Peu à peu, il s'y était habitué. Mais, à présent que cette étape avait été franchie, il s'agissait de lui offrir un contexte pour donner sens à ce toucher encore si neuf pour lui.

Une fois le premier contexte intégré, on passait à un deuxième exercice qui enseignait au petit garçon à *prendre conscience des différences entre lui-même et l'autre* dans le domaine tactile : le papa d'Édouard lui demandait de caresser alternativement leurs bras, par exemple, et de s'exprimer sur les différences ressenties dans ces divers touchés.

Puis on passait à des exercices mettant en jeu des *contextes externes* : on lui bandait les yeux et on lui mettait sous les mains différents tissus, diverses textures, en lui demandant de s'exprimer sur ce qu'il ressentait au toucher. Bien entendu, un travail similaire était entrepris avec les pieds, pour lesquels le père d'Édouard avait fabriqué des petits sacs où il avait glissé des marrons, des cailloux, de l'herbe, de la mousse, du coton, du savon et, cela va sans dire, ces derniers étaient réinvestis dans la partie olfactive de l'atelier un peu plus tard.

Puis le père d'Édouard menait son fils dans la cuisine, lui bandait une fois encore les yeux et préparait une série d'assiettes dans lesquelles il pouvait mettre de la confiture, du beurre, du miel, du sucre, du sel, du lait, bref toutes sortes d'ingrédients que le petit garçon, uniquement par le toucher, devait identifier. Et enfin, ils travaillaient avec un loto tactile qui faisait appréhender au petit les notions de doux, rugueux, dur et mou.

Ils passaient ensuite à l'aspect olfactif de l'atelier, pour lequel certains éléments, comme la nourriture ou les petits sacs, étaient réinvestis, mais cette fois-ci dans le domaine de l'olfaction.

Le père d'Édouard partait lui aussi du corps. Il commençait par faire sentir à son petit garçon son propre bras, puis le sien, et il en était ainsi pour différentes parties du corps : le père d'Édouard voulait que son garçon prît conscience que chacun avait sa propre odeur et que cela faisait partie de la définition de notre être. La première odeur qui crée la conscience est celle qui émane de nous. Il était donc essentiel qu'Édouard en eût conscience.

Puis le père d'Édouard le menait dans la cuisine et lui parlait de toutes ces odeurs quotidiennes, ouvrant réfrigérateur et placards, flairant tout, commentant tout, le plus justement possible. On courait à la salle de bains et la partie de plaisirs recommençait de plus belle : les savons, la collection de parfums de la mère, les bouteilles d'alcool, de sirop contre la toux… et dans le salon, c'était les rideaux, les fauteuils et canapé en cuir, le bois de la bibliothèque d'où émanait une douce odeur de cire… tout y passait, absolument tout !

Pour clore la séance intérieure, le père d'Édouard utilisait un loto des odeurs qui apprenait au petit garçon à repérer les multiples parfums des fleurs et des fruits. Cela le préparait à la séance extérieure où Édouard allait retrouver certaines senteurs évoquées par son loto.

Son papa l'emmenait dehors, et à la belle saison, mille essences étaient là pour éveiller l'odorat du petit garçon. Ensemble, ils respiraient les fleurs, les arbres fruitiers, les feuilles, l'air, et à l'automne c'était les feux de bois, les feux de feuilles mortes, les marrons chauds des petits colporteurs, qui emplissaient leurs narines de parfums délicieux ; ensemble dans ces moments-là, ils avaient vraiment le sentiment de prendre le temps de vivre. Le papa d'Édouard se sentait vraiment investi d'une mission en quelque sorte, par cet atelier éternellement ouvert, car maintes fois dans la semaine, ils évoquaient celui-ci, au souvenir d'une odeur qui se rappelait à leurs mémoires.

L'avant-dernier atelier de la semaine était sans doute le plus délicat à mener puisqu'il touchait à la mise en place de cette essentielle marche psychique qu'est le *faire semblant*. Il s'agissait donc d'une séance très fournie, consacrée à la *transposition* dans le sens le plus large du terme.

En effet, ce type d'enfant a cette curieuse incapacité de ne pas pouvoir entrer dans le faire semblant, de ne pas pouvoir se mettre à la place d'un autre, il n'a pas d'empathie ou si peu, il ne mentalise donc pas. Et une fois encore, on a vraiment le sentiment que quelque chose ne s'est pas mis en place. L'évolution classique chez l'enfant nous montre que cette capacité, hautement intellectuelle, s'acquiert lentement au cours de la deuxième année de vie. Et il est vrai que l'on est en droit de se demander comment un être si jeune est déjà en mesure de vous dire que le sable qu'il a mis dans son seau est une tarte aux fraises et que la poignée de sa corde à sauter est un téléphone... Faire semblant engendre dès le plus jeune âge une foule de facultés supérieures.

Outre une évidente compétence d'imagination, le faire semblant engendre également des dispositions dans le domaine de la *transposition*. Or être capable de se transposer implique déjà chez un si jeune être les dispositions intellectuelles et psychiques de se *poser*, de se *fixer dans la réalité*, afin de *s'adapter* à cette dernière, donc d'avoir suffisamment conscience de celle-ci : en un mot, l'enfant se perçoit parfaitement en tant qu'*être défini*, appartenant à une *réalité bien déterminée* elle aussi. Il peut dès lors *décider* que le sable qui est dans le seau est une tarte aux fraises. Cela lui donne le sentiment, pour un moment, de dominer cette réalité dans laquelle il se pose plus souvent en être obéissant qu'en être obéi. Il s'agit donc déjà d'une *recherche de domination de la réalité*. C'est aussi commencer à comprendre que *prendre une décision, c'est ébaucher la construction d'un contexte, d'une situation.*

Être capable de décider que le sable qui est dans le seau est une tarte aux fraises, c'est déjà faire preuve que l'on a de soi-même une vision interne homogène et cohérente qui révèle que l'on sait parfaitement ce que l'on n'est pas et donc aussi ce que l'on est. C'est bien cette profonde conscience de ce que l'on n'est pas qui permet à l'enfant de décider que le sable qui, en soi, il le sait parfaitement, n'est pas une tarte aux fraises, peut le devenir par sa propre décision.

Pour avoir un pouvoir de décision, une nécessaire conscience de ce que *sont* les choses et de ce qu'elles *ne sont pas*, est indispensable. Les choses sont ce qu'elles sont et seule la décision de leur attribuer une autre nature, parce qu'on est profondément conscient de leur nature réelle, permet à chaque être d'ébaucher la construction d'un contexte dont il est seul créateur. Autrement dit pour décider, il faut d'abord déterminer délibérément une marche à suivre, une démarche cohérente, façonner un ordonnancement des diverses priorités en fonction d'un certain nombre de paramètres.

On peut alors se demander pourquoi nos enfants TED ne font pas semblant.

Leur personnalité troublée, qui, généralement, se situe mal vis-à-vis d'elle-même et vis-à-vis des autres, leur fréquente écholalie, qui ne pourra se résorber que dans la mesure où ces enfants deviendront pour eux-mêmes des êtres de liens envers eux-mêmes et envers les autres, leur absence de langage communicant ainsi que leur incapacité à donner une réelle signification au « oui » et au « non » – preuve flagrante qu'ils ne sont pas en mesure de faire un choix – font d'eux des êtres sans capacité décisionnelle sur eux-mêmes. Il leur est absolument impossible de s'impliquer dans un contexte quelconque, ni *a fortiori*, d'en dominer un qu'ils auraient créé de toutes pièces pour se donner le sentiment de diriger. Ces enfants-là n'ont pas le sentiment de devoir obéissance, la perception qu'ils ont d'eux-mêmes reste extrêmement floue, souvent fusionnelle, ils n'ont donc pas besoin de créer une situation dans laquelle ils pourraient se sentir obéis.

Après avoir réfléchi et raisonné tout cela, les parents d'Emmanuel se dirent que la première étape dans la transposition était d'apprendre à se poser dans la réalité afin de déterminer les limites de son corps. Car c'est toujours au corps qu'il fallait faire référence par la mise en place de divers exercices de motricité, première étape mentale avant d'entrer de plain-pied dans la transposition proprement dite.

Tout d'abord, ils apprirent à Emmanuel à avoir une bonne perception de son schéma corporel : cela impliquait de la part du petit garçon l'acquisition d'une juste représentation mentale des parties de son corps. Ils passèrent alors plusieurs semaines à lui faire faire des exercices simples à l'aide d'une corde, ils lui donnaient des consignes telles que : « Enroule la

corde autour de ton genou » ou bien encore : « Passe la corde
derrière ton dos », « Pose tes mains sur tes cuisses ». Ce genre
d'exercice impliquait que non seulement Emmanuel comprît
la consigne, mais encore et surtout, c'était le début d'une
implication dans une situation où l'enfant pouvait se sentir
créateur de ce qui se produisait, unique individu en mesure
de ressentir ce qui se passait dans son corps. Cela constituait,
en quelque sorte, un premier pas pour apprendre à dominer
une situation qui, à terme, mènerait au faire semblant.

Un deuxième exercice demandait d'anticiper la trajectoire d'une balle. Cela exigeait d'évaluer à l'avance les risques
qui existaient de lancer trop fortement ou trop faiblement la
balle pour atteindre comme il fallait la corde étendue à l'autre
bout de la pièce. Mentalement, cet exercice apprenait à
Emmanuel à élaborer une démarche, une stratégie dans un
but précis, ce qui est bien entendu l'une des premières étapes
dans l'élaboration psychique du faire semblant.

Un troisième exercice consistait à lui apprendre à réagir à
un changement de situation : on lui faisait lancer une balle de
maintes manières sans le prévenir à l'avance. Soit assis, soit
debout, on lui imposait, toujours par des ordres donnés rapidement, de lancer sa balle dans un cerceau et on la lui relançait
sans l'avertir de la direction : il fallait qu'il agisse suffisamment
rapidement pour la rattraper. Bref, cette démarche apprit peu
à peu au petit garçon à réagir au sein d'un contexte éventuellement inattendu, ce qui, dans toute construction d'histoire est
essentiel.

Mais il fallait encore passer par des exercices visant à
apprendre à Emmanuel à bien se situer dans l'espace réel. Ses
parents le faisaient travailler avec des dalles de motricité en
lui donnant des ordres spatiaux : « Va sur la forme en bas à
gauche, puis tourne autour en partant sur ta droite. » Au
début, cet exercice fut d'une extrême difficulté pour le petit

garçon, l'un des parents l'accompagnait complètement dans toute la démarche. Il en avait d'ailleurs été de même pour les exercices précédents. Rien n'était jamais facilement acquis, rien n'était jamais immédiatement compris, il fallait toujours montrer un nombre incalculable de fois en expliquant toujours patiemment, pour qu'un jour enfin le petit garçon se risque à essayer seul de le faire. Cet exercice allait apprendre à Emmanuel à bien maîtriser son espace réel, car sans une bonne maîtrise de notre espace réel, il est impossible de maîtriser notre espace intérieur.

Puis les parents d'Emmanuel passaient à un exercice fondé sur la *pantomime*, et par là même, ils commençaient réellement le travail de transposition et de faire semblant. Mais tous les exercices précédents étaient là, à chaque séance, pour préparer le mieux possible le petit garçon à l'élaboration de cet espace mental qu'est l'imagination. Là encore, rien ne pouvait être laissé au hasard, il existait un ordre mental d'émergence et il fallait le respecter. On commençait donc toujours par une petite gestuelle toute simple n'impliquant que le haut du corps, en l'occurrence les mains. On imaginait des scènes où les doigts étaient des petits personnages, puis on faisait la même chose mais avec les pieds. Les membres du corps devaient être les premiers acteurs de cette fragile mise en scène. On racontait l'histoire de « Monsieur Pouce » qui faisait son marché avec son ami « Monsieur Index » et qui rapportaient de leur promenade des fruits et des légumes.

Une fois qu'Emmanuel s'était plié à cet exercice, ses parents lui demandaient d'imiter un animal, un personnage, une humeur, un métier… Et le petit garçon se faisait tour à tour chien méchant, chat grimpant, gros bonhomme maladroit, enfant braillard et pleurnichard, plombier, balayeur, policier ou pompier, héros de son enfance, bref, Emmanuel apprenait peu à peu à créer un contexte. Il fallut passer de longues semaines à lui montrer comment s'y prendre, à bouger dans tous les sens son petit visage trop statique, sans réelle expression. Mais les efforts portaient leurs fruits, le visage du petit changeait au fur et à mesure que les semaines passaient, il devenait plus expressif, plus grimacier, moins hiératique en quelque sorte.

Venait ensuite un travail plus élaboré d'expression corporelle qui faisait pendant à l'atelier d'expression corporelle proprement dit, visant à développer l'aisance de l'enfant tant dans l'espace réel que dans l'espace imaginaire. Ce fut un travail long et difficile, car bien entendu, Emmanuel ne savait pas utiliser l'espace, et si, d'aventure, il voulait bien se plier à esquisser un quelconque mouvement, il tournait vite en rond sur lui-même au milieu de la pièce, sans chercher à se déployer dans tout l'espace qui était à sa disposition. On lui apprit d'abord à s'étirer dans tous les sens pour qu'il ait le sentiment que son corps prenait enfin de la place, puis on lui montra comment courir et sauter en tapant des mains pour accompagner une musique joyeusement rythmée d'Amérique latine, ou comment exprimer toute la mélancolie dans des mouvements amples et lents d'une musique slave.

Les parents d'Emmanuel avaient compris qu'il était indispensable d'utiliser *amplement* l'espace réel pour que se mette en place l'*étendue intérieure*, car cette dernière ne s'apparente pas à un cercle vicieux. L'imaginaire est par essence un champ ouvert : celui qui permet à l'enfant d'être infiniment ce qu'il désire et de le vivre intensément comme il le désire. Il était donc essentiel que l'espace réel fît miroir à l'espace intérieur pour que tout cela se mette en place dans la personnalité du petit garçon.

Les parents d'Emmanuel lui faisaient écouter une chanson et y passaient plusieurs semaines pour élaborer une mise en scène : Emmanuel devenait pour quelque temps le clochard de la « Sacrée bouteille » de Graeme Allwright, « écoutant la pluie tomber dans la nuit, un journal autour des oreilles » en répétant indéfiniment à sa « jolie bouteille, sacrée bouteille : veux-tu me laisser tranquille ». Au fur et à mesure qu'il progressait, les exercices se raffinaient : c'était une gentille comédie musicale d'Henri Dès que l'on montait, où le garçonnet devenait tour à tour l'indomptable chien Vagabon toujours prêt à prendre la clé des champs dès qu'il en avait l'occasion, son petit maître François qui passait le plus clair de ses vacances à le chercher, ou bien encore le héron Efficace, ami de François, qui prétendait que « lorsqu'il y avait un problème, il en faisait son affaire, et quoi qu'il se passe, il serait efficace », c'était encore *L'Opéra de la Lune* de Jacques Prévert, avec ses multiples jeux de mots, hauts en couleur, virevoltant entre les étranges problèmes de mathématiques qui demandaient : « Qu'est-ce qui pèse plus lourd entre un kilo de plomb dans la tête et un kilo de plumes sous la tête dans l'oreiller quand on rêve ? » et les « télé-féériques » qui emmenaient le petit Michel Morin, l'enfant de la Lune, rêveur taciturne, assailli en permanence par « les gens », orphelin de guerre, tout droit à l'Opéra de la Lune où il n'y avait ni fauteuils, ni entractes, qui était éclairé par les astres parce qu'il était « tellement plus beau que tout ce que l'on pouvait imaginer ». Les parents d'Emmanuel n'en revenaient pas. Ils reconnaissaient à peine leur garçon, lui qui s'était montré si réticent, déployait à présent tout son corps, comme un cadeau qu'il offrait à lui-même et au monde, lequel prenait peu à peu sens pour lui.

Le dernier exercice, avant de passer aux marionnettes, proposait au petit garçon de courir tout autour de la pièce en utilisant l'espace le plus largement, le plus pleinement possible. Il s'agissait bien là d'un exercice *spatio-affectif*, visant à utiliser avec aisance tout son corps dans tout l'espace, c'est-à-dire que l'enfant apprenait peu à peu à prendre en compte l'intégralité d'un contexte pour en tirer le meilleur profit possible. Emmanuel était alors, pour un moment, un gros nuage soufflant en tempête, ou bien encore un funambule appliqué traversant l'avenue sous les yeux ébahis d'une foule silencieuse, il était enfin, dans une forêt lointaine, « le hibou qui répond au coucou », courant d'un bout à l'autre de la pièce, mettant ses mains en porte-voix pour devenir alternativement les deux oiseaux de cette vieille chanson française.

L'atelier de marionnettes fut très lent et pénible à démarrer car Emmanuel non seulement n'était pas capable de raconter une histoire cohérente, mais encore, le principe des marionnettes lui faisait une peur extrême, il se cachait les yeux pour ne pas voir ces étranges personnages qu'on mettait devant lui. Les parents du petit garçon avaient donc décidé pour un temps de les faire disparaître et de les remplacer par des bêtes en peluche qu'Emmanuel affectionnait particulièrement.

S'il ne se cachait plus les yeux, ce n'est pas pour autant qu'il se mettait à participer. On sentait que tout cela lui échappait totalement, il était parfaitement étranger à tout ce qui se passait autour de lui, si bien que pendant plus d'un trimestre, les parents d'Emmanuel ne virent aucune évolution dans cette partie d'atelier. Tout d'abord, ils se plaçaient assis par terre, face à lui, et prenaient une bête en peluche dans chacune de leurs mains. Au début, il ne s'agissait même pas d'instaurer un dialogue, seulement d'essayer de montrer au petit garçon quelle attitude devait avoir chacune des bêtes pour dialoguer : on lui montrait simplement que pour se parler, il fallait commencer par *se regarder*, ce qui, pour lui, n'était pas une évidence !

Ils passèrent donc de longues et difficiles semaines à initier leur fils uniquement à l'attitude de dialogue. Au bout de deux mois environ, Emmanuel commença à accepter de saisir lui aussi une des bêtes en peluche et se prêta au jeu de rapprochement des deux animaux entre eux. À vrai dire, son temps de concentration était très restreint, on sentait bien que quelque chose le gênait horriblement dans toute cette gestuelle qu'il se voyait contraint d'effectuer. Cependant, on pouvait dire qu'il y avait progrès dans le sens où il acceptait, tout du moins par le geste, de participer. Il se prêtait de mieux en mieux à l'écoute des petits dialogues que ses parents effectuaient devant lui. Au bout de quelques semaines qu'il restait ainsi calmement, ils crurent pouvoir distinguer, dans un imperceptible murmure, qu'Emmanuel amorçait tout doucement un timide dialogue, où l'on pouvait percevoir surtout deux intonations différentes sans véritables mots. C'était une étape importante, délicate marche émouvante, qui montrait que l'enfant commençait à saisir si ce n'est le *sens* des mots d'un dialogue, à tout le moins l'importance de la *tonalité* des voix dans celui-ci. Un pas était en train de s'accomplir !

Ils ne s'étaient pas trompés : un jour, sa mère le surprit alors qu'il se trouvait seul dans sa chambre en train de « faire parler » les deux bêtes qu'ils s'évertuaient, son mari et elle, à manipuler depuis trois longs mois. Elle n'en revenait pas ! Discrètement, elle appela son mari, et tous deux écoutèrent alors avec ravissement le miracle qui était en train de s'accomplir. Ils ne pouvaient pas se regarder, mais ils s'étaient pris la main et se la serraient fortement, des larmes perlaient au fond de leurs yeux.

Et de fait, les séances de marionnettes changèrent d'ambiance. À présent, les parents d'Emmanuel lui proposaient, sans le bousculer aucunement, de venir participer à leur petit dialogue. Celui-ci restait encore incohérent la plupart du temps, mais Emmanuel se prêtait volontiers au jeu, cela semblait même l'amuser. Ses parents sentaient encore combien tout cela restait fragile, ils s'évertuaient maintenant à corriger les phrases naissantes du petit garçon. Ils étaient conscients qu'il était très important de ne pas laisser passer les imperfections de syntaxe : il fallait être d'une exigence extrême si l'on voulait qu'un jour le dialogue se mît en place avec aisance et naturel.

Dès lors, pour développer la spontanéité du petit, et ce fameux naturel, ses parents insistèrent beaucoup sur les différentes tonalités que pouvait prendre une conversation, ils s'amusaient à répéter sur des tons variés, à différentes cadences, les petites scènes qu'ils inventaient. C'était alors souvent l'occasion de fous rires irrépressibles, de franche hilarité. Emmanuel devenait plus ouvert, moins rigide, un brin primesautier, l'humour entrait dans sa personnalité.

Il fallut attendre encore quelques mois pour qu'Emmanuel fît de réels progrès dans sa capacité à construire un dialogue, mais il était de fait que le petit s'y prêtait avec de plus en plus d'enthousiasme, la peur avait tout à fait disparu.

Avec le temps, avec les années qui passèrent, Emmanuel devint excellent dans ce domaine. Lorsque les fêtes de Noël approchèrent, il apprit, à l'aide de sa mère, des poèmes et des chansons qu'il récita volontiers devant sa classe ou même à l'une des fêtes qu'organisa l'école. Tout y passait ! C'était tantôt une chanson de Ferrat, de Piaf, de Barbara, de Reggiani, de Moustaki, lui qui, lorsqu'il était encore dans son monde, mettait et remettait sans cesse « Ma solitude », comme un message qu'il envoyait, sans doute ! Et un jour, dans l'amphithéâtre noir de monde, lors d'une des nombreuses manifestations qu'organisait l'école, alors que se trouvait devant lui le directeur, il monta sur scène et récita intégralement « Les phares » de Charles Baudelaire : tant d'authenticité, tant d'émotion se dégageaient, tant de justesse dans son ton qu'il savait faire varier au fil des mots, au gré du sens qu'il leur donnait, c'était à peine croyable ! Les parents d'Emmanuel étaient bouleversés, ils avaient tellement travaillé, tellement lutté, jamais ils n'auraient pensé pouvoir atteindre un tel résultat !

À la fin du poème, le directeur de l'école se leva ému, monta sur la scène et prit Emmanuel dans ses bras. Il avait compris que ce petit garçon de onze ans à peine, qui poursuivait son année de cinquième et qui allait quitter son école cette année-là, avait fait cela pour lui, rien que pour lui, pour le remercier de toutes ces précieuses années de primaire où il avait su, dans une ambiance exceptionnelle d'exigence et de confiance, lui offrir toutes ses chances.

Le dernier atelier de la semaine était consacré au *graphisme*. Il était, à n'en pas douter, l'atelier qui se rapprochait le plus de ce que proposaient les activités scolaires, et dans ce domaine, une fois de plus, on était parti de très très loin... Longtemps, la mère d'Emmanuel avait tenté de l'apprivoiser à la tenue du crayon et cela s'était révélé long et difficile. Elle avait passé plus de deux mois à essayer de lui faire reproduire des formes quelconques sur une feuille de papier. Combien de fois elle avait eu envie de baisser les bras, combien de fois elle avait cru qu'elle faisait tout cela pour rien, elle avait eu tellement envie de tout abandonner, elle n'y arriverait jamais !

Et puis un jour, comme souvent avec ces enfants, Emmanuel avait pris le crayon des mains de sa mère et s'était mis à esquisser un maladroit bonhomme, et ce simple geste avait été le début de tout !

Outre les diverses activités classiques de peinture, à doigts, dessins, collages et découpages, la mère d'Emmanuel exploitait un maximum de matériel sur un maximum de supports différents tels que papiers Canson de toutes les couleurs, papier de soie, feutrine, ou bien encore papier de verre, sur lesquels elle le faisait dessiner pour qu'il explore tout à la fois le graphisme en lui-même et un toucher différent. Elle avait vite compris que, pour que cet atelier ait tout son sens, il fallait le coupler en quelque sorte à certains exercices de psycho-motricité. Autrement dit, pour que le petit développe d'une part un sens juste des lettres, d'autre part une bonne latéralisation, il fallait transposer sur papier les exercices qu'elle lui faisait faire avec son corps en motricité.

Elle préparait donc des feuilles à l'avance sur lesquelles elle dessinait quatre fois le même motif, comme une maison ou bien un panier, et lors de la séance, elle donnait des consignes précises à son garçon telles que : « Colorie en rouge le toit de la maison qui se trouve en haut à gauche sur la feuille. » Ainsi, Emmanuel reproduisait en graphisme ce qu'il vivait avec son corps, lorsque sa mère, lors des séances de motricité, lui demandait de se rendre sur la forme en haut à gauche disposée par terre dans le salon.

Mais encore, pour lui faire acquérir une bonne maîtrise gestuelle de tout ce qui, à terme, devait mener à l'écriture, comme les ronds, la mère d'Emmanuel le faisait travailler simultanément avec son corps et avec son crayon. Elle posait un cerceau par terre, lui demandait d'en faire plusieurs fois le tour, puis elle lui demandait de venir tracer avec son crayon ce que son corps venait de faire autour du cerceau. Ou bien encore, elle plaçait à terre des bâtons de couleur en forme de « montagnes pointues », comme elle le lui disait, et lui demandait de longer ces bâtons afin qu'il perçoive avec son corps tout ce qui, dans son graphisme, pouvait s'apparenter à ces « montagnes pointues » comme les lettres i ou j ou encore les différents accents. Elle lui avait d'ailleurs appris à mimer les différents types d'accents, se penchant tantôt d'un côté, tantôt de l'autre, pour que cela fasse résonance dans son corps.

Afin de le familiariser avec des lettres telles que m, n, u, v, elle avait monté des exercices où Emmanuel devait tout d'abord effectuer des sauts par-dessus des coussins, pour qu'il sente avec son corps les mouvements consécutifs de montée et de retombée que nécessitait le tracer de ce type de lettres. Puis elle lui faisait immédiatement exécuter le même mouvement avec un crayon, lui faisant tracer des « ponts à l'endroit et des ponts à l'envers », comme elle disait. Encore, elle lui faisait coller des gommettes sur ces ponts pour que le petit ressente toujours différemment ce même mouvement de vagues.

Parallèlement, elle initiait Emmanuel à tous les exercices classiques de graphisme menant à l'écriture. À l'aide de grands transparents qui s'utilisaient avec des feutres effaçables, elle proposait à son fils différentes fiches qui lui faisaient faire toutes sortes d'exercices qui, à terme, lui permettraient de tracer correctement ses lettres.

Emmanuel s'y prêtait volontiers, et même si tout cela restait encore maladroit, sa mère sentait combien cette corrélation qu'elle avait eu l'idée de mettre en place entre la motricité et le graphisme faisait faire des progrès à son fils. Emmanuel évoluait, c'était indéniable, même si un important travail de ce type devait se poursuivre encore. Au bout de dix-huit mois de travail acharné, il commença à se montrer capable d'effectuer un cahier typique de maternelle, répondant à toutes les consignes avec aisance et enthousiasme, et une jolie écriture enfantine et appliquée commençait à poindre. La mère d'Emmanuel avait vraiment le sentiment de sortir d'un tunnel dont elle avait bien souvent pensé qu'elle ne verrait jamais le bout. Tous ces mois qui venaient de s'écouler lui avaient paru durer un siècle.

Mais elle avait eu raison de ne jamais lâcher, elle qui en avait tant de fois eu la tentation, ses multiples efforts avaient enfin porté leurs fruits et elle en était fière, fière de son fils, mais aussi d'elle-même : il lui semblait qu'elle en avait le droit ! Elle qui, pour préserver son garçon s'était toujours tue, elle savourait pour elle, rien que pour elle comme un cadeau qu'elle se faisait enfin, la fin de ce qu'elle appelait sa « longue marche », qui n'avait pas été bénéfique seulement pour son petit garçon, mais aussi pour elle, car elle lui avait permis d'apprendre sur elle-même tant de choses qu'elle ignorait. Elle avait inventé tant d'exercices qu'elle ne se serait jamais crue capable de créer, elle avait introduit dans son quotidien une nouvelle manière de vivre, profondément humaine, pleinement philosophique, et qui peu à peu avait donné sens à ce que tous les parents ont le devoir de transmettre : cet essentiel et exaltant « métier de vivre » !

CHAPITRE 3

Comprendre la nature des angoisses de l'enfant
(ou le mythe de Caïn et Abel)

« L'œil a-t-il disparu ? », dit en tremblant Tsilla.
Et Caïn répondit : « Non, il est toujours là. »
Alors il dit : « Je veux habiter sous la terre
Comme dans son sépulcre un homme solitaire ;
Rien ne me verra plus, je ne verrai plus rien. »
On fit donc une fosse et Caïn dit : « C'est bien ! »
Puis il descendit seul sous cette voûte sombre
Quand il se fut assis sur sa chaise dans l'ombre
Et qu'on eut sur son front fermé le souterrain
L'œil était dans la tombe et regardait Caïn.

Victor Hugo, *La Légende des siècles*

L'angoisse comme unique ancrage

Il est de fait que la première chose que l'on voit progresser chez nos enfants TED, c'est l'angoisse, et c'est d'autant plus difficile à supporter que c'est bien la seule chose qui paraisse évoluer dans la personnalité du petit être, tout le reste stagne ou, pire encore, régresse. Mais l'angoisse, elle, est toujours là, qui le tenaille, qui l'envahit, qui le paralyse, se refermant sur notre enfant comme un étau irrémédiable, insupportable.

Et pourtant, il est essentiel d'essayer de saisir la nature des angoisses de ces enfants, leur *double nature* d'ailleurs, tant il est vrai que, d'un enfant à un autre, on retrouve toujours les deux mêmes types d'angoisses.

D'une part, il y a en eux un inévitable besoin de passer et repasser sans cesse par le couloir des erreurs, une réelle difficulté à traverser *l'étranger* en tant que nécessaire face-à-face pour se construire dans la réalité, qui devient chez eux cercle vicieux, au lieu de devenir comme chez l'enfant qui se développe classiquement une voie obligée de la construction de son double intérieur. Et d'autre part, il faut également comprendre leur passage non moins obligé par une nécessaire *monstruosité* qui les représente trop en réalité, mais dont là non plus ils ne savent pas tirer expérience comme le font les enfants qui ont un développement normé.

Passer par l'étranger
pour mieux se construire dans la réalité

Pour se libérer de soi-même, il faut arriver à *passer par l'étranger,* être capable de traverser ce couloir des erreurs pour en tirer leçon et en faire expérience. Pour parvenir à s'affronter et s'intégrer, un face-à-face est nécessaire avec ce qui fait peur et ce qui échappe : c'est l'étranger au fond de nous-mêmes, cette part de nous-mêmes que nous ne dominons pas, ce voyage initiatique de la petite enfance, absolument nécessaire et essentiel pour que l'enfant se construise *vers* et *dans* l'autonomie. Cette *traversée de l'étranger*, précieuse transition pour une construction du double intérieur, à condition que ce passage ne soit qu'une traversée, et donc que l'on se donne les moyens d'en sortir, ce qui ne se fait justement pas chez nos enfants TED.

De fait, dès l'âge de deux ans, l'enfant qui se développe classiquement entre avec enthousiasme et précipitation dans l'*expérience*, or il n'est pas d'expérience qui ne mette en face de l'erreur, et tout le problème de l'expérience est bien là : comment faire en sorte que cette rencontre de l'erreur ne précipite pas dans l'inhibition mais devienne au contraire le support de découvertes, un levier de la réflexion.

Marianne est une petite fille vive et curieuse de tout, à cinq ans à peine elle a un langage très développé pour une enfant de son âge, avec des expressions que l'on pourrait même qualifier de « châtiées ». Elle emploie toujours le mot juste lorsqu'elle aborde un domaine. Elle vous dira volontiers qu'elle appuie ses bras sur l'*accoudoir* du fauteuil, ou bien elle viendra vous rapporter que sa sœur a *commis* une faute. Bref, la précision fait partie de sa personnalité. Cependant, elle se mon-trera fréquemment colérique, tellement angoissée à certains moments qu'il est bien difficile à ses parents de la raisonner. Le soir, au moment de se coucher, il n'est pas rare qu'elle fasse des réflexions d'une incroyable maturité, par exemple, l'ana-logie entre le sommeil et la mort, ou encore, la remarque à son père que le temps passe si vite. C'en est incroyable pour une si jeune enfant !

Et l'on sent pourtant, lorsque Marianne est angoissée et qu'elle entre dans une de ses interminables colères, qu'elle en a un besoin impérieux et ne peut se confronter à elle-même qu'en s'affrontant, rejetant toutes les solutions qu'on lui propose et ne voulant accepter, comme unique dénouement, que ce qu'on lui refuse justement. C'est sa façon à elle d'affronter l'erreur, c'est sa manière de traverser l'étranger qui est en elle, et de l'expérimenter.

C'est plus fort qu'elle, cela la fait souffrir, mais elle ne peut pas faire autrement. On sent confusément qu'elle a besoin d'éprouver cette souffrance pour se construire. Elle se teste elle-même en quelque sorte, elle construit ce nécessaire face-à-face entre la part qui lui échappe et celle qu'elle domine déjà !

Mais avec les mois qui passent, les colères se raréfient, les choses rentrent dans l'ordre, Marianne sort doucement du couloir des erreurs, elle se stabilise dans son présent, il semble qu'elle maîtrise mieux ses propres limites. Elle comprend peu à peu qu'il n'y a peut-être pas vraiment besoin de se mettre en colère pour obtenir ce qu'elle demande, surtout lorsqu'il s'agit de choses très simples, comme la présence de sa maman lors d'un tour de balançoire, ou encore le fait d'entreprendre tel jeu avec sa sœur aînée. Elle finit par constater que, lorsqu'elle demande calmement, elle obtient plus facilement, et si par hasard elle n'obtient pas ce qu'elle désire, en restant calme, elle comprend mieux les raisons du refus de ses parents. Ses intérêts se font donc plus exogènes, on la sent moins torturée, ses exigences se font plus réalistes, elle ne demande plus la lune comme avant. Bref, sa personnalité tire expérience de ses erreurs, et il semble qu'elle commence à mieux se connaître.

Alors que les enfants qui grandissent avec des troubles envahissants du développement passent chacun à leur manière par cette phase douloureuse de l'étranger, contrairement à l'enfant pour ainsi dire « classique », ils n'arrivent pas à faire face, ils n'arrivent pas à en sortir, ils se laissent peu à peu envahir par cet étranger qui les hante et qui se fond en eux. On a l'impression par conséquent que rien ne fait jamais expérience, que ce passage par l'erreur a un caractère engluant, « vicieux » en quelque sorte.

Pendant plusieurs années, Gilles, lorsqu'il abordait un exercice – et c'était surtout flagrant lorsqu'il s'agissait de logique –, ne pouvait pas s'empêcher de commettre toujours les mêmes erreurs. Cela ressemblait à un irrépressible besoin. Il poussait même le vice jusqu'à faire toujours les mêmes erreurs aux mêmes endroits, comme si, à ce moment précis, il en avait absolument besoin : que ce soit dans une activité de repérage logique, dans laquelle il s'agissait de remplir avec des petites cartes des tableaux à double entrée, ou bien dans un exercice de topologie où il s'agissait de reproduire une fiche représentant une situation spatiale déterminée, ou encore de reproduction d'un modèle en symétrie. Il était remarquable, qu'arrivé à un certain point de l'exercice, il se mettait à trembler de tous ses membres, il devenait rouge écarlate, et il commettait l'erreur, toujours la même, toujours dans les mêmes conditions, comme un passage obligé aurait-on dit.

Même si l'on reprenait avec lui de patientes explications, même s'il était tout à fait en mesure de ne pas reproduire l'erreur, il ne pouvait pas s'en empêcher et, d'une fois sur l'autre, c'était comme si on ne lui avait rien expliqué. C'était inéluctable, il ne pouvait pas s'empêcher de *toujours faire* la *même faute au même endroit*, comme si cet endroit provoquait en lui une sorte de malaise qui justifiait cette erreur et la rendait inévitable. On avait vraiment le sentiment qu'il avait besoin de se construire un espace attendu de l'erreur. Gilles n'aimait pas l'imprévu, on s'en doute, il était donc capable de ne pas commettre d'erreurs inattendues, c'était comme quelque chose qu'il se devait à lui-même.

Lorsqu'on lui fournissait les explications adéquates pour ne pas reproduire l'erreur, on sentait combien cette explication ne le concernait pas, il se corrigeait un peu pour vous faire plaisir, avait-on alors le sentiment, mais en soi, il ne ressentait pas du tout le besoin de se corriger : il avait un besoin impérieux de commettre l'erreur et d'y rester. Il y avait une logique à cela, dont il fallait essayer de trouver la clé !

Et cette clé, c'est lui qui me la donna un jour que j'avais organisé une séance de thérapie – biais qui consistait à proposer au jeune homme une vingtaine de photos et à lui poser des questions en lui demandant de choisir une des photos pour étayer sa réponse.

Je lui demandai, par exemple, de choisir une photo qui représentait quelque chose de difficile à faire pour lui : il prit alors la photo d'un homme qui sautait en longueur et m'expliqua, avec une incroyable capacité d'autoanalyse, qu'il lui était difficile de faire comme l'homme sur la photo : « C'est difficile pour moi de prendre de la hauteur et du recul comme l'homme sur la photo. » Incroyable ! Je n'en revenais pas : tant d'intelligence qui se noyait encore dans un tel océan d'incapacités !

Puis je lui demandai de choisir une photo qui représentait pour lui l'*imprévu* : Gilles en choisit une, représentant un enfant en train de construire un circuit de bois pour faire rouler un train. Il me dit qu'il ne savait pas si l'enfant allait réussir ou rater, et que cela le gênait beaucoup. J'observais d'ailleurs un léger tremblement dans son corps alors qu'il me parlait. Puis il ajouta : « L'imprévu, c'est comme un fantôme pour moi. » Je commençais à comprendre la logique de son attitude face à l'erreur obligatoire et le poussais une fois encore dans ses retranchements.

Nous passâmes alors à une dernière question où je lui demandais de prendre une photo symbolisant un souvenir qu'il voudrait perdre ou oublier. Il choisit la photo d'un homme dans un train et me fournit des explications tout à fait bouleversantes : « Un train, ça représente la vitesse dont on n'est pas maître, commença-t-il par me dire, et puis, un train, ça entre dans les tunnels... » – je le sentais très ému, je voulais voir jusqu'où il serait capable de s'analyser – « ... Tu comprends, un train, c'est comme un cercueil roulant, moi, quand j'étais petit, j'avais très très peur, je ne pouvais pas crier, j'étais paralysé, je ne pouvais que regarder fixement la peur qui me submergeait, la peur me recouvrait complètement, comme une couverture, comme un fantôme. » Il se tut, aucun de nous deux ne pouvait ajouter un mot, et c'est lui qui reprit la parole, tout bas, dans un murmure, il ajouta : « Tu sais, le train, c'est moi, il me fait tellement peur parce qu'il est comme moi le train, il peut dérailler, sortir de ses rails, s'enfuir, comme moi ! » Tant de profondeur me laissait muette d'admiration, d'émotion aussi.

Gilles, par ses lumineuses explications, m'avait fait comprendre que c'était justement cette part de lui-même qu'il voulait oublier, qu'il voulait perdre, cette part de lui-même qui le forçait à rester dans cet infernal couloir des erreurs interminablement recommencé, où le déraillement était inévitable, où l'angoisse de mort était omniprésente, comme un phénomène qu'il refusait obstinément, mais auquel il était en permanence confronté. Il préférait dérailler plutôt qu'entrer dans le tunnel ; et pourtant ce déraillement lui faisait une peur extrême car il représentait sa propre fuite ! Cette fuite pour ne pas aller jusqu'au bout, alors qu'il est inévitable d'y arriver, d'y arriver toujours.

Gilles voulait oublier, il voulait perdre la trace de sa destinée humaine, préférant pour un temps se faire Abel, sans pouvoir pour cela éviter d'être toujours Caïn : joute éternelle entre l'intolérable liberté de l'homme et la mort, regard qui fait retour sur la vie sur le mode de l'aoriste, de l'inaccompli, unique désinence qui fasse sens en l'homme.

À partir de cette séance, Gilles ne ressentit plus le besoin impérieux de repasser par le couloir de l'erreur, celle-ci l'avait aidé à verbaliser ce que signifiait pour lui l'imprévu, ce fantôme terrorisant, et ce que lui-même représentait à ses propres yeux : ce train qui avait tellement peur de dérailler qu'il ne pouvait pas s'en empêcher. Après cette séance émouvante, j'ai eu plusieurs fois le loisir de reprendre avec lui le symbole du train et je suis arrivée à lui faire comprendre que ce n'était pas obligatoire que le train déraillât, qu'on pouvait aussi escompter qu'il arrivât à destination. Avec le temps, Gilles n'eut plus le besoin de se faire dérailler, il se fit lui aussi arriver à quai et le fantôme de l'imprévu disparut, avec ses lots d'échecs paralysants et de réussites insupportables tant elles lui paraissaient éphémères.

Cette traversée de l'étranger est donc une nécessaire transition pour la construction du double intérieur, à condition qu'il ne s'agisse là que d'un passage et non d'un infernal arrimage qui ne saurait être rompu. Car, lorsqu'il en est ainsi, aucun *double intérieur* ne se met en place, et il y a alors dans l'enfant une douloureuse confusion entre lui-même et son propre double dans lequel il se fond insidieusement, odieusement, sans avoir la possibilité de le raisonner, ni de prendre la distance nécessaire.

Émilie était l'aînée d'une fratrie de quatre enfants, derrière elle, il y avait trois garçons. Elle avait un regret secret : elle aurait tant voulu avoir une sœur ! Elle se souvenait encore, lorsque sa mère attendait son second frère, qu'elle avait clairement signifié qu'elle voulait « une sœur ou un chien, mais pas encore un frère ! ». Malheureusement, elle avait été déçue dans ses attentes puisqu'il lui arriva deux nouveaux petits frères. Avec le temps, elle avait appris à les apprécier, elle s'en occupait même volontiers, et pourtant cette sœur qu'elle n'avait jamais eue lui manquait vraiment.

Alors, elle se la créa, elle se l'inventa de toutes pièces, et puisqu'on n'avait pas été capable de lui en donner une en partage, celle qu'elle allait se créer serait pour elle, rien que pour elle. Et pour en être sûre, pour que personne ne puisse la lui prendre, elle habiterait dans son mur, à côté de son lit, et elle aurait un prénom que personne n'aurait jamais eu idée de lui donner puisqu'il n'existait tout bonnement pas dans la réalité : elle l'appellerait « Belfina », comme cela, personne ne pourrait la lui prendre cette sœur, personne ne pourrait l'imaginer à sa place, tout jusqu'au prénom étant introuvable, inimaginable.

Et tous les soirs, Émilie retrouvait Belfina dans son mur, elles partageaient tout, elles se disaient tout. Bien sûr, c'était surtout Émilie qui parlait, elle avait tant de choses à lui dire à cette sœur imaginaire, tout ce qu'elle pensait que ses frères ne pouvaient pas comprendre parce que c'était des garçons, et plus jeunes avec ça ! Alors que Belfina, elle, était sa sœur jumelle, elle pouvait tout comprendre, tout ressentir comme elle, elles évoluaient sur le même *tempo*, et puis ainsi elle n'était plus seule l'aînée, place qui ne lui paraissait pas toujours la plus enviable.

Belfina eut longtemps une place importante dans la vie d'Émilie, elle mit plusieurs années à ne plus ressentir le besoin de ce double extérieur. Cependant, bien que Belfina fût importante pour elle, Émilie était parfaitement consciente qu'elle n'existait pas, qu'elle n'était là qu'en manière de substitution, et d'ailleurs, lorsque ses frères la taquinaient un peu trop, elle les menaçait d'aller en parler à Belfina, cela ne la dérangeait pas d'en indiquer parfois l'existence. Avec les débuts de l'adolescence, lorsque ses discussions avec ses frères se firent plus sérieuses, plus profondes, passant des heures assis sur les lits les uns des autres à refaire le monde, Belfina disparut, elle n'avait plus de raison d'être. Ce double extérieur était devenu enfin double intérieur, faisant par là même partie intégrante de l'image que la jeune fille avait eue besoin de se construire. C'était bien cela, Émilie avait intégré avec le temps cette sœur imaginaire, part manquante d'elle-même, qu'elle avait fini par assumer, car sa relation avec son double était sous-tendue par un rapport incorporable à l'espace, au temps et à la raison, et donc légitimement acceptable.

Émilie, dans son adolescence, trouvait dans la compagnie de ses frères ce qu'elle n'avait pas su partager quelques années auparavant, pendant sa petite enfance, et Belfina était alors parfois évoquée tant par ses frères que par elle-même avec une certaine tendresse : elle avait fait partie de leur enfance à tous en quelque sorte, une trace indélébile était restée.

Florian, lui, n'avait pas eu cette chance-là. La vie ne lui avait pas donné la possibilité, comme à Émilie, de faire la part des choses, les troubles qui envahissaient sa jeune personnalité le hantaient et lui faisaient peur.

Lorsqu'on demandait à Florian de dire qui il était, au lieu de répondre qu'il était un petit garçon de huit ans, il disait invariablement : « Je suis un loup » et se mettait à hurler, grimaçant férocement, comme pour se justifier de son épouvante intérieure. Si on le laissait livré à lui-même, il n'était pas rare qu'on le trouvât à quatre pattes, poussant des cris effrayants, tentant de mordre tout ce qui se trouvait sur son passage, en manière d'identification avait-on réellement le sentiment.

De fait, lorsqu'on lui demandait de dessiner quelque chose, c'était un masque de loup qu'il reproduisait presque invariablement : c'était une réelle obsession. Il entrait alors dans une concentration intense durant laquelle il était bien inutile d'essayer d'obtenir quoi que ce fût de lui, s'appliquant à faire paraître les moindres détails de cette douloureuse métamorphose comme un message qu'il aurait voulu délivrer à son entourage : sur une feuille de papier, il traçait un grand rond, représentant la tête de l'animal, puis, avec un crayon noir, il répartissait nerveusement sur tout le rond de multiples yeux étincelants qu'il coloriait en rouge en appuyant très fort sur son crayon, ajoutant de non moins nombreuses gueules qu'il représentait avec des dents longues et pointues, effrayantes.

Mais ce qui était le plus impressionnant, c'était le commentaire qu'il apportait à son dessin : « Le loup, c'est un vilain monstre, comme moi, avec toutes ses gueules, il peut avaler tous les yeux et mordre partout et comme ça, on devient aveugle et tout déchiré ! » Profondément émouvant, bouleversant, Florian exprimait par là tout ce qu'il ressentait de lui-même, ce gouffre profond, cet abîme vertigineux qu'il ne pouvait pas supporter et qui le terrorisait, cette conscience horrifiante que créait en lui cette joute incessante qui le faisait être tout à la fois Abel et Caïn, avec cet œil qui ne le quittait pas une seconde, dans cette tombe qui n'était autre que lui-même.

Le loup représentait pour Florian son double extérieur, qu'il lui était absolument impossible de faire basculer en double intérieur car c'était l'angoisse de mort qui sous-tendait sa relation avec lui, une relation inévitablement frontale car la mort est inimaginable et inacceptable par essence. Cette relation est par nature inconcevable car elle est hors du temps humain, elle n'est pas envisageable dans notre espace-temps par notre raison, et pourtant elle est inévitable, et donc intolérable lorsque, comme Florian, on en fait son unique référence.

Ce rappel permanent de l'étrange engendre une impossibilité d'entrer dans l'imaginaire, et donc d'intégrer le présent. Or pour passer par l'étranger, et donc avoir la possibilité d'en sortir, il est indispensable que les références de l'enfant ne soient pas l'étrange mais bien la réalité au service de l'étrange et donc de l'imaginaire. Pour se construire, chaque personnalité a besoin de bâtir son histoire, c'est-à-dire de prendre conscience de l'altérité en produisant une différence constitutive de chacun. « Nous ne pouvons nous représenter l'altérité qu'en référence à ce qui constitue notre présent. Or la fascination ou la résistance provoquée par un ailleurs ou par un passé, suscite la conscience d'une cohérence », écrit Michel de Certeau[1].

C'est cette frontière que les enfants TED n'arrivent pas à franchir, car pour eux il n'y a pas réellement de présent au sens de totalité intérieure. C'est précisément ce présent ressenti comme tel qui crée la différence avec les autres, et devient le moyen de penser l'autre. Pour que tout cela se mette en place, s'ordonnance logiquement, il faudrait que leur relation avec l'altérité soit moins fusionnelle, car l'idée de totalité de l'être est liée à l'expérience de la limite. C'est bien cette expérience de la limite qui permet d'engendrer l'imaginaire pour surmonter l'étrange.

Augustin était un petit garçon très vif, d'une intelligence particulièrement intéressante, car cet enfant avait en permanence besoin de se frotter à l'insolite. Il avait une imagination débordante, l'étrange était son domaine de prédilection. Il était toujours le premier à avoir les idées les plus rocambolesques pour s'amuser durant ses vacances avec ses cousins. Rien ne l'arrêtait. Il préparait ses coups à l'avance, à la manière d'un explorateur, il prenait tout son temps pour se procurer le matériel requis, et l'un dans l'autre, il arrivait toujours à ses fins, mettant à exécution les idées les plus farfelues. Et cela donnait bien entendu lieu à des crises familiales d'une certaine ampleur, lorsque sa mère et ses tantes lui tombaient dessus à bras raccourcis, en le regardant d'un air ahuri : « Comment avait-il encore eu des idées pareilles ! » Mais rien n'y faisait, il ne pouvait pas s'empêcher de recommencer. Bien sûr, les grandes personnes qualifiaient ses agissements de « bêtises »,

---

1. Michel de Certeau, *Histoire de la psychanalyse, entre science et fiction*, Paris, Gallimard (Folio), 1987, p. 194.

mais lui ne l'entendait pas comme ça. Pour lui, c'était des expériences, il voulait absolument voir ce que cela pouvait donner.

Il prenait pour cible le bac à poissons sur lequel il décidait de faire un feu grégeois pour voir comment les poissons allaient réagir, ce qui, bien entendu, ne manquait pas de les faire mourir ; ou encore c'était une piste de luge improvisée sur le toit d'une cabane qui se trouvait dans la propriété de ses grands-parents. Mais le plus intéressant, lui semblait-il, était d'impliquer ses plus jeunes cousines dans ses expérimentations, il aurait ainsi matière à étudier leurs réactions lorsqu'il mettrait ses plans à exécution : c'était alors une histoire terrifiante de sorcières et de romanichels qu'il leur racontait, puis, attendant la tombée de la nuit, il venait rôder avec un ou deux de ses cousins, toujours complices mais jamais instigateurs, et attifés des plus incroyables déguisements, ils poussaient d'épouvantables cris pour terroriser les petites filles qui se trouvaient justement seules, car bien entendu, il avait guetté le moment où sa tante irait bavarder avec une de ses sœurs dans une autre maison. Il avait même poussé l'amour de l'empirisme à faire boire à ses malheureuses cousines un verre de pipi, pour voir… Cela avait, on s'en doute, provoqué un véritable drame, sa tante ayant en toute légitimité pris en grippe ses lubies expérimentales.

De manière, générale, Augustin n'aimait pas l'académisme. Il s'ennuyait à l'école, cela ne l'intéressait pas. Tout ce monde lui paraissait restreint, attendu, morne ! Cela avait commencé dès sa première année de maternelle où il avait clairement signifié à sa mère qu'il ne voulait pas aller à l'école. Sa mère, qui ne savait pas trop comment s'y prendre, lui avait dit qu'il irait un peu pour essayer. Au bout de la première journée, Augustin était revenu en disant : « Ça y est, j'ai vu ce que c'est l'école, ça ne m'intéresse pas, je n'y retourne plus ! » Et pourtant, il avait bien fallu qu'il supporte ses quinze années de scolarité réglementaires, mais au fond de lui-même, bien que s'étant toujours montré un élève appliqué et consciencieux, il n'avait jamais changé d'avis.

Augustin s'intéressait particulièrement à tout ce qui touchait au surréel : les fantômes, les revenants, les monstres, les forêts hantées et autres légendes le passionnaient, l'excitaient au plus haut point. Il savait bien que tout cela n'existait pas, et pourtant, lorsqu'il en parlait, on sentait confusément qu'il aurait tant voulu y croire. Plus tard, disait-il : « Je serai astrophysicien comme cela, je serai dans le mystère de l'univers. »

Devenu adulte, alors que toutes ses expériences n'étaient plus que de tendres souvenirs familiaux desquels on riait volontiers désormais, il avait toujours gardé au fond de lui-même cette part d'étrange à laquelle il ne voulait pas renoncer. Il n'avait pas réussi à devenir astrophysicien et le regrettait amèrement. Lecteur acharné, ses intérêts portaient la plupart du temps sur tout ce qui touchait à l'ésotérisme : la passion de l'étrange ne l'avait jamais quittée, et l'on sentait, lorsqu'il en parlait, qu'il avait encore besoin d'y croire ! Il restait capable d'entraîner son auditoire dans les plus invraisemblables méandres de son imagination toujours aussi débordante !

Guillaume n'avait pas, et loin s'en fallait, les mêmes armes qu'Augustin face à l'étrange. Celui-ci l'habitait, le hantait, en un mot le terrorisait car il le représentait trop, mais cela, il n'avait jamais su ni jamais pu le dire. J'allais, pour la première fois de sa vie, lui en donner l'occasion.

Un jour que j'organisais pour lui une séance de thérapie-biais, dans laquelle je lui demandais de fabriquer le masque dont il avait envie sans lui donner plus de consignes, il commença par râler, comme à son habitude, car Guillaume avait horreur de montrer quoi que ce fût de lui-même. Puis, voyant qu'il ne pourrait pas y réchapper, il dessina un masque sur lequel il crayonna quatre ou cinq yeux à des endroits totalement insolites, puis une énorme bouche toute tordue qu'il plaça n'importe où dans le visage. Il me demanda alors des plumes de couleur pour faire les joues, du papier sulfurisé bleu pour faire le front, et du papier de verre qu'il colla un peu partout sur le masque dont il ne me précisa toutefois pas la fonction.

Il ajouta alors qu'il voulait colorier, mettre plein de rouge sur le masque, qui serait « du sang de vampire », et du marron qui serait « le corps ». Il prit le crayon rouge et appuya très fort dessus comme pour se venger de quelque chose – les prises de sang qu'on lui avait faites lorsqu'il était plus jeune et dont il avait une peur atroce, probablement. Quand je lui demandai pourquoi il avait choisi de faire un monstre il me répondit « parce qu'il est différent », et lorsque j'insistai pour savoir pourquoi la bouche était tordue, il me dit encore : « Parce qu'il parle autrement. » C'était absolument bouleversant ! Il parlait de l'étrange qu'il ressentait au fond de lui-même et qu'il ne maîtrisait pas.

Après cet épisode, Guillaume ajouta qu'il allait dessiner un animal, et lorsque je lui demandai lequel, il me répondit avec un naturel confondant : « Ben, une baleine bien sûr ! » Guillaume était un enfant obèse. Il ajouta : « C'est le plus gros animal qui existe, mais il est gentil, tu sais. » Ici encore, il parlait de lui-même, de cette part d'étrange qui l'envahissait et dont il ne pouvait ni se débarrasser, ni faire fi. Cependant, ce masque l'avait aidé à exprimer avec calme et joie toute cette part d'insolite qu'il ne s'avouait pas et qui malgré tout faisait écho à lui-même.

Durant la seconde partie de la séance, alors que je lui proposais la lecture d'un poème intitulé « Transformation », et que j'employai sciemment le terme d'« étrange », il se mit à me dire : « Pour moi, ce qui est étrange, c'est de me trouver dans une pièce sans fenêtre, et aussi d'être enfermé dans un parking avec une momie de pharaon ! » J'insistais intriguée, il y avait de quoi !

« Que ferais-tu, si tu étais enfermé avec une momie de pharaon dans un parking ?

– Je taperais sur la porte pour la démolir.

– Et tu sortirais de là ?

– Non. »

Guillaume n'était pas encore capable de se sortir de l'étrange qui l'habitait, il ne le raisonnait pas vraiment mais le ressentait confusément comme quelque chose qui était inévitable et qu'il ne savait pas gérer. Lorsque je racontai à sa mère cette curieuse séance, elle me confirma que Guillaume refusait obstinément de prendre l'ascenseur – la pièce sans fenêtre ! – et qu'effectivement, lorsque d'aventure on l'emmenait dans un parking, il se montrait toujours très nerveux, il courait vite vers la voiture comme si quelque chose le poursuivait : sa momie de pharaon sans doute, qui n'était autre que lui-même, évidemment !

Pour qu'il y ait limite, il faut nécessairement qu'il y ait création d'espace entre le moi profond et l'autre. La conscience structurée du présent détermine l'intelligence du passé. Or tous ces enfants n'établissent pas de frontière entre leur présent et l'histoire de la construction de leur structure personnelle précisément parce que cette construction est en réalité une non-édification, elle n'a pas de structure, elle n'est pas le terme d'une démarche cohérente, sans nulle possibilité d'être appréhendée comme personnelle et identifiante. Autrement dit, le passé leur reste extérieur, car en réalité il les soumet et les écrase dans leur présent, tellement que les limites de leur propre expérience en deviennent impensables : on est donc bien en présence d'une non-expérience sans limite envisageable.

Pour comprendre cette part d'étranger qu'il y a en chacun de nous et l'accepter avec les distances qui s'imposent, pour créer le nécessaire équilibre, il faut être en mesure de penser l'hétérogène : car l'hétérogène est la condition du pensable.

Dès qu'il avait su marcher, Arnaud s'était montré une petite personnalité très déterminée, trop même aux dires de ses parents. Certes, il faisait fondre de tendresse tout le monde avec sa petite figure toute ronde et ses yeux malicieux, pétillants d'intelligence. Mais en réalité, le quotidien n'était pas toujours rose, car dans la mesure de ses possibilités Arnaud faisait la plupart du temps ce qu'il voulait, quel que soit le ton sur lequel on le réprimandait, car cela pouvait donner lieu à de véritables colères de la part de ses parents. Il prenait alors un air contrit, pleurait un bon coup, attendait que l'orage passe, et revenait à son affaire le plus vite possible, dès qu'on avait le dos tourné. En un mot, Arnaud savait parfaitement ce qu'il voulait. Dès son plus jeune âge, il avait toujours donné l'impression qu'il n'avait pas besoin qu'on le guidât dans ses choix : quand il avait une idée derrière la tête, il faisait tout pour la mettre à exécution.

Il est de fait que, lorsqu'on regardait Arnaud monter une de ces constructions enfantines quelque peu complexes, on était étonné de tant de réflexion chez un si jeune enfant : il n'avait pas trois ans qu'on le voyait préparer à l'avance toutes les pièces qui allaient lui servir pour l'édification de son engin. On avait vraiment le sentiment qu'il était déjà capable d'une démarche d'anticipation complexe, parfaitement en mesure de déterminer à l'avance ce qui lui servirait et ce qu'il pourrait écarter, c'était vraiment un enfant d'une intelligence étonnante.

Dans son quotidien, de manière générale, il faisait toujours en sorte que le monde environnant s'adapte à lui, on sentait déjà, dans cette petite personnalité, une capacité très poussée à dominer son entourage. Tout dans la nature d'Arnaud se fondait sur le choix, son choix personnel guidait toutes ses attitudes.

Si, par exemple, on essayait d'obtenir de lui une réponse et la façon dont on lui posait la question ne lui agréait pas, il attendait que la formulation de l'adulte lui convienne pour y répondre. Un jour qu'il se levait de sa sieste et que sa mère lui demandait s'il n'avait pas besoin de faire pipi, il fit comme si elle ne lui avait rien demandé. Il vint prendre tranquillement son goûter, et alors que sa mère insistait sur le fait qu'il n'avait toujours pas fait pipi après sa sieste, il continua de faire la sourde oreille ! Lorsque soudain quelqu'un de l'entourage familial l'interpella : « Dis donc, Arnaud, tu n'as tout de même pas fait pipi dans le lit durant la sieste ? », Arnaud manifesta une joie intense en hurlant « si ! », comme s'il avait attendu que l'adulte trouve tout seul la bonne question pour enfin se manifester !

En classe, alors qu'il venait d'entrer en première année de maternelle, si d'aventure ce que racontait la maîtresse ne l'intéressait pas, il allait se livrer à une autre activité plus à son goût. Un sacré petit bout de bonhomme !

Simon-Pierre, lui, n'avait pas comme Arnaud la possibilité de choisir en permanence. Tout au contraire, le choix lui faisait une peur atroce. Longtemps il n'avait pas su employer le oui et le non correctement, lorsqu'on lui demandait « s'il voulait cela oui ou non ? », il répondait « oui le non ». Autant dire qu'il ne comprenait absolument pas le choix qu'on lui proposait. À présent, même s'il avait appris à employer le oui et le non, il avait développé une personnalité très peu autonome. Et si d'aventure on lui demandait son avis, il faisait immédiatement l'imbécile, refusant de répondre clairement, se mettant toujours en situation d'échec : en un mot pour Simon-Pierre choisir, c'était échouer.

De fait, lorsqu'on le mettait en présence de plusieurs activités et qu'on lui demandait d'en changer, il faisait la sourde oreille, même si on l'y contraignait, il essayait de trouver mille excuses de poursuivre l'activité à laquelle il était occupé : le choix le paniquait, il avait toujours le sentiment d'un abandon définitif, une sorte de mort. Pour Simon-Pierre, choisir c'était un peu mourir à lui-même.

Lorsqu'on l'interrogeait sur ses goûts, sur ce qu'il aimait faire, il racontait toujours la même chose avec une rigidité robotique. Rien, jusque dans son physique, n'évoquait la nuance chez ce jeune garçon, tout en lui respirait le non-choix. Lorsqu'on se proposait de lui montrer comment se servir d'un nouvel objet, il se mettait toujours en condition de ne pas se donner le choix de s'en servir : il n'écoutait simplement pas l'explication qui aurait pu lui offrir cette possibilité. Il faisait son maximum pour se faire servir, pour ne pas se trouver confronté au choix de ceci ou cela. On aurait dit que son opinion n'avait pas de consistance pour lui.

Ce passage par l'étranger, permet, à moyen terme, d'accepter le modèle, ce qui est, en règle générale, très difficile pour ce type d'enfant. Or c'est le modèle en tant que tel qui ouvre et autorise une explication, une solution logique et cohérente : il représente en lui-même une science des différences. Suivre un modèle, c'est accepter d'envisager la discontinuité comme moyen d'instaurer l'unité identifiante. Seul le modèle, garant de discontinuité, façonne la possibilité de l'expérience de la limite : sans modèle tous les débordements sont envisageables.

Charlotte avait toujours été ce qu'on pouvait appeler une bonne élève : à l'école elle s'appliquait beaucoup. Ses cahiers étaient toujours d'une propreté impeccable. C'était une enfant discrète, un peu sur la réserve avec ses camarades de classe. Tout en elle respirait l'ordre, la netteté. Dès ses premières années de primaire, elle s'était montrée championne de la copie au tableau : jamais une erreur, jamais une rature, bref un « modèle » pour ses instituteurs. Lorsqu'en mathématiques il fallait colorier une figure géométrique, c'était toujours son cahier qui était montré en exemple. Et Charlotte avait également appris à jouer du piano : là encore, elle s'était révélée une élève appliquée, douée, répondant au quart de tour aux explications du professeur.

De fait, le modèle correspondait parfaitement à la personnalité de Charlotte, elle était toujours la première à le suivre. Cependant, on pouvait remarquer qu'une pointe d'inquiétude naissait chez la petite fille lorsqu'on lui demandait d'écrire un texte insolite, ou encore d'improviser au piano : cela la mettait mal à l'aise, sa référence à elle, c'était le monde qui l'entourait, elle n'aimait pas s'en écarter. Cela la rassurait d'avoir simplement à reproduire ce qu'elle n'avait pas besoin d'inventer par elle-même.

Adolescente, il ne lui fut pas facile de prendre des initiatives : on avait toujours le sentiment qu'elle craignait de mal agir si elle ne s'appuyait pas sur une référence déjà existante, alors qu'en réalité, c'était une jeune fille très douée, et qui n'aurait rien eu à craindre d'un choix personnel, mais voilà, le modèle était son cadre, cela la rassurait de se sentir guidée.

Samuel lui, au contraire de Charlotte, refusait obstinément toute forme de modèle : c'en était même une obsession. Lorsqu'on lui donnait une boîte de cubes qui proposait plusieurs fiches de modèles marquant une progression dans la difficulté, il refusait purement et simplement de suivre la moindre fiche. Et ce n'était pas parce qu'il en était incapable, car, si on insistait un peu et qu'on lui promettait qu'on n'en suivrait qu'une, il la reproduisait sans aucune difficulté. Mais voilà, il n'aimait pas le modèle, un point c'est tout, et il ne fallait pas insister !

Alors qu'une fois, lors d'une séance de travail, je lui avais demandé de raconter une histoire avec des personnages et toutes sortes d'éléments, il avait commencé par me donner le thème de l'histoire qu'il allait raconter. Or, durant tout le temps qu'il manipula les petits personnages, je n'entendis pas un son sortir de sa bouche : c'était stupéfiant ! Je le regardais déplacer ses bonshommes qu'il plaçait à un endroit déterminé plutôt qu'il ne les déplaçait. Ses gestes étaient restreints, n'engendraient pas de communication entre les différents personnages : il les posait à un endroit et c'était tout. Lorsque je lui fis la remarque qu'il ne disait rien, il me retourna cette surprenante réponse : « C'est normal, il n'y a pas d'histoire ! » J'insistai un peu en lui demandant ce qu'il avait dans la tête quand il racontait son histoire, et il me fit cette étonnante et émouvante réponse : « Ben, rien, il n'y a pas d'histoire, elle est toute vide ma tête ! »

À partir de ce jour, je commençai à saisir pourquoi Samuel n'aimait pas le modèle. Au fond, ce n'était pas qu'il ne l'aimait pas, c'était plutôt qu'il ne l'envisageait pas comme moyen d'établir un lien entre lui et la société. Si on lui demandait de raconter une histoire, il ne racontait rien du tout. Car pour raconter une histoire, il faut que l'enfant s'appuie préalablement sur un modèle de société déjà existant qui soit sa référence. Or, par sa manière de jouer, Samuel montrait très clairement qu'il ne savait pas jouer précisément, car aucun modèle ne faisait pour lui référence sur quoi pouvoir s'appuyer. Sa personnalité n'avait absolument rien intégré de tout cela.

Gilles, lui, avait une autre manière de ne pas intégrer le modèle : c'était bien simple, si on lui demandait de suivre une fiche, ce qu'il faisait d'ailleurs bien volontiers, on pouvait être sûr qu'il manquerait systématiquement quelque chose, c'était couru d'avance ! L'inexactitude était de mise.

Cependant, il lui arriva d'exécuter un modèle sans pour autant se rendre compte qu'il avait saisi la fiche à l'envers. Et pour une fois, il n'avait rien oublié du tout, mais il n'avait pas pris conscience que son modèle était totalement incongru, un cheval avec les quatre fers en l'air, ça n'avait pas beaucoup de sens.

La personnalité de Gilles n'avait pas intégré qu'un modèle est forcément quelque chose de cohérent qui se veut soit démontrant, soit justifiant. Suivre un modèle, c'est en effet adopter une certaine logique, celle de la référence, pour la rendre utilisable. Or l'attitude de Gilles montrait bien qu'il ne cherchait jamais l'utile dans ce qu'il accomplissait. Et donc, l'utilisable n'avait pas non plus sa place, d'où sa manipulation incongrue du modèle.

C'est la mise en place d'une chronologie qui nous est propre, c'est-à-dire l'ordonnancement de notre totalité intérieure, qui nous permet d'établir avec l'extérieur des relations et de les constituer en séries. Car, en réalité, il n'est de pensable, et donc de sériable, que ce qui se soumet à la raison en tant que démarche cohérente comprenant un principe premier étayé par un choix, résultat d'un tri, et un aboutissement, un but. C'est effectivement à partir du modèle que s'établissent dans une personnalité les choix qui lui sont propres : il n'y a pas de structure possible sans référence à un modèle, que ce soit pour l'adopter ou le rejeter. Le modèle est là pour faire référence.

Or qu'est-ce qu'une référence, si ce n'est un modèle sur lequel notre personnalité fait retour en permanence, non pas dans le but d'y revenir sans cesse comme en un cercle vicieux, éternel point de départ d'où l'on ne décolle jamais, mais au contraire, dans un but d'ouverture, pour faire évoluer sa démarche personnelle, pour entrer dans sa propre expérience : une référence doit être l'occasion, à chacun des retours que l'on fait sur elle, de nouvelles interprétations sous-tendues par l'expérience déjà vécue. Or, c'est bien cela qui ne se passe pas chez les enfants TED, rien ne fait jamais référence en tant que base, *pour une démarche vers un accomplissement,* tout est toujours appréhendé (et non vécu) comme un éternel retour à une page blanche.

Dès la maternelle, les enfants sont confrontés à l'algorithme, c'est même une part importante des activités mathématiques proposées lors de ces trois premières années. Puisqu'il ne peut être encore question de techniques opératoires, c'est par l'algorithme, par ce rythme discontinu dans la continuité, que l'on prépare l'enfant au rythme de la technique opératoire proprement dite.

Mentalement, l'algorithme est bien cette référence dont nous parlions plus haut, sur laquelle on fait retour en permanence, pour progresser dans une démarche qui engendre d'une part un tri, et d'autre part, la constitution de séries. Ainsi l'enfant est-il, durant ces trois années de maternelle, amené à apprendre à trier, classer, sérier, ce qui, plus tard, le mènera au raisonnement mathématique proprement dit.

France était une enfant qui, dès son plus jeune âge, se montra une petite fille dégourdie, efficace, précise : en un mot, elle avait déjà une très grande maîtrise d'elle-même. Dès deux ans et demi, elle put sans difficulté entrer allégrement en première année de maternelle. Bien qu'une des plus jeunes de sa classe, elle développait déjà une aisance particulière dans sa manière de parler, employant un vocabulaire d'une incroyable précision pour une si jeune enfant. Bien avant deux ans, elle s'était montrée capable de faire des phrases complexes, posant sans cesse des questions qui montraient qu'elle envisageait déjà l'environnement au-delà de celui qui lui était immédiatement imposé. En un mot, elle ne se laissait pas facilement berner par son entourage, elle faisait déjà très bien la part des choses entre ce qui pouvait faire partie de la réalité, et ce qui appartenait à l'imaginaire.

Un jour, France n'avait pas trois ans, son père se trouvait avec elle alors que sa mère faisait travailler son frère dans la pièce d'à côté. Il voulut, pour voir, la mettre à l'épreuve : « Tu sais, il y a un loup caché derrière les rideaux », lui dit-il. France prit un air ennuyé, quelque peu mystérieux, s'approcha des rideaux de la fenêtre et les écarta avec précaution, car on ne sait jamais après tout. Alors qu'elle soulevait les rideaux, son père cria « Attention ! », et la petite les lâcha bien vite avec crainte. Son père insista de nouveau : « Alors, tu l'as vu le loup ? » « Non », répondit-elle dans un murmure effaré. « Mais si, va regarder derrière les rideaux », reprit son père une fois encore. Alors France prit un air décidé, se précipita sur les rideaux, les retroussa avec frénésie et rétorqua haut et fort, comme pour convaincre son père et elle-même : « Mais non, tu vois, il n'y a pas de loup es-tu », en référence à la chanson « Promenons-nous dans les bois ». Son père reprit une dernière fois : « Alors, tu ne l'as pas vu le loup ? » Prenant son courage à deux mains, France se mit à crier : « Si, il est là ! » Son père lui demanda : « Il est petit ou il est gros ? » Et elle répondit en hurlant : « Il est petit, non, gros », et elle éclata de rire.

Elle avait très bien compris que tout cela n'était qu'une mise en scène de la part de son papa. En effet, dans ce petit épisode, elle avait bel et bien utilisé la technique mentale de l'algorithme, revenant sans cesse à sa référence (le loup), pour faire progresser ses croyances et ses interprétations, afin d'anticiper suffisamment sur le résultat escompté pour dépasser ses craintes, et pouvoir dire qu'elle avait effective-ment vu un « gros loup », et s'en détacher immédiatement en éclatant de rire.

D'ailleurs, à l'école, France se montrait parfaitement capable de faire un tri à partir d'un modèle discontinu, et ainsi d'utiliser la technique de l'algorithme : rien ne lui résis-tait, quelle que fût la difficulté de l'exercice proposé, elle se montrait toujours une excellente observatrice et ne tombait dans aucun piège, et ce, que le modèle fût composé de deux ou quatre ou cinq éléments différents les uns des autres. Autrement dit, sa personnalité dominait parfaitement ce type de démarche, et faisait d'elle une enfant capable d'anticiper et d'envisager à l'avance un résultat qui, d'emblée, ne tombait pas sous le sens.

Mathieu, lui, n'était pas aussi bien armé que la petite France. Il lui en avait fallu du temps pour comprendre un modèle d'algorithme : qu'on le lui proposât sur une feuille ou avec des cubes, il ne percevait pas du tout la démarche discontinue que requérait cet exercice. Et même si le modèle était aussi simple qu'un « cube rouge, un cube bleu », par exemple, il ne comprenait pas cette simple alternance, il se trompait systématiquement, utilisant même des couleurs qui n'étaient pas proposées dans le modèle. Autrement dit, non seulement il n'était pas capable d'une observation aussi simple, mais encore sa personnalité n'envisageait pas du tout une telle démarche qui demandait que l'on fît sans cesse retour à la référence proposée pour alterner une couleur puis l'autre avant de revenir à la première et ainsi de suite. Mais pour qu'il en soit capable, il aurait fallu qu'il puisse, dans sa personnalité, envisager l'existence de références, or, ce n'était pas le cas ! Mathieu vivait encore dans sa bulle, un monde sans nuances, sans liens entre lui-même et son environnement. On sentait bien que le lien était absent chez ce jeune garçon : même en lui-même, rien ne faisait lien à proprement parler, rien ne faisait jamais référence. On sentait combien il restait extérieur à lui-même, ne s'envisageant jamais comme acteur de son propre présent.

Il fallut plusieurs années avant que Mathieu parvienne à comprendre la technique et donc l'utilité de l'algorithme. Ce n'est que lorsque ses émotions émergèrent qu'il commença à maîtriser ce type d'exercice. Autrement dit, l'algorithme est par essence un phénomène qui implique l'intention et non pas simplement la constatation. Or, sans l'émergence des émotions il n'y a pas d'intention possible, et donc ce type d'exercice échappe tout à fait à ce genre d'enfant.

Bref, pour que le passage par l'étranger, que requiert le chemin de l'enfance, ne soit bien qu'un passage et non un infernal enlisement, il est absolument nécessaire que la réalité se fasse limite, afin que peu à peu, elle se constitue en référence dans la personnalité du petit être en devenir. Mais, tout cela n'est envisageable que dans la mesure où l'enfant peut percevoir son monde en termes d'intentions et non de constatations : seule l'intention implique une démarche, où donc l'étranger ne se fait que passage, pour s'intégrer lente-ment à un schéma qui, à terme, construira une personnalité capable d'anticipation et de recul sur elle-même.

Le nécessaire passage par la monstruosité

Le monde de l'enfance est cerné par le jeu et par le conte : ils seront tous deux ses instruments et ses épreuves.

Le jeu est une absolue nécessité, il a une utilité essentielle : on ne devient vraiment homme que lorsque l'on joue, lorsque l'on utilise le jeu comme moyen, ce qui dépasse de loin le cadre de l'enfance, l'homme joue en effet toute sa vie.

Le jeu est à la fois instrument et épreuve. Depuis l'enfance, l'homme fabrique ses outils, s'impose des expériences, et c'est par le jeu d'abord que tout cela commence. Si le jeu est menta-lement indispensable car il construit l'enfant en lui apportant les armes nécessaires pour prendre de la distance et gérer l'obstacle en acceptant l'échec, il est aussi fondateur d'une certaine forme de *liberté* faite d'incertitudes, qui permet à la personnalité de prendre la mesure de sa propre limite. Il l'est tout autant socialement, car il impose à l'enfant un système de règles fait de rigueur et d'anticipation, il lui donne des habitudes et des réflexes, il est somme toute, le premier modèle social auquel l'enfant sent l'utilité de se conformer. Autrement dit, le jeu apprend à l'enfant à régir socialement un ordre équitable.

Le jeu est avant toute chose un contexte formel qui permet de prendre de la distance pour administrer l'obstacle et accepter l'échec : qu'il s'agisse d'une compétition sportive, d'un jeu de chance telle la loterie, d'un jeu de simulacre comme une imitation enfantine, d'un jeu d'illusion ou bien encore de tous les arts ayant trait au spectacle, ou enfin de tous les jeux de vertige tels que les attractions foraines ou l'alpinisme, il est toujours question de gérer l'obstacle. La plupart des jeux apparaissent comme des systèmes de questions-réponses, de défis, de ripostes, de provocations, de contagions, d'effervescences et de tensions partagées. Il est probable qu'aucune catégorie de jeux n'échappe à ce principe, même lorsqu'il s'agit d'un jeu *a priori* solitaire tel que peut l'être l'alpinisme, dans lequel on retrouve cette enivrante griserie de la lutte contre la nature qui engendre une prise au corps très intime avec les éléments.

Cependant, cette gouverne de l'obstacle prend plusieurs formes. Dans la compétition sportive, l'obstacle sera frontal : la démarche employée dans ce cas vise de toute façon à abattre l'adversaire. Un adversaire que l'on ne peut ni ignorer ni éviter, et ce, quelle que soit sa nature. Il est cependant intéressant de s'arrêter un instant sur une compétition d'un type particulier, le concours hippique, dans laquelle, de manière très personnelle, très intime, l'homme fait corps avec son cheval et devient alors à part entière, un *être-deux*.

Pour affronter et négocier l'obstacle, il doit tout à la fois tenir compte de cette essentielle dualité en cherchant à obtenir à tout prix l'unité entre l'animal et lui-même. Or cette unité est sans cesse à renégocier, c'est une permanente transmission entre le cavalier et son cheval, où le premier, par ses gestes imperceptibles, par les pressions multiples et infimes qu'il effectue sur ses rennes, répète comme un écho qui ne peut avoir qu'un seul témoin : « Souviens-toi ! »

On peut dire que, mentalement, l'obstacle qui vient est une complète remise en cause : il s'agit toujours d'une première fois ! Ici, ce qui compte avant tout, c'est l'état d'esprit, tant émotionnel que gestuel, de deux êtres vivants qui doivent retrouver en une fraction de seconde la plénitude de l'unité au-dessus de l'obstacle. Et lorsque l'animal s'élève pour le franchir, le cavalier l'accompagne dans un total engagement, mêlé de chaleur, d'ardeur, d'enthousiasme et de véhémence qui sont ses derniers recours, ses dernières recommandations : « Surtout, n'oublie pas ! Nous commençons, nous ne faisons toujours que commencer. » Et l'aboutissement se fait alors partage, dans tout ce que deux êtres vivants auront su ou non établir, auront su ou non bâtir, pour faire œuvre commune l'espace d'un instant.

Dans les jeux de chance, étant donné qu'ils sont par essence passifs dans la mesure où notre propre volonté n'entre pas en ligne de compte, l'obstacle sera virtuel. Si l'on prend comme exemple la Loterie nationale à laquelle bien des hommes et des femmes se hasardent chaque semaine, il n'est alors question que de cocher un certain nombre de numéros et d'attendre pour voir. Certes, ici encore, chacun a ses combines, ses porte-bonheur, mais cela ne relève de rien d'autre que de la magie, de l'enchantement, de la conjuration, du brin de surnaturel, du rêve d'alchimiste, qui permet à tout un chacun de s'imaginer Cendrillon transformée en reine d'un soir.

C'est la recherche de la réalisation du conte de fées que l'homme, devenu adulte, continue inlassablement de poursuivre parce qu'au tréfonds de lui-même, sa part enfantine, toujours vivante, réclame comme une reconnaissance que lui doit la vie, son droit à la naïveté : comme une prérogative, un monopole dont il serait le seul à pouvoir s'offrir le privilège. Parce que sous le soleil de l'homme, chacun n'a au fond qu'une aspiration : faire partie un instant de ce royaume « dont le prince est un enfant ».

Dans les jeux de simulacre, l'obstacle est mental, les prédispositions personnelles y seront pour beaucoup. Il s'agit avant tout de devenir soi-même un personnage illusoire : ici, tout porte à croire, à se faire croire ou à faire croire. Dans le royaume de l'illusion, on oublie, on déguise, on dépouille passagèrement sa personnalité pour en feindre une autre. Lors d'un bal costumé, l'enfant, comme l'adulte d'ailleurs, cherche d'une part à faire peur, en mettant à profit la licence ambiante, mais aussi et peut-être surtout, ambition non avouée, à ne pas être reconnu dans la peau d'un autre, à être pris pour un autre.

En se cachant derrière un masque, l'enfant ou l'homme grimé espère toujours secrètement qu'on ne le reconnaîtra pas et qu'on l'identifiera un instant à cet autre derrière lequel il a choisi, il a besoin, de se dissimuler. Le personnage social libère le personnage intérieur : témoin éphémère de ce qu'il aurait aimé être s'il n'était pas ce qu'il est. Autrement dit, il s'agit non seulement d'une activité d'imagination, mais aussi et surtout d'interprétation, révélatrice de l'ambition chimérique qui n'appartient qu'à l'homme, essentielle espérance faite d'utopies et de mirages.

Enfin dans les jeux de vertige, l'obstacle sera à la fois mental et frontal, car dans ce type de divertissement, l'homme se mesure essentiellement à l'élément. Dans l'alpinisme par exemple, où il n'est pas nécessaire de préciser que le mental est essentiel, car l'homme affronte non seulement la montagne mais également lui-même, chaque mètre parcouru est une victoire sur l'élément naturel et sur lui-même. Ici aussi, comme dans la compétition sportive, il s'agit de négocier l'obstacle, avec le paramètre supplémentaire que tout peut être virtuellement obstacle vital : qu'il s'agisse de la qualité du temps, de la qualité de la neige, des difficultés rencontrées qui nécessitent ou non l'utilisation d'un matériel spécifique. L'homme retrouve alors la griserie entêtante des récits de son enfance, faits de ces multiples épreuves étourdissantes, enivrantes, euphorisantes, parfois jusqu'à l'ivresse, que les héros doivent traverser pour arriver à leurs fins.

Dans ce type de jeu, l'homme se met à l'épreuve par tous les moyens, c'est son besoin de lutte à tout prix contre lui-même qui est l'enjeu principal. Que ce soit l'alpinisme ou les activités foraines, l'homme exprime très nettement son besoin de révolte fait de flottements, de troubles, d'enchevêtrements. Il s'éprouve dans sa capacité à se mettre en déroute, à semer le chaos en lui-même : nécessaire passage, essentielle suture, pour saisir les limites de sa propre structure et de son harmonie. Les jeux de vertige ne sont en réalité rien d'autre que le gouffre devant lequel l'homme a besoin de se mener pour abolir un instant la finitude de son humanité.

Le jeu combine les idées de limites, de liberté, et d'invention. Les limites du jeu relèvent tout d'abord du domaine de la volonté : on joue si on le veut, si on le décide. La limite du jeu est également du domaine du temporel : on joue le temps que l'on veut, rien n'oblige jamais à continuer ou à s'arrêter. Enfin la limite du jeu est spatiale : on joue où l'on veut, tout milieu peut être prétexte à jouer. La liberté du jeu est avant tout formelle dans la mesure où elle s'associe étroitement à la présence des limites elles-mêmes qui créent l'espace de l'invention. Les différents modèles de jeux sont en réalité autant d'anticipations possibles au sein d'un univers préalablement réglé.

Le jeu est en effet un système de règles qui assurent son déroulement et ne laisse comme surprise que son résultat, son issue. Les restrictions qui sont fixées en préambule sont volontairement acceptées dès le départ, ce qui engendre un *ordre stable*, mais aussi un *ordre équitable*, puisque le jeu s'articule autour du fait que d'une part tous les protagonistes ont un rôle bien défini, et d'autre part que chacun de ces rôles encourt autant les récompenses que les sanctions légitimes.

Autrement dit, on entre mentalement simultanément dans le domaine de la précision, de l'arbitraire et de l'irrécusable. L'absolu règne en maître car le jeu suppose l'existence préalable et concrète d'un décor avant même qu'il ne se déroule vraiment. C'est avant tout un contexte, une mise en scène d'ambiance, d'atmosphère, mais surtout de conditions qui n'ont leurs propres valeurs que dans la mesure où il y a des limites. C'est au sein de ces bornes que se forgent la liberté et la rigueur du jeu dans son équité.

Dans le processus ludique, l'enfant se découvre peu à peu un besoin de masque, un besoin de conte, dont il se servira comme instrument et comme épreuve, car, au sein du jeu, le masque est ce qui abolit passagèrement l'ordre imposé, il est le retour cyclique au dérèglement qui devient règle, il est solution de fascination, il est surtout l'excès qui se fait accès.

Le masque est en effet l'accès nécessairement excessif au passage par la monstruosité qui est le douloureux et inévitable chemin initiatique de l'enfance. Étape de mutation, instrument de démesure, l'être en devenir qu'est l'enfant doit en effet faire émerger peu à peu la part de monstruosité qu'il a en lui. La transgression fait partie des impératifs de l'enfance. C'est par elle et à travers elle que l'enfant prend possession des richesses du monde qui l'entoure. C'est parce qu'il y a transgression que l'enfant peut se bâtir un univers dont il est seul régisseur, avec ses propres lois et ses propres contraintes. C'est ici même que l'enfant s'impose le domaine de l'interdit qu'il est seul capable de rendre légitime, car il ne pourra pas faire demi-tour, ni marche arrière, il le sait ! Ce qu'il a bâti avec ses lois et ses confins ne le permet pas. Mais il sent aussi à quel point tout cela est absolument essentiel, car si l'étape de la monstruosité ne se fait pas passage, on ne transgresse pas avec succès : or, *tout enfant qui ne transgresse pas régresse,* d'où l'importance de la confrontation avec le monstre, dont tous les contes qui bercent l'enfance sont nourris.

Le jeu est donc tout à la fois *instrument* et *épreuve* pour apprendre à l'enfant à gérer l'obstacle et accepter l'échec, et prendre peu à peu de la distance dans son chemin de vie.

Les premiers jeux auxquels le tout-petit, le bébé de quelques mois est confronté, sont immédiatement de la nature de la confrontation avec l'objet, avec l'autre. En effet, dès les premiers mois, les parents s'efforcent tout naturellement de proposer à l'enfant, dans le but d'éveiller son attention et sa curiosité, de jouer « aux petites marionnettes qui font trois petits tours et puis s'en vont ! ». C'est presque instinctivement la première approche de jeu que proposent tous les parents. Or c'est déjà un défi, celui de l'apparition soudaine et de la disparition non moins subite, une alternative qui préoccupera l'homme toute sa vie.

Dans sa signification profonde, ce jeu va très loin. Instinctivement, l'homme propose à sa descendance d'investir dans l'immédiat ses limites vitales : une apparition soudaine, et une disparition, tout aussi prompte, d'ailleurs, donc absurde. Et c'est en grande partie sur ce thème que se construiront les jeux d'invention et de simulacres, les trames des contes.

Ce jeu des petites marionnettes devient vite un indice, un repère pour les parents, car si l'enfant se prend au jeu, tout paraît couler de source, mais si l'enfant ne semble pas s'intéresser à cet insatiable petit manège, les parents se posent rapidement des questions, se montrent vite préoccupés, ils se demandent pour quelles raisons leur enfant ne cherche pas, paraît se désintéresser comme s'il oubliait immédiatement que l'on venait de jouer aux marionnettes avec lui.

Les parents de Marine et Nicolas furent justement confrontés à ce problème. Après bien des déboires et des difficultés pour attendre un enfant, ils avaient fini par être récompensés de leurs efforts, et ce n'était pas un enfant mais deux qu'ils avaient attendus : Nicolas et Marine étaient jumeaux. Deux adorables bambins qui comblaient leurs parents.

Cependant, aux six mois de ces derniers, sans être expert, il n'était pas difficile de constater qu'il y avait une différence évidente entre les deux enfants. Si Marine se montrait vive d'esprit, entreprenante, intéressée, insatiable, face à toute nouveauté qu'on pouvait lui présenter, Nicolas, lui, semblait étrange, il affichait un curieux retranchement. Autant Marine prenait l'initiative des gestes, autant Nicolas restait la plupart du temps passif, ne paraissant ni chercher à s'intéresser, ni proposer jamais quoi que ce fût pour communiquer avec son entourage.

Or les premières inquiétudes que les parents des jumeaux avaient ressenties s'étaient manifestées précisément à propos du jeu des petites marionnettes. Autant Marine se montrait concernée par l'affaire, ouvrant de grands yeux écarquillés, pleins de malice et d'interrogations, excitée lorsqu'elle voyait les mains de ses parents s'agiter devant elle et intriguée lorsque celles-ci disparaissaient, autant Nicolas, lui, ne semblait pas du tout partager l'enthousiasme de sa sœur lorsqu'il était confronté au même jeu. D'une part, il ne se montrait ni intéressé ni attentif lorsque les mains de ses parents se transformaient en marionnettes, et d'autre part, lorsque les marionnettes disparaissaient, il donnait l'impression d'oublier immédiatement le jeu, comme s'il ne s'était rien passé.

Les premières inquiétudes parentales ne firent que se confirmer lorsque, le moment venu, ils proposèrent aux jumeaux des jeux éducatifs. C'était des cubes à empiler, une tortue dans laquelle il fallait encastrer des formes, ou bien encore divers boutons et manettes qu'il fallait manipuler pour provoquer le grognement d'un animal. Ces jeux confrontent pour la première fois l'enfant à la règle, qui n'est pas là pour inhiber mais pour faciliter, qui doit en effet être impérativement respectée pour obtenir le résultat recherché.

La petite fille se montrait volontiers opiniâtre, cherchant avec minutie comment encastrer les divers carrés, rectangles et triangles mis à sa disposition. On percevait nettement dans son attitude une démarche exploratrice faite d'investigations diverses et variées, qui, d'une fois sur l'autre portait ses fruits car là où elle avait échoué, on la sentait plus attentive, plus vigilante à ne pas retomber dans ses premières erreurs. Même si cela restait simple et limité, tout ce processus était déjà en place chez cette si jeune enfant.

A contrario, le petit garçon, lui, ne cherchait rien du tout ! À dire vrai, cela ne semblait pas l'intéresser le moins du monde, d'ailleurs si on y regardait d'un peu plus près, « intéresser » était un concept qui échappait tout à fait au petit Nicolas ! Lorsqu'on lui proposait d'empiler des cubes, et, *a fortiori*, d'imbriquer des formes diverses dans le dos de la tortue, il ne semblait même pas comprendre ce que l'on attendait de lui : autrement dit, ni le jeu, ni la règle, ni le modèle, ne faisaient partie de ce qu'il était en mesure de comprendre, et donc d'utiliser.

C'est en effet en appréhendant la règle et le modèle que l'enfant peut, petit à petit, s'initier à sa propre *liberté*, à ses propres *limites*, et se lancer alors dans tous les jeux d'invention et de simulacre. Mais pour que cela soit envisageable, il faut tout d'abord que l'enfant prenne conscience et connaissance de l'existence de règles, qu'il les ait comprises et utilisées pour son propre compte, même de manière très simple et schématique.

C'est parce que, mentalement, l'enfant appréhende la séparation et la limite par l'instauration de règles diverses et imposées par le jeu, qu'il est en mesure d'acquérir pour lui-même, petit à petit, des habitudes et des réflexes qui feront de lui, un être sociabilisé, capable d'appréhender et d'établir par lui-même un ordre équitable. Ce n'est d'ailleurs que lorsque l'enfant aura pris ses distances et aura évalué ses propres limites qu'il sera en mesure d'entrer dans le jeu de simulacre et d'invention, ce qui, chez l'enfant classique, commence à se mettre en place vers l'âge de deux ans.

Lorsqu'ils eurent tous les deux atteint l'âge des premiers goûters de classe, des premières fêtes enfantines, où bien souvent ils étaient invités tous les deux avec la consigne d'être déguisés, Marine, elle, s'enchantait à l'avance de tout ce joyeux tintamarre, cassant les oreilles de sa mère avec ses mille suggestions, ses mille petits détails qui sont tout l'enthousiasme de l'enfance. Nicolas, lui, ne parlait pratiquement pas, et lorsqu'il percevait cette effervescence, il en était plutôt paniqué, on sentait monter en lui comme une consternante angoisse mêlée d'un tel effroi, d'une telle frayeur, que même sa sœur comprenait confusément qu'il ne fallait pas lui demander de participer à tout ce bouillonnement rieur dont elle était, à regrets, la seule vedette.

Nicolas refusait purement et simplement de se déguiser, cela créait en lui un tel affolement, une telle aversion, un tel saisissement, une telle terreur, que tout un chacun en restait comme glacé, médusé, pétrifié par les réactions démesurément obstinées et consternantes du jeune garçon. C'était bien simple, lorsqu'il voyait le moindre enfant déguisé, le moindre masque sur la figure d'un de ses congénères, c'était des hurlements d'une si grande alarme, d'une si profonde et bouleversante épouvante,

que rien ni personne n'était en mesure de le ramener rapidement à la raison. Le petit Nicolas pouvait alors pleurer une
demi-heure entière sans arriver à se calmer, sans pouvoir
exprimer autre chose que son infinie détresse enfantine.

Dans le cas de Nicolas, on le voit, le jeu de simulacre n'est pas
vécu comme un instrument, il n'est alors pour lui qu'une épreuve
non pas au sens de l'expérience, comme sont appréhendés tous
les jeux des enfants en règle générale, mais plutôt comme une
affolante adversité, un irrémédiable cataclysme dont il se sent
l'otage. Pour que le jeu soit tout à la fois instrument et épreuve, il
est nécessaire que l'enfant ne se confronte pas uniquement, mais
s'affronte également. Il n'y a que dans ce cas-là, alors, que
l'épreuve sera vécue comme un apprentissage, car si le jeu ne se
fait pas instrument, celle-ci sera ressentie comme un séisme intérieur. Autrement dit, c'est l'instrumentalité du jeu qui donne à
l'épreuve qu'il constitue son caractère éclairant et révélateur.

Apparaît alors chez l'enfant ce qu'on pourrait appeler le
besoin du masque. À partir de cet âge précoce et jusqu'à l'orée
de l'adolescence, l'enfant recherche le masque : il commence
à appréhender les deux bords de ses propres limites, c'est-à-
dire le jeu et le conte par lesquels simultanément il s'affronte
(le jeu) et se confronte (le masque).

Entre trois et dix ans, l'enfant ne cherche plus uniquement
à se frotter aux jeux de règles, il expérimente surtout l'impérieux besoin, en se déguisant, en se grimant, en se passionnant
pour les divers contes et histoires qui touchent au domaine de
la magie, de s'éprouver lui-même dans un contexte qui abolit
passagèrement l'ordre établit par les premières règles
auxquelles il a déjà été confronté dans sa toute jeune enfance.
Et il plonge alors avec force et nécessité dans le monde de
l'arbitraire où seul *le* dérèglement devient règle, où la confrontation avec l'obstacle fascinant dans un univers sans loi, éternellement mouvant, fait prescription et autorité.

Le conte peut alors aider l'enfant à donner sens à sa vie en mettant en scène, sous des formes acceptables, des représentations liées à des angoisses qui l'assaillent. En s'identifiant à des personnages qu'il est capable de maîtriser, les situations quotidiennes auxquelles il a à faire face deviennent surmontables. Le conte permet à l'enfant de mettre de l'ordre dans son chaos interne. Il propose une représentation de la réalité psychique dans un ordre qui assure à la fois la communication et la transmission. Pour l'enfant, le conte est une recherche insistante d'un monde dont l'ordonnancement est plus satisfaisant que le monde réel, une lutte et un enjeu pour affronter la crise de l'expérience qu'il est en train de vivre.

Dans l'enchantante *Histoire sans fin*, de Michael Ende, il ne s'agit pas d'autre chose que de cela. C'est l'histoire par excellence de la nécessaire transgression qu'éprouve l'enfant pour progresser vis-à-vis de lui-même. Bastien Balthasar Bux est un enfant de dix ans qui est malheureux d'avoir perdu récemment sa mère, mais également d'être ce qu'il est, un enfant gros et laid qui n'attire ni l'affection, ni même l'attention de son père, être distant et maladroit, toujours plongé dans ses propres problèmes.

Or c'est en découvrant, et en dérobant, un livre ancien qui le fascine dans un magasin d'antiquités, et en s'enfermant dans le grenier de son école, que Bastien va accomplir son chemin initiatique pour apprendre à se comprendre et à s'accepter. Il va lui être donné d'entrer dans ce livre (ou de rêver qu'il entre dans ce livre !), cet univers fascinant, cette « histoire sans fin », où il est question de Pays Fantastique peu à peu grignoté par le Néant, d'une petite impératrice des elfes (figure emblématique de la mère), menacée en permanence par la mort et qu'il faut sans cesse sauver à tout prix, qui renaît sans fin de ses cendres sous diverses apparences, de monstres nommés les « Mange-Pierres », d'un dragon immense que chevauche un garçon magnifique à la peau verte nommé « Atréju ». Un pays où le mot d'ordre est : « Fais ce que tu voudras ! » Bastien devient le héros de cette histoire, Bastien-Atréju, une histoire qui recommence sans fin, avec plusieurs commencements, et plusieurs fins.

Et ce n'est que lorsqu'il aura traversé toutes les épreuves, c'est-à-dire, qu'il se sera confronté et affronté à toutes les formes de monstruosités, faites de tout ce qu'il rejette en lui, mais aussi de toutes ses vaines recherches pour être toujours un héros, qu'il finira par admettre qu'il ne peut pas sauver de manière définitive la « petite impératrice », autrement dit, sa mère. Il deviendra alors, arrivé à la dernière étape de l'histoire, dite « des eaux de la vie », « le garçon qui n'avait plus de nom » parce qu'il ne peut être rien d'autre que lui-même ici et maintenant. Il comprendra que la devise du Pays Fantastique, « Fais ce que tu voudras ! », le mène irrémédiablement à n'être que lui-même aujourd'hui, orphelin de mère, et à l'accepter le plus heureusement possible. Et c'est par le biais de ce chemin que Bastien aura accompli en lui-même qu'il commencera enfin à nouer des relations saines et aimantes avec son père, car *tous les enfants du monde ont besoin d'être les héros de leurs parents*.

Bastien, le héros de l'*Histoire sans fin,* on l'a vu, est typiquement un enfant qui a su tirer parti de son aventure et l'exploiter tout à la fois comme instrument de compréhension et comme épreuve d'apprentissage sur lui-même, pour que se crée en lui une nécessaire et salutaire évolution.

Son aventure lui fait toucher du doigt, d'une part, que quelles que soient les conditions dans lesquelles il se place, il ne pourra pas sauver sa mère, et d'autre part que le héros, le surhomme a ses limites, puisqu'il est en mesure de perdre son nom et donc le sens de sa mission. Dès lors, Bastien comprend qu'on peut être quelqu'un pour ceux qu'on aime sans devenir forcément un surhomme, tout simplement en étant soi-même, que les parents aussi, bien qu'en charge de leurs enfants, n'ont jamais que quelques années de plus qu'eux, et ces années vécues en avance ne leur ont pas forcément donné les clés, le fil conducteur, pour faire ce qu'il aurait fallu faire, pour être ce qu'il aurait fallu être, que le passe-partout de la vie se nomme *indulgence*.

L'étape du masque, c'est aussi celle où l'enfant se fait Janus, étape durant laquelle, comme l'explique justement Alfred Koestler, l'individu, qui n'appartient pas moins à un ensemble familial et social, navigue entre le fini et l'infini, entre l'indépendance et la dépendance, où il doit essayer de trouver son harmonie. Et c'est précisément à cette étape caractérisée par un flottement d'identité que l'enfant a besoin à la fois de s'affronter au masque et de se faire masque lui-même. Difficile passage pour les parents, qui ne saisissent pas toujours la signification de cette nécessaire escale. Il faut pourtant qu'ils se retournent sur eux-mêmes et qu'humblement ils comprennent leurs défail-lances, leurs insuffisances de n'avoir pas su voir, de n'avoir pas su saisir, de n'avoir pas su interpréter.

C'est en effet durant cette période de *flottement identitaire*, lorsque l'enfant navigue encore dans les limites bien définies de son monde enfantin faites de contraintes simultanément affirmantes et confirmantes, mais que déjà, il sent l'appel du large, de l'infini grisant et effrayant, qu'il tente, fragile et maladroit, de se frayer son chemin d'indépendance, en préservant le plus longtemps possible les confortables et rassurants avantages acquis de l'enfance, que l'être qu'il est, se fait Janus. Il se fait masque et monstre à la fois, parce qu'il n'est en réalité qu'un être en devenir, au regard du destin il n'est personne encore, frêle « personnage en quête d'auteur ».

Or c'est en se faisant conjointement masque et monstre, celui qui fait peur et celui qui se fait peur, que l'enfant découvrira

peu à peu que l'auteur de son destin n'est autre que lui-même.
La peur est pour l'enfant le premier sentiment de désunion,
de dispersion, de disjonction de son être, qui lui fait percevoir
la démesure de l'infini. On n'obtient pas son indépendance
sans souffrance : pour l'acquérir véritablement, il faut l'arra-
cher, l'emporter, l'extorquer à la vie, et se coudre, bon an mal
an, un habit couleur d'effroi, un habit couleur d'aveu, chemin
de traverse, lente confession faite à soi-même, durant laquelle
l'enfant forgera peu à peu cette hardiesse, cette outrecui-
dance qui se nomme autonomie et assurance.

Telle est la morale qui sous-tend le conte *Tistou les pouces
verts* écrit par Maurice Druon. Tistou est d'abord et avant tout
un « enfant-masque » mais aussi un « enfant-monstre ».
Monstre pour les autres, car il n'est pas compris de ses
parents et déjoue tous leurs plans, parce qu'il ne répond pas
aux critères connus d'ordre qui ont toujours régi l'univers de
ces derniers, il est également *masque pour lui-même* dans la
mesure où il met un certain temps à se découvrir et à se
comprendre. Seul, Moustache le jardinier (l'homme-cons-
cience en quelque sorte), dans son silence et la rudesse de ses
apparences et de son caractère, a compris la valeur inestimable du petit garçon, et se fait tout à la fois son initiateur et
son révélateur. Cet enfant qui a toujours vécu dans l'univers
excessivement protégé de la *maison qui brille*, entouré
presque exclusivement de ses parents qu'il nomme *Monsieur
Père et Madame Mère*, va se révéler un élève exécrable, ruinant
par là même le bonheur et les espoirs de ses parents. Rien ne
permettra de ramener à la raison ce petit garçon à qui on
avait, semble-t-il, donné toutes les chances pour réussir. Et
pourtant !

Ce n'est qu'en s'apercevant que Tistou a les pouces verts
que le jardinier Moustache lui donnera une raison d'avoir
envie de vivre et d'exister. Après avoir fleuri la prison de la

ville pour donner espoir aux prisonniers, après avoir transformé en paradis un bidonville, après avoir offert l'Éden à
une petite fille malade cloîtrée dans sa chambre d'hôpital, et
avoir en dernier lieu fait pousser des fleurs dans les canons
que son père vend, pour éviter la guerre, Tistou disparaîtra à
son tour en construisant une échelle de fleurs pour rejoindre
son vieux Moustache, désormais au ciel. Et les parents de
Tistou comprendront alors que leur fils n'avait pas sa place
dans le monde tel qu'ils l'avaient envisagé, cet être hors du
commun capable avec des fleurs de redonner espoir aux
hommes et d'arrêter les guerres.

Tistou est typiquement l'enfant *qui transgresse pour ne pas
régresser,* capable de se confronter et de s'affronter au masque
simultanément, étant masque et monstre lui-même. Il vit cela
de l'intérieur comme quelque phénomène intrinsèque, utilisant lui aussi l'instrument et l'épreuve pour donner sens et
aboutissement à son propre jeu, jeu qui n'est autre que la vie
elle-même. Son degré d'autonomie est tel que nul intermédiaire tangible n'est réellement nécessaire. Et ce n'est qu'après
avoir tenté de le faire comprendre par des signes qui ne sont
autres que des augures annonciateurs, que Tistou se retranche
alors tout à fait dans sa forme première de masque qui fait
dire à son entourage que c'était « un ange ».

Avec Tistou, on entre dans l'univers proprement dit de la
monstruosité, qui fait toucher du doigt qu'il y a un lien étroit
entre le monstre et le masque : il n'y a pas de monstre sans
masque préalable, mais c'est la fabrique du monstre qui crée
la cohésion et le sens du masque. Le monstre fait partie de
l'ordonnancement spatial de l'homme, c'est une nécessité
pour l'enfant, et pour l'homme en général, car il inspire
crainte et respect. Il permet à l'enfant, alors que dans son
quotidien il doit obéissance, d'éprouver sa propre puissance
dans un contexte où il se montre prodigieux.

Avec certains monstres, l'enfant, dans les histoires de son cru, luttera à armes égales, car il a besoin de créer lui-même un certain dualisme. D'ailleurs, l'enfant éprouvera sa puissance en prétendant lutter contre un Cerbère à deux têtes, comme un besoin de montrer qu'il peut se trouver à deux endroits à la fois. Le monde de la magie et de la monstruosité n'est jamais conçu comme un *singulier*, tout est toujours *multiple*, tout est toujours *pluriel*.

Antoine était un petit garçon de sept ans, très bavard, dont le moins qu'on puisse dire était qu'il avait un tempérament déluré. Que ce soit en classe ou lors de moments de loisirs, lorsqu'il se trouvait au sein d'un groupe d'enfants, c'était toujours lui que l'on remarquait en premier. Sa personnalité vive et alerte, toujours sur le qui-vive, faisait qu'il se proposait systématiquement lorsque d'aventure une expérience nouvelle était offerte aux enfants.

Ce tempérament fougueux et quelque peu emporté avait bien du mal à laisser la place aux autres : en un mot, Antoine avait toujours besoin de se sentir le premier. C'était comme une nécessité permanente de se mesurer, de s'éprouver, mais ce n'était pas tant vis-à-vis des autres que vis-à-vis de lui-même. Depuis qu'il était petit et qu'il avait appris à parler, il avait toujours ressenti l'exigence de se prouver à lui-même qu'il était capable de gagner.

Dans sa chambre, Antoine pouvait passer des heures à inventer des histoires de son cru, où il était toujours question de « plus fort » comme il disait. Il adorait se déguiser, et avait en sa possession une bonne collection de panoplies qui relevait principalement du monde de ses héros préférés qu'étaient les Batman et autres Darkvador, dont il peuplait ses récits héroïques et effrayants. Antoine avait une imagination débordante, quelque peu débridée, et dans le monde qu'il s'inventait, il avait toujours besoin de s'affronter au multiple : il était successivement Batman sauvant une belle princesse des bras gigantesques d'une pieuvre démesurée, ou bien encore Darkvador luttant contre le dragon à sept têtes. Dans le monde d'Antoine tout prenait toujours des proportions prodigieuses et titanesques. Le matin, lorsqu'il se réveillait, il n'était pas rare qu'il racontât l'un de ses rêves à ses parents, toujours peuplés d'êtres fantastiques, et de situations rocambolesques.

Antoine était un enfant de petite taille pour son âge, et sans nul doute ce besoin exacerbé de se jauger et de se sonder à tout moment venait d'une nécessité d'accepter cet état de fait, ce qui ne l'empêchait pas, par ailleurs, de se montrer extrêmement sociable et amical, sans complexe apparent vis-à-vis de son entourage. Dans le quotidien, il manifestait une application suivie dans son travail de classe, toujours prêt à refaire, toujours prêt à faire plus, intéressé par mille sujets, avide de tout savoir. En un mot, Antoine avait une joyeuse et curieuse petite personnalité entreprenante et insatiable, un peu fatigante, mais galvanisante à bien des égards pour ses parents et pour ses proches : il avait cette jolie qualité de ne jamais se lasser de rien.

L'enfant, à travers le conte, attend le monstre : il a besoin d'avoir peur et de se faire peur, d'éprouver ces sensations lorsque c'est lui-même qui se les provoque. À travers les monstres, les enfants cherchent à maîtriser l'angoisse suscitée par la puissance parentale. En effet, pour le petit enfant, les parents sont longtemps la représentation de la limite au-delà de laquelle il n'envisage rien d'autre, ils sont le symbole de l'infaillibilité, de l'indestructibilité.

Mais au fur et à mesure que l'enfant grandit, même s'il ne remet pas cela consciemment en cause, car il ne le fera vraiment qu'à l'adolescence, il ressent le besoin inévitable de lutter contre cette puissance infaillible et indestructible. C'est alors qu'apparaît le monstre dans le monde de l'enfant.

Les monstres sont la double préfiguration, d'une part de leur propre sentiment de peur d'eux-mêmes, d'autre part de l'image titanesque qu'ils se sont faite de la puissance parentale contre laquelle il faut lutter. L'apparition du monstre chez l'enfant est la première manifestation d'une *prise de distance possible* entre lui-même et ses angoisses. C'est la première réalisation par l'enfant d'une lutte contre l'inacceptable avec lequel pourtant il faut bien composer parce qu'il est impossible de l'ignorer : premiers questionnements sur la mort certaine, première conscience de l'enfant que le devoir de l'homme est de lutter pour la retarder le plus possible, mais qu'elle reste inévitable cependant.

Alors, l'enfant se crée des histoires, se fait héros, parce qu'il ne peut pas ne pas faire sienne l'émouvante devise d'Edmond Dantès : « Attendre et espérer. » L'enfance, temps des illusions, des enchantements et des féeries, où l'on cherche inlassablement dans ce monde de monstres, de sorcières et de fantômes, les moyens de vaincre, les moyens d'arriver là où l'on pense que tous les autres ont échoué...

L'enfant fait sien pour un moment ce monde de mirages, ce monde de fiction. Unique vanité du tout-petit qui se veut à la fois acrobate, illusionniste, jongleur, magicien, manipulateur, escamoteur, par besoin de l'emporter sans doute, par besoin de triompher peut-être, parce qu'il ne sait pas encore qu'il n'est pas toujours nécessaire de réussir pour persévérer !

Le besoin de monstres de l'enfant est tout à la fois un investissement mental dans la mesure où, avec la monstruosité, il aborde très tôt le problème de la mort. En effet, dès la première enfance, inventer des monstres, c'est mettre face à soi des causes acceptables de mortalité et prendre la mesure de sa part de responsabilité. Mais il s'agit également d'un investissement spatial : ce besoin de monstres, ce besoin d'énormité, de gigantisme, que l'enfant éprouve très tôt, fait partie de son propre ordonnancement. C'est sa façon de prendre place dans l'espace et de prendre possession de cet espace. Les contes foisonnent d'exemples d'enfants qui font face à ce gigantisme pour maîtriser leur espace et structurer leur personnalité.

Le Bon Petit Henri de la comtesse de Ségur, qui raconte l'histoire d'un enfant de sept ans qui part à la recherche de la plante de vie pour sauver sa mère malade et qui se meurt, et qui va affronter de multiples épreuves avant d'arriver à ses fins, a une conception très intéressante de la monstruosité dans la mesure où celle-ci est appréhendée sous deux espèces, non seulement à travers les diverses créatures démesurées que l'enfant croise, mais encore et surtout dans le nombre d'épreuves qu'Henri aura à subir avant d'atteindre son but. Et c'est bien à travers ce gigantisme tant mental que spatial qu'Henri structurera peu à peu sa personnalité, en gérant chaque situation, qui ne sont autres que les reflets de la façon dont il appréhende son désir de poursuivre sa démarche.

Il s'agit très spécifiquement d'un conte sur l'épreuve, perçue comme chemin d'apprentissages pour l'enfant, tant dans sa forme que dans ses moyens. Les deux premières épreuves, la moisson et la vendange, ne diffèrent que dans le contexte proprement dit : il s'agit pour l'un d'un champ de blés et pour l'autre d'une vigne ; mais la forme et les moyens restent identiques : l'enfant a affaire à un espace infini mais stable, et dès lors qu'il accepte et emploie les moyens de vie mis à sa disposition, il accomplit correctement la tâche qui lui est impartie.

Ce type d'épreuve fait référence à un moment de l'existence où l'enfant se teste lui-même dans ses conduites, il hasarde diverses marches à suivre faites de pulsions, d'oscillations, de glissements, nécessaire houle intérieure qui à terme le mènera à ses propres moyens, à ses propres ressources. Il n'a pas encore le recul voulu pour faire expérience, il construit peu à peu ce vécu en se mettant lui-même à l'épreuve dans un champ toujours nouveau d'exploration.

En revanche, les troisième et quatrième épreuves symbolisent, chacune indépendamment, une progression mentale de l'enfant dans la connaissance qu'il a de lui-même : l'épreuve de la chasse introduit, en plus de l'espace et du temps, le mouvement. Autrement dit, l'espace se complexifie, il ne s'agit plus seulement de le prendre en compte en tant que tel, mais de l'instrumentaliser. Et, c'est alors que l'autre, symbolisé par le Corbeau dans le conte, mais qui n'est en fait rien d'autre que les parents eux-mêmes, entre en jeu. C'est le commencement de la nécessaire relation à autrui comme structure essentielle de l'apprentissage. Quant à la quatrième et dernière épreuve de la pêche, qui introduit la dimension de la cécité, elle représente l'ultime étape dans la relation de l'enfant à l'autre. Non seulement il en a accepté la nécessité, mais encore a-t-il assimilé que cet autre doit s'immiscer en tant qu'instrument inévitable à l'accomplissement de sa propre démarche. L'enfant intègre pleinement que l'autre est partie prenante de sa propre autonomie et qu'il ne peut en être autrement. Il comprend qu'être autonome ce n'est pas faire les choses tout seul, c'est savoir gérer l'autre et donc avoir intégré ses propres limites.

Ici, le monstre est symbolisé non seulement par les êtres que rencontre le jeune garçon, mais également par le type d'épreuves qu'il va devoir surmonter. Il est important de s'arrêter quelque temps sur la forme que prennent celles-ci pour en analyser la signification, dans la mesure où cette configuration est très caractéristique des angoisses enfantines.

Au début du conte, Henri aide successivement un corbeau, un coq et une grenouille, alors qu'il se dirige vers la montagne qu'il doit gravir pour cueillir la « plante de vie » pour sauver sa mère. Ces trois animaux seront, en quelque sorte, ses instruments tout au long du conte, dans la mesure où chaque animal, à son heure, aidera le jeune garçon à passer une des épreuves. Encore faudra-t-il qu'il ait trouvé en lui-même la force morale d'accepter l'affront, manifestation mentale qui, dans le conte, se traduit toujours par une même phrase qui revient comme une litanie, symbole de la force retrouvée qui permet à la personnalité de continuer à poursuivre son chemin de vie.

Or chaque épreuve qu'Henri va devoir surmonter est caractéristique des angoisses de l'enfant. D'abord, le senti-ment de *stagnation du temps* qui précède toujours l'épreuve à venir, laquelle, ici, fait comprendre à Henri que même s'il « a beau marcher, il n'est pas plus loin du pied de la montagne, ni plus près du sommet ». Ensuite, le *gigantisme* de la tâche à accomplir, qui, de plus, se situe toujours dans un cadre nouveau, raison pour laquelle Henri ne peut jamais s'appuyer sur l'expérience précédente : tout est toujours une éternelle première fois. Encore, l'impression d'inefficacité des actions accomplies qui engendre le découragement, et enfin, lorsque l'épreuve est terminée, l'impossibilité de jouir de l'effort fourni, car l'objet de l'épreuve disparaît de sorte qu'Henri se retrouve alors dans une situation mentale où il n'est pas certain d'avoir réellement surmonté l'épreuve.

Dans *l'épreuve de la moisson*, c'est la première fois qu'Henri prend place dans l'espace et prend possession de cet espace. Tout d'abord, il est effrayé par celui-ci, mais peu à peu, il délimite chaque tâche tant dans son accomplissement que dans sa temporalité. Autrement dit, prendre possession de l'espace, c'est aussi prendre possession du temps que l'on doit lui consacrer. La monstruosité se situe donc dans le fait que l'espace paraît infini parce qu'il n'est pas encore investi par le temps, ou bien inversement, que le temps paraît à la fois incommensurable et stagnant parce que l'espace n'est pas là pour le délimiter dans l'accomplissement d'une tâche.

Or c'est très typiquement à ce stade que se situent les angoisses auxquelles ont à faire face les enfants TED. À ce palier de l'angoisse, l'enfant perçoit celle-ci comme un phénomène toujours nouveau et différent, spatialement et temporellement submergeant et envahissant : une éternelle première fois imprévue et imprévisible, sur laquelle on n'a pas de prise.

En effet, que ce soit l'épreuve de la moisson, l'épreuve de la vendange ou bien l'épreuve de la chasse, on retrouve ce même type d'angoisse : un espace infini, une tâche qui paraît gigantesque et impossible à accomplir, un enjeu qui est systématiquement une menace de mort si le héros ne l'accomplit pas : or c'est bien à ce degré d'angoisse que se situent les enfants TED. Mais ici s'arrête la comparaison d'Henri avec ce type d'enfants car, comme nous le verrons plus loin, Henri, comme tous les enfants qui évoluent classiquement, va sortir peu à peu de toutes ses angoisses en élaborant une démarche qui fera de chacun de ses obstacles un instrument, et de chacune de ses épreuves un apprentissage personnel.

Dans les contes, le stade d'angoisse auquel se situent les enfants TED est surtout symbolisé par des bribes de situations, des bribes d'actions foudroyantes comme par exemple dans *Le Petit Poucet* l'épisode de l'ogre qui vient tuer ses sept filles en pensant tuer les sept petits frères de Poucet. Autrement dit, ce sont des épisodes effrayants tant dans la rapidité de leur exécution que dans l'ampleur de leurs conséquences. Ce type de péripétie est la manifestation d'angoisses d'une telle intensité qu'elles bondissent comme le tonnerre, violentes, démesurées et insensées, acte irréductible, non-démarche par excellence qui n'engendre que le malaise, l'affolement et la terreur.

Le stade d'angoisse symbolisé par l'épisode de l'ogre tuant ses sept filles à la place des sept garçons correspond à une attitude très courante chez ce type d'enfant qui détruit, instinctivement, ce qu'il a de plus cher en lui, de manière irréversible. Et tout cela, sans que le contexte général en soit modifié pour autant. En effet, de même que dans le conte, les filles de l'ogre ne jouent aucun rôle et ne sont là que comme objets de l'instinct dévastateur de l'ogre, ce que ce type d'enfant détruit en lui ne nuit qu'à lui-même et ne modifie en rien le contexte général. Il s'agit en quelque sorte d'une auto-mutilation mentale.

Un autre type d'angoisse qui caractérise ces enfants est très bien traduit par la légende musicale de fin de vie de Maurice Ravel *L'Enfant et les sortilèges*, qui raconte l'histoire d'un enfant furieux d'être enfermé par sa mère pour n'avoir pas fait ses devoirs et qui, pour se venger, s'en prend aux objets de la maison. Ces derniers lui infligent un châtiment en riposte, le frappant et le maltraitant. Le petit garçon vaincu s'effondre alors en larmes et le calme revient peu à peu tant dans la maison que dans le jardin.

On assiste ici typiquement à une scène dans laquelle l'enfant refuse de prime abord d'exploiter correctement les instruments ambiants qui lui sont donnés. Il s'est donc mis en condition de provoquer un malaise autour de lui. En effet, s'il n'avait pas refusé de faire ses devoirs, tout cela ne se serait pas produit, il aurait pu, à sa guise, profiter tout autrement de son environnement. Mais, c'est un fait, il s'est lui-même mis en tort en refusant de faire ce qui lui était imparti, et il a suscité la colère de son environnement. De fait, il l'a rendu hostile à lui-même, et tellement qu'il en a le sentiment que tout lui échappe, que les objets s'acharnent contre lui, qu'il n'y a véritablement aucun moyen d'y échapper. Seul le désespoir d'un échec consommé met fin à ce sentiment de terreur envahissante et lui permet de prendre conscience de ses erreurs, à savoir, qu'il n'a pas su gérer le milieu ambiant comme il aurait dû, et de se faire pardonner.

Alors qu'Henri, bien que confronté en permanence à des épreuves nouvelles, qui, si elles échouent, le mènent droit à la mort, élabore, comme n'importe quel enfant tout-venant, évoluant de façon normée, des démarches qui lui permettent peu à peu de transformer les obstacles en instruments et les épreuves en chemin d'apprentissage.

Dans la première épreuve, celle de la moisson, Henri se montre tout d'abord effrayé, car c'est la première fois qu'il est confronté à une telle situation. Mais, et c'est bien là la force de l'enfance, il oublie vite ses frayeurs et s'adapte rapidement à sa nouvelle position et, de ce fait, il trouve facilement la bonne façon de s'y prendre, les bons gestes à accomplir : l'adaptation et la spontanéité sont les plus grandes armes de l'enfance. Autrement dit, une fois que l'enfant a surmonté ses peurs, il se montre rapidement capable d'entrer dans la logique de l'utilisable pour réussir efficacement l'épreuve qui lui est imposée. Il faut ainsi parvenir à surmonter ses terreurs pour accéder à l'utilisable.

Dans la deuxième épreuve, celle de la vendange, la réaction d'Henri est celle de quelqu'un qui a déjà subi une épreuve similaire et pour qui ni l'espace à exploiter ni le temps que cela prendra ne sont plus sources d'angoisse. Autrement dit, Henri en est mentalement au stade où l'enfant a déjà cerné son espace-temps et a des repères suffisants pour le plonger de nouveau dans un contexte différent.

La troisième épreuve, celle de la chasse, pour laquelle le loup demande à Henri de tuer tout le gibier de ses bois, met l'enfant devant un obstacle d'un nouveau genre, car à l'espace-temps s'ajoute ici la dimension du *mouvement*. Ce type d'épreuve est celui de l'éveil de la maturité : l'enfant se trouve face à une situation différente des précédentes, mais il a déjà derrière lui un vécu qui a assis sa confiance personnelle de sorte que cette dimension nouvelle qu'il n'a jamais appréhendée (le mouvement) ne l'effraie pas vraiment. Il est mentalement plus solide qu'aux premières épreuves et se montre capable d'utiliser les événements qui se produisent comme des instruments : ici, c'est le Corbeau qui apparaît et qui lui propose son aide. Henri se souvient de l'avoir aidé, il accepte sa proposition en se soumettant à ce que le Corbeau lui demande de faire.

La quatrième et dernière épreuve, celle de la pêche, apporte une fois de plus une dimension qui n'a pas encore été appréhendée par l'enfant. Il s'agit de pêcher tous les poissons que le chat lui demande d'attraper, mais cette fois-ci en plus de l'espace, du temps et du mouvement, s'ajoute la cécité. En effet, le chat demande à Henri d'attraper tous les poissons de la rivière mais ceux-ci se cachent dans des trous noirs et profonds si bien qu'Henri n'a pas le loisir de les repérer en les voyant. Il se lance bravement dans l'épreuve mais n'arrive à rien par lui-même, et traverse alors une période de découragement.

Mentalement, Henri se trouve à la période critique de l'adolescence, temps des chemins obscurs par excellence, où l'enfant a le plus grand désir de prendre son destin en mains, mais où sa maturité émergente ne lui donne pas beaucoup de recul. La personnalité qui se cherche traverse alors des moments de doute et de défaillance, entre autres parce qu'il ne tient pas à se souvenir d'emblée des instruments que la vie met à sa disposition, mais qui, certes, ne sont pas de son cru. Il préfère, dans un premier temps, tenter de trouver la solution de son problème par lui-même, mais il n'y arrive pas. Il lui faut donc faire un pas de plus et accepter les instruments de la vie pour achever sa mission. Il se rappelle alors à la Fée Bienfaisante : immédiatement la Grenouille apparaît et lui propose de faire le travail à sa place.

Pour accomplir son destin, Henri doit comprendre et accepter que tout ne peut pas venir uniquement et seulement de lui, qu'il lui faut consentir à l'aide de l'autre pour s'acquitter de la tâche qui lui est impartie. Autrement dit, si le petit être en devenir, pour donner sens à sa première enfance, doit passer par l'étape du moi tout seul, l'adolescent mûrissant doit mettre bas les masques de son enfance et intégrer l'autre, comme instrument d'apprentissages. Ce n'est qu'à cette condition que l'enfant peut surmonter ses peurs et ses angoisses et faire de ce nécessaire passage par la monstruosité un sentier qui se transforme peu à peu en chemin d'ouverture où se donne libre cours l'impérieux appétit d'autonomie, l'exigeante appétence de liberté, comportant bien des disettes, bien des dénuements, modestes charpentes du destin de l'homme.

CHAPITRE 4

Comprendre et gérer
les symptômes

Comprendre la nature des stéréotypies

L'enfant autiste vit notre monde comme s'il s'agissait d'une série de diapositives qui n'auraient aucun lien les unes avec les autres. Il ne crée pas de liens entre une action et une réaction, entre une question et une réponse. Le contexte, quel qu'il soit, lui échappe tout à fait, ou plutôt est vécu par lui comme un bombardement de stimuli sans signification précise. Tout en lui, que ce soient ses sensations ou encore ses perceptions, est fragmenté, local. Chaque sensation, chaque perception, est toujours vécue comme un phénomène nouveau, différent et donc imprévu. C'est la raison pour laquelle une situation banale et quotidienne est souvent appréhendée de manière paniquante par l'enfant.

Philippe est un petit garçon que l'on aurait rapidement tendance à qualifier de « véritablement très têtu ». C'est bien simple, quoi que ce soit qu'on lui demande, même les choses les plus banales, cela semble de plus en plus souvent le mettre hors de lui. « Philippe est un résistant dans l'âme », commentent ses parents, avec un petit rire que l'on sent inquiet cependant. Tout ce qu'on lui demande paraît l'agresser. De ce fait, ses parents ont constamment le sentiment d'être en porte-à-faux vis-à-vis de lui : tout semble lui paraître si insupportable lorsqu'on s'adresse à lui ! Et le pire se produit lorsqu'on lui demande par exemple de se déshabiller pour aller prendre son bain, ou encore de mettre son manteau parce qu'on va sortir faire quelques courses. Comme Philippe ne réagit pas, et semble faire la sourde oreille, sa mère lui répète plusieurs fois la consigne, et c'est alors qu'il se met généralement à pousser des cris aigus, tellement stridents, tellement déchirants, qu'elle en a le sentiment de lui infliger une souffrance cuisante, piquante, torturante et en est toute décontenancée. Elle lui a demandé si peu, même pas exigé sur un ton qui aurait pu perturber le petit, non, elle a juste signifié qu'il était l'heure de prendre son bain, qu'il faudrait peut-être songer à se déshabiller, ou bien qu'on allait sortir faire des courses, qu'il fallait enfiler son manteau, c'est tout, rien de plus. Ses frères et sœurs aînés, même s'il leur est arrivé de faire un peu enrager leur mère en courant dans toutes les pièces de l'appartement à celui qui n'irait pas au bain en premier, n'ont jamais manifesté, en tout cas, un tel malaise face à une consigne si anodine, si banale.

La mère de Philippe se sent particulièrement mal à l'aise. Elle ressent profondément qu'elle ne maîtrise pas les raisons des hurlements de son petit dernier. Elle pensait avoir tout vu avec ses deux aînés, mais non pourtant, ce petit tardillon lui pose des problèmes, des énigmes auxquelles elle ne se sent pas en mesure de répondre.

Et, bien entendu, hormis ces cris de terreur poussés pendant de longues minutes, il ne se produit rien d'autre, Philippe ne se calme pas, il reste là au milieu de la pièce, le visage écarlate, congestionné, tous ses petits membres crispés, tendus à l'extrême, la bouche grande ouverte, les yeux terrorisés. Il sait bien que c'est l'heure du bain, il le voit bien, ses frères et sœurs s'y rendent sans difficultés, et pourtant, tous les soirs, c'est la même histoire.

Pour Philippe, tout est vécu de manière paniquante car il ne saisit absolument pas le contexte lui-même, ici la soirée qui débute par le bain, que tous les enfants, en règle générale, ressentent comme un délassement après les heures de classe et le travail qui s'est ensuivi à la maison. Pour tous les enfants, l'heure du bain est un repère, celui où l'on peut commencer à se reposer de sa journée, parce que dans la journée on a fait ceci puis cela, et qu'en conséquence on est fatigué d'avoir fourni tant d'efforts pour avoir cherché à atteindre tel ou tel but. Mais, dans la personnalité de Philippe, tout ce raisonnement n'est absolument pas en place, tous les agissements qui bâtissent un contexte sont vécus comme un bombardement, comme des explosions, en permanence. Ils ne sont pour lui la marque d'aucune logique, d'aucune signification, d'aucun souvenir rémanent. Il n'est pas en mesure de saisir, car il n'est pas en mesure de *com-prendre*.

En effet, ce qu'Antonio Damasio nomme l'« arrière-plan corporel », c'est-à-dire, ce qui permet au corps d'appréhender un événement comme déjà vécu de manière similaire, et donc exploitable *de nouveau* parce que *déjà ressenti*, est absent chez ce type d'enfant. Il vit donc tout comme une « première fois », ce qui engendre chez lui peur et angoisse, ce qui peut se comprendre.

Revenons à présent au petit Julien qui, lorsqu'il se trouve dans le salon de l'appartement, peut passer un bon moment à aller d'une fenêtre à l'autre, alors que la pièce donne sur une petite rue calme et qu'il n'y a absolument rien de différent à observer à travers l'une ou l'autre. Si effectivement, comme

nous l'avons mentionné, il s'agit d'une déficience attentionnelle, le manque de concentration n'est pas l'unique cause de
son attitude.

En effet, à bien observer les gestes de Julien, qu'il se poste
à une fenêtre ou à une autre, il regarde d'abord dans une
direction précise, toujours la même, comme s'il était happé
par cet endroit, en exécutant très minutieusement toujours le
même geste, suivant scrupuleusement le tour de la vitre, puis,
une fois sa tâche accomplie, il se précipite à l'autre fenêtre et
recommence exactement le même scénario.

Il ne s'agit donc pas exclusivement d'une déficience attentionnelle, car, si seule l'attention était en cause, bien qu'elle le
soit évidemment, l'enfant finirait par se lasser et changerait
de cible. Or, dans le cas de Julien, il donne réellement le sentiment à ceux qui l'observent, de découvrir pour la première
fois ce paysage fascinant qu'il aperçoit par la fenêtre.

Et, en effet, non seulement Julien ne crée pas de corréla-
tions entre ce qu'il voit par la fenêtre de gauche et ce qu'il voit
par la fenêtre de droite, mais encore ne se souvient-il pas
l'avoir déjà vu, il le vit comme s'il s'agissait toujours d'une
première fois. Son « arrière-plan corporel », c'est-à-dire ce
qui lui permet d'appréhender une situation comme déjà
vécue de manière similaire, n'est pas présent, n'est pas en
place. Aussi a-t-il en permanence le sentiment de voir le
paysage pour la première fois d'où son besoin d'accompagner
ses passages d'une fenêtre à l'autre par un geste répétitif,
celui-ci n'étant que sa manière à lui de se créer son point de
repère, mais un point de repère de nature particulière qui ne
mène à rien de construit. En effet, lorsque Julien regarde un
même paysage d'une fenêtre à une autre, il ne se souvient pas
l'avoir déjà vu, déjà observé, il n'en a pas la capacité, car il n'a
pas la faculté de créer des liens spatiaux, et donc *a fortiori*
contextuels. Toute sa personne se focalise sur un détail qui

devient pour lui obnubilant, et rien d'autre n'existe véritablement autour de lui.

Gilles, un jeune homme d'une vingtaine d'années, à l'intelligence finement analytique qui est aujourd'hui devenu un témoin très intéressant de son passé autistique, raconte volontiers qu'il se souvient que lorsqu'il entrait dans une pièce, il se focalisait sur un objet, généralement une lampe, et la fixait sans parvenir à s'en détacher, obnubilé par elle : « Rien d'autre n'existait pour moi, j'oubliais instantanément que je me trouvais dans le salon de l'appartement, j'étais comme happé par la forme et la lumière de la lampe. »

Tout est vécu par ces enfants de manière fragmentée, ne suscitant que des sensations et des perceptions de nature parcellaire, qui donc ne se rattachent jamais à un contexte ni à un ensemble d'actions et de réactions pouvant faire sens parce que ayant un lien entre elles. Car l'enfant ne perçoit pas son être et donc son corps comme une limite, faisant tout à la fois appel et réponse à l'autre. Dans son mode, dans sa structure, l'enfant autiste est seul, et cette solitude ne fait résonance à rien de précis, aucune démarcation, aucun point de repère venant suturer et donc stabiliser n'est envisageable. Tout est fusion et confusion, aucune réalisation de son être, sous quelque forme que ce soit, n'est permise : la solitude autistique est inexistence, absence d'être. Le mode autistique n'a ni limite ni démarche !

Car, pour qu'il y ait démarche vers un but, il faut qu'il y ait *émotion* et pour qu'il y ait émotion, il faut qu'il y ait *communication*, et pour qu'il y ait communication, il faut que l'individu se définisse en tant qu'être limité spatialement et psychiquement, donc ait constitué une intériorité séparée de l'extériorité de l'autre, avec lequel la communication remplace la fusion. L'enfant qui prend la main de l'adulte pour saisir un objet est dans la fusion, pas dans la communication, il n'a pas creusé son intériorité qui le sépare et le protège en même temps du monde extérieur.

De fait, tant que l'émotion n'est pas présente, l'activité mentale de la personnalité reste fortement stéréotypée, comme des points de repère fragiles où la personne retient par cœur ce qu'il faut dire ou faire en certaines occasions, mais ne le comprend pas véritablement. La stéréotypie n'est donc jamais envisagée comme une utilité, plutôt comme une absolue nécessité, non pas raisonnée, mais ressentie comme telle.

Très longtemps, Gilles n'a pas développé d'émotion, si ce n'est la *peur*, la peur à tout propos : la peur de rater, la peur de réussir, la peur de dire ou de ne pas dire, la peur d'être abandonné, bref, la peur d'exister. Et pourtant, il n'était jamais question *d'agir* : il était ce qu'on appelle *alexithymique*, l'action lui était impossible, elle était tout à fait étrangère à sa personnalité. D'ailleurs, il n'a perçu l'acte, pendant de longues années, que comme un passe-temps. Sa perception de l'initiative restait très restreinte, égocentrique. Lorsque je l'interrogeais à ce propos, il me faisait des réponses élémentaires du type : « Je choisis quelle chemise je vais mettre le matin. » Aucune démarche un tant soit peu élaborée n'était envisagée. Et même dans ces réponses élémentaires, aucune indication d'un but ne venait donner sens au choix.

Si je l'interrogeais sur son avenir, il faisait des réponses stéréotypées du type : « Il faudra être fort » ou bien : « Il faudra avoir du mordant. » Mais rien n'était jamais rattaché à un contexte quelconque, dans le but d'obtenir quelque chose de concret. Rien n'était jamais envisagé comme utile et utilisable. De fait, Gilles avouait volontiers qu'il ne ressentait absolument rien lorsqu'on lui posait ce type de question.

Mais l'attitude stéréotypée de Gilles était encore plus remarquable, lorsque nous reprenions un texte que nous avions déjà lu la veille et que j'avais tenté de lui expliquer. De fait, il avait parfaitement *appris par cœur* ce que je lui avais dit, et me le ressortait comme une poésie enfantine, sur un ton neutre et sans nuances. Mais si d'aventure je lui demandais de me donner des explications avec ses mots à lui, il devenait silencieux, il se repliait en une gestuelle robotique, il commençait à se balancer, il tournait la tête de tous les côtés ainsi qu'un petit animal affolé, comme s'il cherchait ses explications dans une partie de cache-cache. Et il finissait par avouer qu'il n'avait rien compris au texte, que d'ailleurs cela ne l'intéressait absolument pas !

Le contexte en règle générale lui échappait tout à fait, il ne saisissait même pas qu'il y en avait un, ni que chacun y avait un rôle distinct à tenir, ni qu'il y avait des actions à accomplir, des réactions à comprendre, et à anticiper. Non, il ne ressentait rien de tout cela, et d'ailleurs, cela lui importait peu. Aucun lien n'existait pour lui entre le faire et le savoir, il ne faisait rien à proprement parler, il n'agissait pas dans un but précis car il ne savait pas. Savoir, c'est être conscient que l'on possède une information pour agir utilement dans le but d'obtenir quelque chose. Or c'est bien aux antipodes de cela que se situent les stéréotypies.

Si la perception de son propre être est impossible, et *a fortiori* la conception de l'autre, est-ce si incohérent, si bizarre, de recommencer des dizaines de fois un même geste lorsqu'on ne *com-prend* pas ? Lorsqu'on ne prend pas par soi-même et pour soi-même ? Et qu'on ne perçoit pas l'autre en tant que destinataire d'un appel, en tant que possibilité de réponses à ses questions ? L'enfant autiste est mentalement en permanence perdu dans un monde dont il ne conçoit pas la signification, car pour signifier encore faut-il disposer d'un code commun entre les êtres. Or, un code signifiant nécessite une démarche, un élan hors de soi vers ce qui est perçu comme autre.

Mais si tout cela est absent, chez cet enfant, ce n'est pas pour autant qu'il n'a pas en lui-même un mode d'ancrage, certes rigide et répétitif et qui n'est pas à proprement parler « communicant ». Ce mode d'ancrage lui est propre et a sa logique intrinsèque : ce sont ses *stéréotypies*.

Il s'agit d'un mode qui a une structure particulière : il ne fait pas appel à l'Autre, il est éternel retour vers lui-même, un « lui-même » qu'il ne définit pas en tant qu'être conscient d'être ce qu'il est. Autrement dit, il s'agit d'un mode formel, dont l'essence est le geste, un geste restreint et répétitif qui ne renvoie qu'à lui-même : il ne s'agit donc nullement d'un moyen intentionnel. Il se crée, en quelque sorte, ses points de repère, qui restent, étant donné sa manière de percevoir le monde environnant, fragmentés, fissurés, parcellaires, sans possibilité de s'articuler à l'Autre.

Cependant, ce rituel de solitude peut engendrer un système de liens, et à ce titre, on peut en tirer parti. On peut en tirer parti dans la mesure où l'enfant reprend toujours le même sens, toujours la même cadence, et c'est par ce sens et cette cadence que l'on peut entrer dans son monde. Car, qui dit sens et cadence, dit possibilité de *marche à suivre*, et de *terme à envisager*. Certes, l'enfant n'est pas lui-même conscient de cette configuration, et n'est bien entendu pas capable de l'envisager, mais cette marche et ce terme sont potentiellement existants.

Géraldine, une petite brune potelée aux yeux noisette, vifs et parfois coquins, refuse obstinément de faire le jeu qu'on lui propose d'entreprendre avec elle : il s'agit d'un jeu de construction composé de planchettes de bois. Après avoir insisté à plusieurs reprises, je n'ai obtenu que des cris stridents, signes d'une angoisse montante. Qu'à cela ne tienne, je connais le moyen de la calmer : je la mène près de la fenêtre et la poste devant. Je sais qu'une de ses activités favorites, une de ses stéréotypies, c'est de suivre avec son doigt le tour des carreaux de la fenêtre : je le lui propose et la laisse faire un bon moment. Peu à peu Géraldine se calme, mais plus rien ni personne ne semble alors exister pour elle.

Au bout d'une dizaine de minutes, je m'approche de la fenêtre et commence à imiter son geste. Elle semble ne pas me voir, et pourtant au bout d'une longue minute, j'aperçois de furtifs et rapides regards obliques de mon côté. Je fais comme si de rien n'était et continue comme elle mon manège. Soudain, sans un mot, j'approche mon doigt du sien et le touche doucement mais ostensiblement, en effectuant le tour inverse de son propre geste. Cette fois, il lui est impossible de m'ignorer, mais je la dérange, et elle se sauve vers l'autre fenêtre pour recommencer son cercle vicieux. Je la laisse un instant, puis recommence la même démarche, elle me jette un regard sombre mais je sens que je gagne du terrain, car si elle fait tout pour m'éviter, elle ne m'ignore plus.

Géraldine change une fois encore de fenêtre et poursuit son petit manège, mais cette fois, elle s'est retournée pour voir si je la suivais, je sens que je progresse, et que le liant s'installe peu à peu. Je fais exprès de ne pas me presser d'arriver et Géraldine me jette plusieurs coups d'œil obliques, comme si elle m'attendait. Lorsque j'arrive enfin et que je recommence ce même gestuel de rencontre, elle esquisse un gentil sourire et se sauve à l'autre fenêtre en éclatant de rire. Maintenant, je sais que j'ai gagné, nous jouons ensemble un bon moment aux « autos tamponneuses » en éclatant de rire. Je n'en reviens pas, la petite fille se montre soudainement capable de stratégie, de supercherie, elle a compris comment faire pour m'éviter, comment faire pour venir surprendre mon doigt de l'autre côté, par le plus court chemin... une démarche ! une démarche simple bien sûr, mais une démarche tout de même...

Au bout d'une vingtaine de minutes, je suggère à Géraldine qu'elle pourrait bien venir jouer à mon jeu, étant donné que j'ai largement participé au sien. À ma grande surprise, la petite fille abandonne son activité sans problème et se met immé-diatement au jeu qu'elle refusait si ostensiblement de faire quarante minutes auparavant.

Nous passons alors une grande demi-heure à construire des murs avec des planchettes, et pour faciliter son regard, j'ai installé une petite table basse transparente qui lui permet d'une part d'adosser ses planchettes, mais qui, d'autre part, facilite notre communication visuelle, j'ai en effet remarqué au cours des séances que Géraldine aime bien regarder à travers quelque chose. Ce jour-là, alors qu'elle ne semblait pas vouloir s'y mettre du tout, Géraldine s'est montrée une très agréable et efficace collaboratrice, très présente et toute dévouée à notre jeu, cherchant là encore des petites stratégies pour que ses constructions soient les plus solides possibles.

Plus jamais, dans les séances qui suivirent, il ne fallut recourir à cette stéréotypie, elle s'était transformée en jeu et ne représentait plus pour elle un rituel solitaire. Et si d'aventure, il lui arrivait de s'approcher de la fenêtre, elle venait toujours me chercher, pour que nous jouions ensemble.

Pendant très longtemps Raphaël a tripoté les interrupteurs de la maison. C'était bien simple, il n'avait pas son pareil pour provoquer la colère de ses parents qui ressentaient cette activité stupide et étrange comme une véritable provocation de la part de leur fils. Mais qu'est-ce qui lui prenait de passer son temps à allumer et à éteindre les interrupteurs de l'intégralité de l'appartement ? C'était tout bonnement insupportable, il n'y avait jamais moyen de rester plus de cinq minutes dans une pièce sans que Raphaël se précipitât sur le bouton de la lumière, l'allumât et l'éteignît une bonne vingtaine de fois. On avait beau le réprimander, le mettre au coin, lui expliquer le plus calmement possible qu'il ne fallait pas faire ça, rien, absolument rien n'y faisait ! D'un jour sur l'autre, d'ailleurs, il ne semblait pas se souvenir de ce qui lui avait été dit la veille et les jours précédents, et il recommençait inlassablement son jeu horripilant à peine franchissait-il le seuil de l'appartement. Et si, à bout de nerfs, l'un de ses parents lui demandait de gagner sa chambre et d'y rester, il ne semblait pas du tout prendre en considération l'ordre. Il fallait l'y mener par la main et lui demander fermement de se calmer.

Et cependant, lorsque sa mère ou son père venait voir au bout d'un quart d'heure s'il avait pris de meilleures résolutions, ils le retrouvaient préoccupé comme un ministre en train de faire les cent pas dans sa chambre pour passer du bouton de la porte d'entrée au bouton près de la fenêtre à l'autre bout de la chambre qui commandait la même lumière.

Ses parents commencèrent à comprendre, au bout de quelques mois, que quelles que soient les réprimandes, les explications et autres punitions, rien n'y ferait ! Ils en conclurent que, d'une part, leur petit garçon ne comprenait pas ce qu'on lui expliquait à longueur de journée, mais que peut-être aussi, d'autre part, cette activité *a priori* idiote, avait sans doute une signification qui leur échappait. Et ils réalisèrent qu'il fallait tout bonnement s'y prendre autrement.

Au lieu de le lui interdire comme ils en avaient l'habitude jusqu'à présent, ils envisagèrent à l'inverse d'entrer dans son jeu. L'un d'eux se postait alors devant l'un des interrupteurs de la pièce quand le petit se mettait face à l'autre. Ils commencèrent alors à vivre une expérience très intéressante, car au bout d'une semaine, le petit commença à comprendre que ne plus être seul à faire les cent pas entre un interrupteur et un autre présentait un certain intérêt. Et ainsi, au fur et à mesure que les semaines passèrent, Raphaël et ses parents inventèrent une nouvelle manière de communiquer entre eux. On s'amusait à allumer et à éteindre la lumière du salon à des rythmes différents, imprévus, parfois le père du petit garçon allumait et éteignait la lumière trois fois de suite très rapidement, et Raphaël répondait à son père sur le même rythme, ou bien c'était Raphaël qui proposait son propre rythme en allumant rapidement deux fois de suite pour attendre plus longuement avant la dernière pression, et il éclatait de rire. Sa stéréotypie était devenue un jeu drôle et tendre entre ses parents et lui.

Et puis, un jour que ses parents lui proposaient une « partie de lumières », comme ils appelaient ça depuis quelque temps, Raphaël leur signifia clairement que cela ne l'amusait plus : « Fini lumières », dit-il à ses parents en les regardant droit dans les yeux. Les parents de Raphaël se sentirent d'autant plus émus que c'était la première fois qu'il s'adressait vraiment à eux, en les regardant, avec l'expression d'une véritable intention ! Et plus jamais il ne fut question des interrupteurs de l'appartement. La stéréotypie de Raphaël s'était peu à peu transformée en jeu, et comme tous les jeux sur terre, on finit toujours par s'en lasser, lorsqu'on n'a plus rien à y découvrir. Il fut remarquable, d'ailleurs, qu'à partir de cette période, les stéréotypies du petit garçon se firent non seulement moins nombreuses, mais encore moins fréquentes, car en réalité ces « parties de lumières » avaient éveillé en lui le goût du jeu, le besoin de partage. Une année plus tard, elles avaient pour ainsi dire disparu. Raphaël avait peu à peu découvert le plaisir du jeu, la joie de se retrouver à plusieurs et d'attendre son tour, et de passer un bon moment !

Par ce *symptôme-symbole* qu'est la stéréotypie, l'enfant démarque son territoire, tente de laisser une empreinte, premiers jalons et prémices d'une trace, autrement dit premiers indices d'une recherche d'entrée en symbolisation. Or le « symbole », qui vient du grec *sumbolon*, signifie « signe de reconnaissance », et désignait à l'origine un « objet coupé en deux, dont deux hôtes conservaient chacun une moitié qu'ils transmettaient à leurs enfants ; ces deux parties rapprochées, servaient à faire reconnaître les porteurs, et à prouver les relations d'hospitalité, contractées antérieurement », selon Marie Balmary[1].

Or, le mot *sumbolon* dérive du verbe *sun-ballo* (composé de *sun*, « ensemble », et du verbe *ballo* qui signifie « lancer »), donc globalement, cela signifie « lancer ensemble », autrement dit, aboutir à un même point. À l'origine, le symbole est un double signe qui, réuni, sert à faire reconnaître non pas une personne mais la relation qui l'unit à une autre. Il s'agit donc d'un rapprochement de deux choses qui représentent deux êtres et qui s'emboîtent, qui s'ajustent l'une à l'autre.

Quant au mot « symptôme » du grec *sumptoma*, il signifie « affaissement », « coïncidence », « événement fortuit ». Il est formé de *sun*, « ensemble », et de *pipto* qui signifie « tomber », avec l'idée de chute involontaire, ou partiellement involontaire, alors que le verbe *ballo*, composant du mot symbole, donne l'idée de faire tomber. Les deux verbes renvoient donc à la même action, mais dans le premier cas, le sujet l'accomplit souverainement, alors que dans le second il subit passivement ce qui lui arrive. Le symptôme est donc un sous-symbole, un retour par la voie du hasard de ce qui n'a pas pu être symbolisé. Autrement dit, le symbole non advenu déchoit en symptôme. Le symptôme fait donc se joindre deux demi-signes, mais il le fait dans le réel et sans parole, on le subit, on n'en est pas souverain.

L'enfant autiste n'a d'autres moyens que de passer par la forme du symptôme, dans la mesure où il est psychiquement

---

1. Marie Balmary, *L'Homme aux statues*, Paris, Grasset, 2000, p. 21-22.

un « enfant sans place », pour en arriver au *symbole*, qui est l'acquisition de la signification du signe, soit la possibilité d'entrer en relation avec l'autre et l'instauration de l'instrumentalisation. Or tout système symbolique requiert que l'homme trouve et prenne sa place et manifeste clairement les signes de reconnaissance qui lui permettront d'appréhender l'autre et de se connaître lui-même (co-naître, autrement dit naître simultanément *par* et *pour* soi-même).

Les stéréotypies sont donc, compte tenu de sa vision du monde, le moyen que l'enfant emploie pour établir des liens par ses propres moyens, moyens restreints et répétitifs certes, mais qui se veulent symbolisants et donc en recherche de communication, et qui ont leur logique : celle d'un mode fragmenté, d'un mode fissuré, mais qui, dans la mesure où l'on en saisit la structure, est transformable en suture (symbole), là où elle n'est encore que césure (symptôme).

C'est donc avec la diminution puis la disparition des stéréotypies que l'on peut commencer à envisager l'apprentissage du signe d'indication pour en venir peu à peu à l'attention partagée.

De la naissance du signe d'indication à l'attention partagée

« "Le sens du signe, dit le linguiste Jakobson, est un autre signe par lequel il peut être traduit." Si toute la signification des signes ne consiste qu'à se renvoyer les uns aux autres (et *a fortiori* à soi-même), sans jamais se référer directement aux choses, nous nous trouvons pratiquement enfermés dans le monde des signes, de sorte que nous ne voyons plus du tout ce que parler des choses pourrait bien signifier. Mais alors, en fait, c'est l'existence même des choses qui se trouve mise en question. Et l'on prend appui ici sur l'autorité de la logique symbolique qui n'a cessé de nous rappeler que les significations linguistiques constituées par le système des relations analytiques, d'une expression aux autres expressions, ne présupposent pas la présence des choses[1]. » C'est ainsi que le philosophe Tran Duc Thao, dans l'un de ses articles intitulé « Du geste de l'index à l'image typique », envisage globalement l'utilisation du signe.

Or c'est bien cette non-utilisation du signe comme *référant* à une chose précise, donc distincte et extérieure, qui se produit dans la stéréotypie. Le signe stéréotypique est vicieux en lui-même dans la mesure où ce type de signe n'en appelle pas un autre et ne fait référence à aucun objet extérieur. C'est la raison pour laquelle, de sorte qu'il y ait réellement signe d'indication pouvant mener à l'instauration progressive de l'attention partagée, il faut que les stéréotypies aient perdu leur statut premier de signe vicieux et se soient transformées en liens communicants, engendrant par là même l'entrée en symbolisation de l'enfant. Entrée en symbolisation qui, comme nous l'avons vu plus haut, ne peut s'envisager que dans la mesure où l'autre existe en tant que limite à lui-même pour l'enfant.

Le signe sert donc à poser une relation distincte entre le mot et la chose. Il ne trouve son sens réel et entier que dans la signification d'autres signes qui, simultanément, font appel à lui et lui répondent. Nous entrons alors de plain-pied dans l'*interprétation* du signe lui-même. Il se rapporte à une chose précise qui a une existence extérieure, distincte du sujet qui

---

1. Tran Duc Thao, « Du geste de l'index à l'image typique », *La Pensée*, n° 147, octobre 1969, p. 3.

accomplit le signe. Le signe d'indication opère une médiation fondamentale entre la pratique sociale et la connaissance vécue, médiation qui assure à la connaissance son accord avec les choses.

En effet, lorsque le petit enfant pointe du doigt, en approchant son magnétophone, pour obtenir des cassettes de chansons qu'il ne peut pas attraper parce qu'elles sont trop hautes, c'est parce que, d'une part, il en connaît l'utilisation (écouter des chansons) et que, d'autre part, il en connaît la manipulation (utiliser le magnétophone afin de pouvoir écouter ses chansons). Et c'est parce qu'il a déjà vécu une situation similaire (sa mère lui a mis des cassettes de chansons dans son magnétophone bien avant qu'il soit lui-même capable de les réclamer), qu'il se montre à présent en mesure de demander en pointant du doigt puis d'opérer lui-même la démarche adéquate pour aboutir à ses fins. Le signe d'indication est donc bien né d'une expérience de pratique sociale similaire qui a permis à l'enfant de comprendre peu à peu les tenants et les aboutissants d'un tel contexte.

Anne-Catherine Bachoud-Lévi et Jean-Denis Degos, dans une étude récente intitulée « Désignation et rapport à autrui[1] » concernant les différents stades de désignation chez l'enfant, ont décrit les étapes successives chez le tout-petit pour que, de purement formelle, pourrait-on dire, la désignation devienne intentionnelle.

La désignation est précédée par des gestes précurseurs qui apparaissent entre six et sept mois. L'enfant tend le bras, la main, les doigts, notamment l'index. Mais, il ne regarde pas

---

1. Anne-Catherine Bachoud-Lévi et Jean-Denis Degos, « Désignation et rapport à autrui », *in* Alain Berthoz et Gérard Jorland (sld), *L'Empathie*, Paris, Odile Jacob, 2004, p. 89-119.

la cible proprement dite, il fixe son doigt. Cette fonction (qui est le stade auquel se situe l'enfant autiste) est dite *proto-impérative*. À ce stade, l'enfant ne comprend pas les gestes d'indication effectués par son entourage, il ne commence à les comprendre qu'à partir de dix à douze mois, guère avant. Mais ce n'est que vers quatorze mois environ qu'il commence à se montrer capable de *désigner à l'intention d'autrui*. On entre alors dans le stade de la déclaration *proto-déclarative*. Entre le stade proto-impératif où l'enfant utilise l'adulte comme instrument et le stade proto-déclaratif où l'enfant réclame intentionnellement à autrui, on peut envisager qu'une modification de la perception du monde s'est effectuée : selon Anne-Catherine Bachoud-Lévi et Jean-Denis Degos, il s'agirait de la mise en place à ce stade précisément d'une « structure triangulaire [...] : celui qui désigne, celui à qui la désignation est destinée et la cible de la désignation [1] ».

Pour atteindre ce dernier stade, il faut que l'enfant soit conscient de l'acquisition du signe qui autorise la mise en service de l'instrument (et non plus d'une substitution d'instrument comme c'est le cas dans le stade proto-impératif). Or, au stade proto-déclaratif, c'est bien des significations diverses de signes variés qui se mettent en place dans le système cognitif chez l'enfant : qu'il s'agisse des gestes eux-mêmes, de la compréhension des différentes praxies, rôles sociaux, et autres codes, comme la déduction adéquate de la tonalité d'une phrase prononcée par les proches de l'enfant, autant de signes dont la compréhension est nécessaire pour entrer de plain-pied dans le monde de l'instrument, autrement dit de l'*utile menant à l'utilisable*.

C'est en effet l'acquisition de la compréhension du signe qui mène à une *image idéale* chez l'enfant, représentant la

---

1. *Ibid.*, p. 91.

forme typique à imposer au matériau qu'on désire utiliser. Et c'est cette forme typique qui fait naître chez l'enfant l'idée de modèle. Autrement dit, un enfant qui se montre incapable de reproduire un modèle, ou de l'utiliser en tant que tel, n'a pas atteint le stade mental qui lui permet d'identifier la forme typique d'un objet, et donc de l'utiliser comme instrument.

Reprenons l'exemple de Gilles dont nous avons parlé plus haut. Pendant très longtemps il s'est montré tout à fait incapable de donner un sens au modèle qu'il reproduisait. En effet, le jour où je lui avais proposé une fiche représentant un cheval et que je la lui avais tendue sans prêter attention d'ailleurs au sens dans lequel je la lui présentais, et que j'avais constaté qu'il ne modifiait pas lui-même le sens de cette fiche lorsqu'il s'était mis à la reproduire, je réalisai alors que, s'il se montrait capable de reproduire un modèle qu'on lui présentait, le *sens* de celui-ci lui échappait en réalité. Seule la *forme* était prise en compte par sa personnalité, non le *sens*. Donc, un modèle pour Gilles, ne représentait pas une forme typique de quelque chose de sensé, mentalement Gilles en était encore à la perception de la forme pure, sans pour autant que ce fût important de lui donner sens. Autrement dit, pour Gilles, cette fiche ne représentait pas un modèle en soi.

Car, pour qu'une image ou un quelconque prototype soit *modèle en soi*, il lui faut être intégré comme *utile et utilisable* et donc faire référence à une expérience sociale collective. Un modèle est effectivement l'expression d'un collectif socialisant. Il ne s'agit pas uniquement d'une forme mais bien *d'une forme typique commune à tous* mais qui est susceptible de transformations réglées qui préservent son sens : la forme d'un cheval peut être plus ou moins bien réalisée, elle n'est jamais identiquement la même, l'essentiel, ce qui en fait une forme typique, c'est que sous toutes ces variations ce soit toujours un cheval que tout un chacun reconnaisse.

Dans le cas de Gilles, l'utile, le modifiable, le perfectible ne sont pas au rendez-vous, seule la reproduction *de la forme pour la forme* caractérise le stade mental auquel se trouve le jeune homme lorsqu'il accomplit cet exercice.

Ce n'est pas le travail de façonnage qui guide en lui-même la représentation idéale du *modèle typique* : lorsque l'enfant malaxe de la pâte à modeler par exemple, il n'en est pas primordialement à une recherche de création dans un but instrumental et utilitaire. Le façonnage, c'est d'abord et avant tout l'absolue nécessité que l'enfant ressent au niveau du *toucher pur* : il faut que le tout-petit apprivoise la matière par un stade de toucher pur pour que son corps investisse des sensations neuves, qui, peu à peu s'ordonnanceront dans son processus cognitif comme utilisables, utilitaires et donc instrumentalisables. Mais rien n'est instrumentalisable s'il n'est préalablement appréhendé à un stade de toucher pur, nécessaire étape dans le processus de maturation mentale chez le jeune enfant. Et c'est généralement à ce stade que demeure l'enfant autiste, il n'a pas franchi cette étape du toucher pur et par conséquent il n'est pas en mesure d'instrumentaliser ce qu'il touche.

Pendant plusieurs années, lorsque je proposais à Gilles un jeu consistant en de petites formes qui s'imbriquaient les unes dans les autres afin de construire un vase, un animal, et qu'il lui était même proposé un petit fascicule de modèles, alors qu'il n'avait absolument aucune difficulté pour imbriquer, il passait le plus clair de son temps à aligner ces petites formes les unes à côté des autres, et il me disait : « Il ne faut pas me forcer à construire, j'ai l'impression de bâtir ma prison. J'ai horreur de relier deux choses ensemble. » Si cette construction lui était intolérable, c'est précisément parce qu'il n'avait pas le sentiment de l'édifier *devant lui*, mais *autour de lui*, là était bien la signification de ses propres termes ! De fait, il ne choisissait jamais cette activité si je ne le lui demandais pas expressément.

En revanche, si je le laissais faire, ce qui en principe était la règle du jeu pour que le choix reste libre, il choisissait systématiquement en première activité la pâte à modeler avec laquelle, d'ailleurs, je proposais une grande jatte d'eau de façon qu'il puisse la mouiller et en éprouver un nouveau toucher. C'était bien simple, si je n'intervenais pas, ce que j'ai souvent fait, il pouvait y rester une demi-heure entière, et je ressentais alors à quel point, le toucher était primordial pour lui. Autrement dit, Gilles n'avait pas encore atteint le stade de la nécessité de l'utile et de l'utilisable, il en était encore à celui du toucher, étape à laquelle la forme ne fait encore pas sens à la personnalité.

En effet, à cette époque, Gilles ne se percevait pas encore comme une personnalité faisant limite à elle-même par rapport à l'autre. Il était très alexithymique, son ressenti interne n'était encore que très flou, pour ne pas dire inexistant. Ne se considérant pas comme un être construit, il ne pouvait donc pas envisager de créer, de construire l'autre, car il n'avait pas encore franchi le stade du toucher pur, du façonnable qui n'engendre pas encore l'image idéale de la forme typique.

Ce n'est que lorsque l'enfant commence à utiliser le geste d'indication, et donc l'instrument, qu'il atteint mentalement le besoin de montrer à l'autre et qu'il utilise alors le signe d'indication en partage avec lui. L'enfant autiste va prendre la main de la personne qui se trouve à proximité pour attraper ce qu'il désire. Il ne s'agit donc nullement d'une indication, ni, cela va sans dire, d'une instrumentalisation, mais d'un prolongement de sa propre main, d'une perpétuation de son propre schème. Ce geste prouve que l'enfant n'a pas une définition limitée et claire de lui-même, dans la mesure où il n'a pas conscience de sa propre main comme instrument, il ne fait pas la différence entre sa main et celle de la personne qu'il saisit.

C'est la conscience que l'objet peut être utilisé en tant qu'instrument signifié à l'autre par le geste d'indication qui, peu à peu, permet à l'enfant de différencier les rôles divers et variés de ce qui l'entoure. Sans la conscience de cette instrumentalisation, cette distinction ne se fait pas. Et c'est l'accumulation des expériences de ce type qui crée la conscience de cette distinction. C'est donc la fonction et non pas la forme de l'instrument, signifié par le geste d'indication, qui prime pour envisager l'utilisation. Autrement dit, lorsque l'instrumentalisation devient possible, l'image première que l'enfant s'en fait devient fonctionnelle et non plus formelle.

La première utilisation de l'instrument, par la désignation, est la satisfaction d'un besoin immédiat : l'enfant qui voit un bout de pain sur une table, mais qui est trop loin pour pouvoir l'attraper sans aide, va aller chercher un bâton et le saisir pour ramener le bout de pain vers lui. Ici, le sujet (l'enfant), percevant l'objet du besoin (le pain), utilise un second objet (le bâton), qui en raison du conditionnement du contexte se présente comme susceptible de faire fonction d'*intermédiaire*. Dès lors, l'objet du besoin, médiatisé par cet instrument, devient objet de travail. Cela suppose que le sujet soit capable de se représenter l'objet absent (ici le bâton que l'enfant va chercher pour attraper le bout de pain) dans sa modalité d'utilisation et qu'il s'en serve à bon escient.

Maintenant, si l'enfant veut mettre du beurre sur son pain et que celui-ci est « absent », dans la mesure où il est enfermé dans le réfrigérateur, il va falloir mentalement passer à l'étape suivante. Cela suppose premièrement que l'enfant soit capable de se représenter le lieu invisible adéquat (l'intérieur du réfrigérateur) dans lequel se trouve enfermée la forme adéquate (le beurre), et qu'il soit capable d'utiliser l'indice adéquat (la porte du réfrigérateur) comme *intermédiaire utile et donc utilisable pour atteindre son but.*

C'est parce que l'enfant a acquis le *signe d'indication* en tant que signe signifiant pour lui-même, mais aussi signe de partage social avec l'autre, qu'il peut élaborer la démarche que nous venons d'évoquer. Autrement dit, c'est la naissance du signe d'indication comme *moyen* mais également comme *fin* de partage de la compréhension d'un même phénomène, qui fait du geste de l'enfant, un geste ordonnançant et socialisant non seulement dans ce qu'il veut faire passer à l'autre, mais encore dans ce qu'il pense avoir compris de l'autre en tant que sujet distinct de lui-même capable d'appréhender de manière simultanée une pensée partagée.

À cette étape, l'enfant envisage le signe d'indication comme une forme instrumentale afin d'accomplir le mouvement adéquat. Autrement dit, indiquer, c'est instrumentaliser, c'est conjuguer l'utilisation d'une forme avec le mouvement juste, celui qui permettra à l'objet de se faire instrument de travail : si l'enfant, dont nous parlions tout à l'heure, veut couper son pain avec un couteau, cela suppose qu'il en ait compris et donc intégré la *forme instrumentale* dont il va se servir, et par là même le sens, et le mouvement adéquat pour que ce dernier se fasse instrument de travail. L'objet ne devient instrument que lorsque le sujet est capable d'indiquer à lui-même comment associer une forme à un mouvement adéquat, visant à faire de lui un instrument utile menant à l'utilisable. Or s'il se montre en mesure de s'indiquer à lui-même une telle démarche, cela signifie qu'il a déjà pris en compte ce que l'autre lui a préalablement montré, et qu'il a donc intégré la démarche grâce à la compréhension partagée de cette indication.

C'est par la *forme d'indication* qu'il a investi la partie tranchante du couteau comme *partie utile*, ainsi que le *mouvement* horizontal *adéquat* de va-et-vient, qui est le mouvement juste pour utiliser la lame. Et le couteau se fait alors instrument efficace. Or, c'est parce que l'enfant autiste n'intègre pas par la pensée le geste d'indication en tant que geste de partage social, que tout ce savoir pour développer ce savoir-faire est impossible à envisager pour lui. Et s'il ne le fait pas, c'est que son type de personnalité n'entre jamais naturellement dans sa propre expérience. En effet, pour entrer dans l'expérience, il faut avoir l'idée préalable de l'utile menant à l'utilisable, autrement dit, il faut être capable de faire un lien entre la raison d'utiliser et le résultat auquel cette utilisation peut mener.

C'est lors de ses premiers essais d'utilisation de l'instrument que l'enfant entre dans l'expérience, laquelle n'est possible que dans la mesure où il a repéré la partie utile de l'instrument (ici, la lame du couteau), comme menant à l'accomplissement d'un travail créateur. C'est sur cette expérience du travail créateur que se constitue une représentation stable de la forme instrumentale. Dès lors, l'enfant aboutit *à un résultat conforme à* ce qu'il s'était assigné.

Or le résultat conforme auquel aboutit l'enfant préexiste dans son imagination. Il s'agit donc ici de la prise de conscience de son propre imaginaire en tant que prémices à la concrétisation d'un projet utile et utilisable. Pour que l'imaginaire se fasse prémices d'une réalisation concrète, il faut que le sujet ait de lui une représentation stable, ce qu'on appelle son « schème », et que celle-ci aboutisse à l'attente d'un résultat conforme. Alors il peut accéder à l'attention partagée.

Attention partagée, signe d'indication et adaptation sociale

Pour arriver au stade que nous avons évoqué plus haut, à savoir l'obtention d'un résultat conforme, dû à une représentation stable de la forme instrumentale, par l'instauration du signe d'indication, il a fallu que l'enfant passe du stade de l'utilisation sporadique de la forme instrumentale, à l'habitude de l'activité instrumentale. Et, pour en venir là, l'enfant a dû dépasser mentalement les exigences immédiates de la situation présente pour s'élever à la représentation idéale de la forme typique de l'objet convoité.

Jérôme, un petit garçon de trois ans et demi, se montre tout particulièrement doué en dessin. C'est un de ses moyens favoris pour s'exprimer. Lors d'une de ses séances de travail avec un volontaire, alors que celui-ci lui avait confectionné une maison avec des feuilles de papier, le petit garçon, dans son jargon maladroit réagit en balbutiant « minée, minée... ». Mais le volontaire ne saisit pas, alors le petit lui prit la manche et le tira vers la fenêtre par laquelle on apercevait la maison voisine. Il pointa du doigt et répéta son « minée ». Le volontaire comprit alors : « cheminée ». Et, en effet, il manquait une cheminée à sa maison et le petit garçon, en l'attirant vers la fenêtre et en pointant vers la cheminée de la maison voisine, a non seulement établi un moment d'attention partagée entre l'adulte et lui-même, mais encore, a fait le rapport entre la confection de modèle réduit de la maison du volontaire et la réalité.

Alors que le volontaire raconte son histoire, lors d'une réunion de travail concernant les ateliers de Jérôme, le grand-père du petit garçon intervient et révèle au volontaire qu'il avait montré à son petit-fils les cheminées des maisons voisines lors d'une de leur séance de travail antérieure à la sienne.

La réaction de Jérôme est bien la preuve qu'il a intégré la séance faite avec son grand-père comme *une expérience* dont il s'est resservi avec un autre volontaire, lors d'une autre séance. Il s'est donc montré capable d'envisager la situation avec le volontaire comme *similaire* de celle vécue avec son grand-père, et il a réinvesti le geste que son grand-père lui avait indiqué pour faire comprendre son désir au volontaire. Il s'agit bien là de la mise en place, certes encore timide, d'une *habitude de l'activité instrumentale*. Car pour que celle-ci se mette en place, il faut que l'enfant ait commencé à intégrer des moments de son vécu comme réutilisables de façon similaire. C'est ce qu'il s'est produit dans l'attitude du petit Jérôme.

Toutefois, à ce stade, il est surtout question non seulement d'investir la forme typique de l'instrument à viser et de l'utiliser dans le signe d'indication, mais encore est-ce bien d'une forme typique dans les liens sociaux, dont la représentation s'est stabilisée chez l'enfant, qu'il s'agit. C'est parce que l'enfant a conscience que ce qu'il sait est également su par l'autre de la même manière qu'il ressent le besoin d'instaurer entre eux cette attention partagée.

C'est parce que Jérôme sait que son grand-père sait la même chose que lui, et qu'il se sait en mesure de reproduire le même geste pour montrer à nouveau cette cheminée à une autre personne que son grand-père, qu'il sait que ce volontaire verra la même cheminée que celle que son grand-père lui a montrée précédemment. Et c'est ainsi que, mentalement, s'instaure ce qu'on peut appeler « l'habitude de l'activité instrumentale ». Jérôme, par son attitude, s'est montré en mesure de considérer la cheminée de la maison voisine comme objet stable pouvant se faire l'outil d'une attention partagée avec une personne différente dans un moment différent parce que la situation a été perçue par lui comme similaire. Si le savoir se stabilise dans l'indication, ce n'est pas le cas lorsque l'enfant en est encore au stade des stéréotypies.

Autrement dit, en réutilisant la *forme typique de la cheminée*, Jérôme a établi un lien social entre ce que lui avait montré son grand-père dans une séance antérieure, et ce qu'il désirait faire comprendre au volontaire de la séance qu'il était en train de vivre. Mais, pour que cet état mental concernant le savoir de l'autre comme certitude, faisant pendant à son propre savoir, ait pris naissance, il a fallu que peu à peu, un travail d'adaptation mentale se mette en place chez le sujet. Savoir que l'autre sait, et ce qu'il sait, requiert un long et profond travail d'adaptation mentale et sociale.

Or c'est bien cette stabilisation du savoir, élaborée en partage cohérent et similaire entre ce que l'enfant sait savoir et ce qu'il sait que l'autre sait, qui engendre peu à peu chez lui une conscience d'appartenir de manière évidente à une communauté. Et, pour que l'enfant ressente le besoin d'attention partagée, et que celle-ci prenne la forme d'un comportement régulier, il a fallu que l'enfant se perçoive comme partie prenante d'un groupe et qu'il ait en sa possession des moyens d'indication signalisant, permettant de joindre ses propres efforts aux efforts collectifs de son entourage sur un même objet. Et, ce n'est qu'à partir de la forme objective de l'indication, déjà acquise, que va se constituer la forme subjective qui définit le premier rapport intentionnel du sujet à l'objet, comme conscience originaire de l'objet.

L'enfant qui est dans sa poussette, qui se promène dans la rue avec ses parents et qui tout à coup se met à crier « avion, en haut » en tendant le doigt avec insistance vers sa cible fait montre par son attitude qu'il a déjà acquis les moyens de l'attention partagée : non seulement par son signe d'indication, il manifeste une envie de mettre en commun simultanément son centre d'intérêt du moment avec ses parents, mais encore, en nommant l'objet (avion) et en le situant (en haut), il se montre capable de façon *stabilisée* d'attirer l'intérêt d'un tiers en localisant spatialement l'objet de son intérêt.

Ainsi, pour que s'instaure l'attention partagée, seul le signe d'indication ne suffit pas, il faut encore que l'enfant ait déjà une maîtrise stable de l'espace, que l'enfant fera paraître dans ses dessins, par exemple, mais également qu'il se montre capable de nommer précisément un point spatial défini. On peut alors légitimement penser que ce n'est qu'avec la capacité de nommer que l'enfant acquiert réellement une vision stable de l'espace et que s'instaure tout naturellement l'attention partagée.

Dans ses dessins, le petit Jérôme est déjà capable de représenter un paysage en deux dimensions, ce qui, pour un si jeune enfant, est très impressionnant, et sa capacité de représentation spatiale est bien la preuve qu'il possède d'ores et déjà une vision non seulement stable de l'espace mais encore une possibilité de se situer dans l'espace lui-même, comme partie intégrante de celui-ci. C'est la raison pour laquelle il s'est montré capable de réinvestir de manière similaire ce que son grand-père lui avait montré, dans une autre séance, avec une personne différente, dans une situation différente mais à laquelle il trouvait une *similitude*. Cependant, Jérôme possède déjà également les moyens suffisants de s'exprimer par le langage qui, même s'il reste balbutiant, est désormais en mesure de se faire porte-parole dans l'indication.

Pour pouvoir développer de telles aptitudes, il est indispensable de se sentir intégré à un groupe qui, par l'intermédiaire de l'attention partagée, permettra à l'enfant de trouver sa place en son sein. C'est parce que cette conscience d'appartenance à un groupe nécessite préalablement que l'individu se situe de manière stable dans son savoir vis-à-vis des autres membres de sa communauté, qu'elle le stabilisera également dans son espace. Et c'est précisément parce qu'il se voit lui-même dans les autres que l'image rémanente du milieu social lui permet, quand il se trouve seul, de prendre le point de vue de ces autres, qui sont d'autres lui-même, pour se guider à distance vers l'objet : autrement dit s'indiquer l'objet à lui-même.

Juliette était une enfant rieuse et joueuse ; tout chez elle était prétexte au jeu, aux mises en scène diverses et variées. Elle adorait se déguiser en toutes sortes de personnages de son cru. Elle était vive et pleine d'imagination, ce qui parfois se prêtait à des débordements, de sorte qu'il n'était pas rare qu'elle se fît gronder pour une de ses idées rocambolesques ou farfelues. Et lorsque la crise était passée, et que quelques jours s'étaient écoulés, on assistait alors de la part de la petite fille à une bien curieuse scène : Juliette s'enfermait dans sa chambre et reprenait pour son compte toute la scène de la veille ou de l'avant-veille. On pouvait alors l'entendre tenir simultanément le rôle de sa mère lui faisant des remontrances et son propre rôle, à ceci près que, si elle reprenait effectivement le thème de la réprimande, elle en modifiait tous les dialogues, comme si elle avait eu besoin de se donner une seconde chance. Tout se passait comme si, en prenant la place de sa mère et en inventant de nouveaux motifs, de nouvelles raisons d'être réprimandée, Juliette montrait très clairement à quel point il lui était nécessaire, dans ce cas précis, pour établir une relation équitable à ses yeux, de devenir pour quelques moments cet autre (en l'occurrence sa mère), qui devenait alors un autre elle-même. Elle transformait de ce fait son propre rôle en objet de sorte à s'indiquer à elle-même, avec la distance requise, les paroles qu'il aurait été juste de répondre si cette mère (cet autre elle-même) lui avait dit précisément cela.

C'était un bien curieux désir, un moment intrigant et quelque peu fascinant, auquel sa maman assistait discrètement, sans se montrer, pour ne pas perturber cette « analyse du lendemain » dont avait besoin sa petite fille, sans doute en guise de réparation vis-à-vis d'elle-même qui la déculpabilisait. Cela dit, il ne s'agissait ni plus ni moins, dans ces moments-là, que d'une nécessité chez la petite Juliette de créer une image rémanente de son milieu à un instant précis de sa vie sociale partagée avec ses proches (en l'occurrence une réprimande par sa mère) lorsqu'elle se trouvait seule et qu'elle pouvait, sans aucune contrainte, réinvestir comme elle l'entendait cette situation particulière.

Ce n'est que lorsque l'enfant est pleinement dans l'attention partagée, se sentant véritablement intégré dans le cercle social que constituent ses proches, qu'il peut percevoir les autres comme d'autres lui-même et être alors en mesure de réinvestir une situation désormais révolue en la « revivant » de manière similaire, mais cependant différente, différence qui permet de créer la distance nécessaire pour offrir à l'enfant la possibilité de s'indiquer à lui-même l'objet de sa visée.

Avec l'étape de l'attention partagée, se met en place une conscience permanente et immanente d'appartenance à une communauté. Quand le cri accompagne le geste d'indication, comme dans l'exemple du petit garçon dans sa poussette, il prend alors un sens d'objet : il devient l'exclamation qui définit la forme originaire du langage verbal et indique l'objet comme *objet de travail*. Mais comme nous le mentionnons plus haut, pour qu'il ait conscience de cette réciprocité, il faut que l'enfant soit en mesure d'associer le fait de nommer avec le fait de montrer : nommer, c'est faire appel à l'autre, c'est intégrer à son propre individu une image toujours présente du groupe auquel on a conscience d'appartenir.

L'enfant TED, lui, non seulement ne montre rien du doigt, ne se révèle pas capable d'attention partagée, mais encore *son regard n'est jamais attiré par un tiers*. Même si un de ses proches cherche à lui montrer quelque chose, non seulement il ne tourne pas la tête, mais encore il ne saisit pas que cela s'adresse à lui en tant qu'individu capable de partager un même intérêt avec quelqu'un d'autre, dans la mesure où il n'a pas primordialement conscience de s'appartenir à lui-même.

Dès l'âge de trois semaines, lorsque la mère de Gabriel lui mettait un hochet dans la main, il était manifeste que cela ne l'intéressait pas le moins du monde, mais il y avait autre chose encore : il ne tournait même pas la tête vers l'objet comme si sa main, qui pourtant tenait le hochet, ne lui appartenait pas. C'était bien simple, on avait réellement le sentiment d'un enfant coupé en deux, tronqué pour ainsi dire : il ne semblait pas ressentir ses membres en propre, il ne semblait pas les appréhender comme faisant partie intégrante de son propre corps. Lorsque Gabriel grandit, les mots ne vinrent pas, il s'exprimait principalement en poussant des cris stridents qui avaient pour signification tout et son contraire.

Et en effet, tant que Gabriel continua à pousser des cris, étape qui précéda le commencement de son écholalie, il n'y eut pas moyen d'attirer son regard vers une péniche qui passait sur la Seine ou un train qui filait sous un pont. Il donnait même le sentiment, dans ces moments-là, d'être aveugle et sourd, ses sens étaient coupés pour ainsi dire, on le sentait isolé dans sa tour d'ivoire de laquelle rien ni personne ne pouvait le sortir.

Lorsque la démarche d'adaptation se met en place chez l'enfant, c'est à ce moment-là qu'il commence à prendre en compte son environnement afin qu'il lui devienne utile. Le développement du langage parachèvera cette adaptation à l'environnement.

L'enfant TED ne développe pas ce *mouvement d'adaptation*. Dans le cas du petit Gabriel qui poussa des cris jusqu'à l'âge de trois ans, le langage ne se développait pas, ni la moindre attitude d'initiative pour quoi que ce fût dans son entourage, aussi était-il logique que l'attention partagée ne fût pas au rendez-vous chez cet enfant.

Un jour, par exemple, les parents de Gabriel avaient organisé une promenade au zoo avec leurs deux enfants, Gabriel l'aîné et sa petite sœur plus jeune que lui de deux ans. Durant toute la visite, Emmanuelle, la sœur cadette, alors âgée de vingt mois, qui avait développé pour son jeune âge un langage quasiment courant et déjà châtié, courait volontiers d'une cage à l'autre appelant avec force bruits l'un de ses parents pour lui faire partager ses judicieuses et malicieuses observations. Son attitude faisait montre qu'elle avait d'ores et déjà investi ce mouvement d'adaptation sociabilisant engendré par cette conscience immanente d'appartenance à un groupe que nous venons d'évoquer plus haut, dans la mesure où elle savait déjà investir les éléments de son environnement comme objets de partage entre ses proches et elle-même.

Pendant ce temps, Gabriel, lui, ne faisait cas d'aucun animal, rien ne l'attirait, il ne semblait pas apercevoir ce qu'on tentait vainement de lui montrer. C'était bien simple, il ne se détournait pas de l'occupation qu'il s'était assignée depuis le début de la visite au zoo et qui consistait à pousser un caillou (toujours le même, cela va de soi) avec la pointe de son soulier, sur lequel son regard était rivé, absorbé, dans une fascination intense dont rien ne semblait pouvoir le distraire.

Emmanuelle, elle, profitait à fond de cette amusante promenade, courait dans tous les coins, ramassait mille feuilles et branches, demandait de tout rapporter à la maison, elle se promettait de transformer ces jolies feuilles en couvertures pour ses poupées, et avec les branches, elle pourrait leur fabriquer une cabane, elle ne tarissait pas de vagabondes idées champêtres, qui font que tous ces petits riens deviennent pour un instant les courtisans favoris du royaume de l'enfance.

Gabriel, lui, alors qu'Emmanuelle était d'une jolie humeur volcanique, restait taciturne. C'était à peine si on parvenait à lui attribuer une humeur quelconque, il n'était pas là, voilà tout. Il ne faisait cas de rien ni de personne, son petit visage restait imperturbablement énigmatique, il n'était pas plus au zoo qu'autre part, et même le caillou qu'il ne cessait de pousser ne semblait pas l'intéresser réellement : tout en lui paraissait d'une effrayante neutralité robotique.

C'est bien tout ce mouvement d'adaptation tant social qu'instrumental qui mène inévitablement à l'attention partagée par la conscience de l'intégration à un groupe qui déjà se développait avec les forces vives de l'enfance chez la petite Emmanuelle et qui ne s'était pas amorcé dans la personnalité de Gabriel. Il ne « s'intéressait » à rien car en réalité ce concept lui était tout à fait étranger, il n'indiquait donc jamais rien du doigt comme sa petite sœur qui le faisait déjà volontiers à tout propos, il n'avait bien entendu pas besoin de prendre l'initiative d'aucun mouvement d'adaptation. C'était bien simple, chez lui, rien ne bougeait, rien ne s'adaptait, il ne faisait tout simplement pas partie de l'environnement.

Emmanuelle, en revanche, par son attitude dans cet épisode, se montre pleinement consciente de faire partie intégrante d'un groupe, en l'occurrence celui constitué par ses parents et elle-même : tout d'abord elle manifeste un intérêt pour l'environnement offert par ce groupe en courant de droite et de gauche et en attirant l'attention de ses proches sur les éléments nouveaux pour elle que lui offre ce lieu inhabituel. Elle perçoit l'intérêt de la nouveauté de cet environnement, et elle le manifeste aux autres en utilisant simultanément des gestes d'indication et la parole, qui sont les deux étapes qui donnent à l'enfant la capacité de nommer.

C'est parce qu'elle est d'ores et déjà en mesure de lier entre eux les objets (les animaux, les feuilles et branches qu'elle ramasse) que lui offre son environnement (le zoo), avec les sujets (ses parents), qu'elle montre qu'elle les sait capables d'attention partagée avec elle-même. Car, dans cet épisode, il est remarquable que la petite Emmanuelle ne cherche jamais à attirer l'attention de son grand frère : instinctivement, elle ne le perçoit pas capable d'attention partagée avec elle, elle l'exclut donc de l'idée qu'elle se fait du groupe qui doit être en mesure d'attention partageable.

De manière profitable, c'est son regard qu'elle utilise tout d'abord afin d'attirer l'attention de ses proches pour ses besoins de partage. Le regard est expression. Or le regard ne fait à proprement pas parler de la personnalité de son grand frère : Gabriel ne regarde jamais rien dans le sens d'une intentionnalité quelconque, et si par hasard il regarde un instant, celui-ci se fait rapidement fuyant, il ne signifie rien. Or c'est le signe qui crée le lien et c'est le lien qui engendre l'intention.

Le mouvement d'indication apparaît sous une forme matérielle. Il s'agit tout d'abord d'un geste de guidage à distance, mais il s'achève comme une visée intentionnelle de l'objet dans l'intériorité du vécu : et le regard de l'enfant se fait alors *expression*. Autrement dit, c'est parce que ce que Damasio dans *L'Erreur de Descartes* nomme l'« arrière-plan corporel » s'est mis en place, que l'enfant est alors capable de se constituer en sujet, c'est-à-dire en être conscient de ses propres limites, stable vis-à-vis de l'altérité dans son espace-temps, et donc en mesure de constituer une distance pour se faire un (unité) par rapport à l'autre (altérité). Il a alors intériorisé son vécu comme lui appartenant en propre, tout en étant un phénomène partageable avec ce qu'il perçoit comme similaire (mais non semblable) à lui, c'est-à-dire l'autre.

C'est bien l'expression du regard chez l'enfant qui crée l'intention du partage et qui lui donne sa signification propre. C'est l'expression du regard qui traduit la pensée, pensée qui se fait alors témoin préalable de la concrétisation du geste d'attention partagée. C'est à partir de ce stade que l'enfant prend peu à peu conscience de son imaginaire, conscience à partir de laquelle se mettra en place chez lui la possibilité de développer de l'empathie vis-à-vis de ses pairs.

De la naissance de l'imaginaire
à la naissance de l'empathie

Les enfants TED n'entrent pas naturellement dans l'imaginaire, au sens où nous l'entendons communément. Cette curieuse impossibilité dérange et interpelle, il est donc légitime de se poser quelques questions : ont-ils accès à un certain type d'imaginaire ? Que représente ce mode d'imaginaire dans la construction de la personnalité ? Quelles conséquences cela a-t-il sur leur comportement ? Ce mode d'imaginaire peut-il réellement mener au développement de l'empathie ?

Il y a plusieurs modes de pensées, l'idée n'est pas nouvelle. Selon Francis Galton dans *Inquiries into Human Faculties and Development,* certaines personnes ont des images mentales très vives alors que pour d'autres « les idées n'apparaissent pas comme des images mentales, mais comme des symboles [1] ».

Si l'on admet le fait qu'il y a plusieurs modes de pensée, on doit également envisager plusieurs types d'imaginaires : le premier mode d'entrée dans l'imaginaire est celui développé par la pensée intuitive, qui est la plus commune. Mais il en existe également un second type, c'est celui d'une pensée imagée ou associative donnant lieu à ce qu'on pourrait appeler l'*imaginaire conceptuel* : celui auquel ont accès les enfants autistes lorsqu'ils sont des penseurs en images.

Cette pensée en images fait des mots une seconde langue. En effet, tous les mots sont traduits en films colorés et sonorisés et défilent dans leur tête comme une cassette vidéo, une

---

1. Temple Grandin, *Penser en images et autres témoignages sur l'autisme,* traduction française par Virginie Schaefer, préface d'Olivier Sacks, Paris, Odile Jacob, 1997, p. 28.

fantastique bibliothèque d'images. Lorsque quelqu'un parle, les mots sont immédiatement traduits en images, et si l'on sait l'exploiter, à l'instar de Temple Grandin, cela peut être un formidable atout.

Cette forme de pensée permet d'exceller dans les techniques visuelles, mais elle est la plupart du temps jointe à une médiocrité des compétences verbales : il s'agit donc, ni plus ni moins, d'une conceptualisation tridimensionnelle du monde existant. Dans son livre *Penser en images*, Temple Grandin, dans un témoignage fascinant de ses extraordinaires facultés, nous explique son mode de fonctionnement intérieur.

Dans le cadre de son activité professionnelle, elle a travaillé pour beaucoup d'entreprises d'élevage sur la conception d'équipements pour bovins. Elle témoigne : « Le défi consistait *à imaginer* un système d'entrée qui encouragerait les bêtes à avancer et à plonger dans l'eau suffisamment profonde pour les immerger complètement et permettre d'éliminer tous les insectes [...] j'ai commencé à faire des essais en trois dimensions dans ma tête. J'ai essayé différents modèles d'entrée, et j'y ai fait passer les bêtes. Trois images se sont fondues ensemble pour former le concept final [1]. »

En effet, les personnalités autistes n'assimilent pas de manière intuitive les informations que la plupart des gens considèrent comme allant de soi. En revanche, ils ont la capacité d'emmagasiner dans leur tête des informations comme un CD-Rom, et lorsqu'ils recherchent l'une d'entre elles, ils se repassent consciencieusement leur propre banque de données, autrement dit les images vidéo que leur offre leur cerveau.

Face à de telles compétences visuelles, que peut-il en être du domaine de l'imaginaire proprement dit ? En tout état de

---

1. *Ibid.*, p. 23.

cause, il ne peut nullement être question d'un même type d'imaginaire que celui qu'on entend communément, dans la mesure où l'on a affaire ici à un mode de pensée qui s'appuie exclusivement sur la réalité.

Temple Grandin témoigne encore : « Mon imagination fonctionne comme un logiciel d'animation graphique. [...] Pour créer de nouvelles images, je pars toujours de mille morceaux d'images que j'ai emmagasinées dans la vidéothèque de mon imagination et que je recolle ensemble [1]. »

Dans ce cas précis, l'imagination n'a aucun caractère onirique. Ici, le sujet ne fait que concevoir préalablement, en visualisant selon un mode tridimensionnel, ce qu'il va fabriquer dans la réalité. Mais tout cela a toujours pour point de départ des éléments déjà existants.

Nous avons donc affaire à un type d'imagination conceptuelle capable de préfabriquer de manière prodigieusement exacte grâce à de remarquables capacités visuelles. Mais il n'est nullement question d'invention, de création, au sens où ce type d'imagination ne donne pas l'être, ne tire pas du néant : il conçoit, il compose, il élabore, il produit, mais il se fonde toujours sur quelque chose qui préexiste. Ce type d'imagination n'offre que les moyens de réutiliser des formes déjà existantes pour les agencer autrement alors que l'invention donne à l'imagination une dimension d'arbitraire qui n'a nul besoin de respecter la réalité et la vérité.

Dans ce mode d'imaginaire, le sujet a exclusivement pour source la réalité. Dans cette structure de pensée, seules les capacités sont mises en jeu, elle requiert même des aptitudes hautement perfectionnées, mais il n'est jamais question d'invention parce qu'il n'est jamais question d'intention :

---

1. *Ibid.*, p. 21.

dans l'acte de création en effet, l'intention est primordiale, essentielle.

Les enfants autistes n'appréhendent effectivement l'environnement qu'en termes de *capacités*, mais jamais en termes d'*intentionnalités*. Or pour entrer dans l'imaginaire intuitif, il faut un savoir, des intentions et une faculté de jugement : ce sont ces trois éléments qui conduisent à la construction d'un schème.

Mais pour que les schèmes apparaissent, il faut que se mette en place ce que nous appellerons l'*ordonnancement*, c'est-à-dire cette nécessaire structure harmonisante faite essentiellement de gestes proposés à l'enfant, de telle manière que son cerveau s'apprivoise inconsciemment et imperceptiblement à tout ce *mouvement d'émergence* qui, à terme, le mènera à la prise de conscience de ses propres savoirs intentionnels et générateurs de jugements dans un contexte défini.

Pour apprivoiser un enfant au concept de *schème temporel*, nous travaillons avec des « suites temporelles » : il s'agit de quatre ou cinq images racontant une histoire simple de la vie quotidienne, et qui, pour certaines, peuvent avoir un aspect mentalisant, posant des questions sur les croyances. Cependant, construire un schème temporalisant chez un enfant exige une démarche lente et ordonnée, car, par lui-même, l'enfant est en général très peu capable de description et il est bien entendu tout à fait inapte à comprendre le lien temporel de cette petite histoire.

Prenons pour exemple une suite qui représente globalement une petite fille dans un square qui vient faire du toboggan : sur la première image, on voit la petite fille monter sur l'échelle pour grimper sur le toboggan, sur la deuxième image on voit la petite fille s'installer sur le haut du toboggan, sur la troisième, elle glisse sur le toboggan, et sur la dernière, on la voit courir vers l'échelle pour recommencer sa glissade.

L'enfant qui ne construit pas de schème temporel naturellement ne saisit pas d'emblée la signification de la première image, à savoir que la petite fille monte sur l'échelle *dans l'intention* d'atteindre le toboggan pour effectuer une glissade. Ce n'est que lorsqu'il comprendra la signification de la deuxième et de la troisième image qu'il saisira enfin celle de cette première image, à savoir que « la petite fille monte sur l'échelle parce qu'elle *a l'intention* d'atteindre le toboggan pour effectuer une glissade ». Or ce processus mental de compréhension requiert souvent un long apprentissage. Et cependant, comme on le voit, cette petite histoire n'engendre aucun type de croyances, seules des intentions très simples sont évoquées ici.

C'est par des gestes préalablement pensés et réalisés dans un ordre particulier qu'on arrivera peu à peu à ce que ce type de schème se mette en place chez l'enfant. Rien ne doit donc être laissé au hasard. Pour construire un schème chez une personnalité qui n'en produit pas par elle-même, il faut tout d'abord la familiariser très lentement à chaque élément (ici chaque image), qui servira à mettre en relation le schème qui alors fera sens.

On prendra donc soin de proposer à l'enfant une description lente et détaillée de chacune des images. Aucun schème ne peut se mettre en place, si chaque élément qui le compose n'est préalablement intégré par la personnalité de l'enfant. Il s'agit donc d'un travail ordonné, minutieux, et qui requiert la plus grande lenteur afin d'aller en profondeur.

Pour qu'un enfant com-prenne (prenne en lui et par lui-même) un schème temporel, il est nécessaire que nos gestes soient doucement incorporants, lentement assimilants, ainsi prendront-ils peu à peu pour l'enfant un sens associant et unifiant. Avant donc de lui demander une participation active pour vérifier sa compréhension de l'histoire, on aura soin de placer les images que nous lui décrivons dans le bon ordre.

C'est un geste essentiel, car c'est un geste mental. En effet, pour qu'un schème soit un jour compris en tant qu'ordonnancement nécessaire à l'entrée dans un contexte totalisant, il faut que le cerveau s'éduque peu à peu à l'ordre gestuel créateur de lien par le verbe qui donnera sens à ce schème.

Et lorsque cette première étape sera passée, lorsqu'on aura donné suffisamment de temps à une description détaillée de chaque image proposée dans le bon ordre temporel (ce qui peut prendre plusieurs semaines, cela va de soi), on pourra alors passer à la deuxième étape, celle de commencer à faire percevoir à l'enfant les *liens* entre chacune de ces images. Après avoir initié le lien, en façonnant la compréhension du cerveau au moyen de gestes d'ordonnancement, mais sans en faire prendre réellement conscience à l'enfant, la deuxième étape est celle de sa première prise de conscience en introduisant des petits mots de liens temporels (« d'abord », « ensuite », « enfin »). Autrement dit, après avoir uniquement *gestualisé* le lien, on commence à le *verbaliser* dans un deuxième temps.

Et ainsi le schème apparaît-il lorsque l'enfant fait peu à peu le lien, en comprenant que la deuxième image est l'effet causé par l'intention évoquée dans la première image et que la troisième image est l'effet causé par l'intention évoquée par la deuxième image, et ainsi de suite. C'est donc lorsque l'enfant comprend qu'un effet est engendré par une intention que le schème se met en place, lentement.

Et c'est lorsque l'enfant commence à établir des liens entre ce qu'il fait et ce que cela produit que son schème se stabilise. Il reproduira plusieurs fois un même geste pour s'assurer de ce lien. Il faudra encore attendre pour que, grâce à cette répétition, il soit en mesure d'établir des liens entre des situations similaires mais non identiques.

Et, c'est parce que ce que nous appellerons les *émotions d'allant* (les émotions qui permettent la mise en route du choix et donc d'une démarche) se mettent en place chez le jeune enfant, que se construisent les schèmes. Mais c'est l'intégration du lien de l'effet à l'intention qui ordonnance les émotions. Ainsi, le sujet se construit très tôt dans cette première démarche rythmée par la compréhension que chaque effet a une intention, et que ce phénomène se répète indéfiniment et forme à terme une *totalité*. Et c'est lorsque ce *rythme de totalité* sera intégré par l'enfant qu'il commencera à devenir un être globalisant capable d'embrasser l'autre sur un mode totalisant.

La construction d'un schème est conscience d'une *totalité*, elle témoigne d'un psychisme en voie de symbolisation, dans la mesure où celle-ci ne peut advenir que lorsque l'enfant a pris conscience de cette totalité, fruit de l'intégration du lien de l'effet à l'intention qui ordonnance ses émotions, comme nous venons de le voir. Le symbole est un signe de reconnaissance, non pas tant d'une personne que de la relation qui l'unit à l'autre.

Comment pourrait-il y avoir avènement du symbole, c'est-à-dire d'une relation tout à la fois unificatrice et unifiante pour l'être par rapport à l'autre, nécessaire suture entre l'objet mental et l'objet réel, sans l'apparition préalable du rythme, c'est-à-dire la faculté d'accomplir ensemble un mouvement en quête d'harmonie ? C'est ce qui, dans l'imaginaire associatif, n'est tout bonnement pas envisageable, dans la mesure où il ne s'agit jamais d'un *vécu* au sens d'un *ressenti*, mais d'une *chosification*. Or le rythme ne s'appréhende que par et à travers le vécu, ressenti en soi-même par l'autre : c'est alors que naît ce que nous appellerons la *résonance*.

Afin que tout ce processus de résonance s'ordonne donc pour que les émotions émergent et que naissent les intentions, une mise en place de ce rythme unificateur et unifiant comme joint vers l'intention est absolument indispensable. C'est en ce rythme que naissent les émotions, c'est par ce rythme qu'apparaît l'intention. Comprendre comment naît l'intention, c'est intégrer le rôle du rythme de chacun, à la fois comme point d'ancrage et comme ordonnancement.

Toute intention est fruit d'une émotion, sans émotions l'intention n'est pas. C'est parce que l'être éprouve une émotion qu'il se trouve en mesure de s'impliquer dans une situation en en percevant l'intérêt, et donc en étant capable d'élaborer une démarche pour atteindre un but. En effet, la personnalité qui n'éprouve pas d'émotion ne perçoit jamais aucune intention, et donc ne s'implique jamais dans aucune situation : tout est vécu par elle comme par enchantement, il ne lui vient jamais à l'idée de se poser la question du pourquoi et du comment de tel phénomène. Pour elle, c'est ainsi, et voilà tout !

C'est la naissance des émotions d'allant qui créent l'envie, et donc la capacité d'entrer dans une démarche pour atteindre un but, qui engendre l'*intention*. L'intention ne se fait jour que lorsque la personnalité est en mesure d'appréhender une situation en tant qu'acteur de celle-ci, mais aussi en tant que son créateur. Intentionnaliser, c'est créer un mode d'intervention capable de façonner ou de modifier un contexte nouveau ou déjà existant. C'est par l'envie que l'intention naît, c'est par la démarche qu'elle se réalise, c'est dans le but qu'elle se perpétue et entre ainsi dans le temps. Il n'y a pas d'intention envisageable sans une entrée dans le temps.

Un individu globalisant est un être entré dans le temps et qui se montre capable de com-prendre, de prendre avec lui un ensemble d'objets faisant lien pour lui dans un contexte délimité. C'est parce que l'individu est en mesure de ressentir ce lien avec la totalité intérieure que naît l'acte. C'est par la conscience de son acte, que l'individu perçoit sa propre limite, et c'est par la conscience de cette limite qu'il engendre un rythme qui lui est propre.

Autrement dit, c'est parce que l'on agit que l'on comprend, mais on ne peut agir que dans et sur un rythme globalisant. On ne comprend qu'à la condition que le rythme fasse résonance dans le corps, soit ressenti par lui. Le cerveau de l'homme ne peut entendre que ce que son corps a préalablement *com-pris* et cette prise pour soi-même, cette *com-préhension* n'a de moyen d'existence que l'harmonie d'un rythme qui lui est propre. C'est le rythme *empathisé* parce que *engendré par* le corps, qui donne à l'être son mode d'agir et donc de comprendre.

Pendant de longues années, Louis s'est montré tout à fait incapable de *globaliser* : cela se traduisait à plusieurs niveaux dans sa vie quotidienne. D'une part, dans tout ce qui concernait le domaine de la numération, et très spécifiquement le dénombrement d'objets, il lui était impossible d'énoncer un chiffre précis, même de très faible quantité, ou alors, il se mettait à compter très lentement, s'y reprenant à plusieurs reprises, alors qu'il ne s'agissait que de compter trois doigts par exemple. Lorsque cela excédait cinq, il lui devenait tout à fait impossible d'énoncer le bon chiffre.

Mais cette difficulté à *globaliser* se traduisait également dans son langage : par exemple, il employait mal les pronoms personnels, il était incapable de construire une phrase exprimant un lien entre une personne et une action accomplie, surtout lorsqu'il n'était pas concerné directement comme par exemple : « C'est la fille à qui tu as prêté ton livre ce matin », ou : « C'est la raison pour laquelle vous avez chanté. » Toutes ces tournures de phrases lui étaient tout bonnement impossibles, car, ne globalisant pas ou mal, il n'était pas en mesure d'envisager une situation dans sa totalité avec les raisons des actions et leurs conséquences. Pour être en mesure de globaliser, il faut comprendre le lien, et pour être dans le lien, il faut être dans l'action, donc si l'on n'agit pas, on ne globalise pas, ou mal.

J'ai pu remarquer que chez tous les enfants que j'ai fait travailler, la quantité « cinq » était l'écueil au-delà duquel ces derniers ne pouvaient plus percevoir de manière globale. Le chiffre « cinq » est à mon sens le *chiffre du rythme corporel* en tant que rythme totalisant et totalisateur, celui qui donne à l'être la possibilité de pas rester éparpillé dans les miettes de l'existence. Lorsqu'un enfant est en mesure de reproduire cinq frappés de mains, par exemple, en les effectuant par *mimétisme*, on peut être certain que son cerveau globalise correctement ; en deçà de cinq, un enfant qui globalise un peu est généralement capable, avec de l'exercice certes, d'appréhender la bonne quantité, jamais au-delà de cinq !

Un enfant qui n'appréhende pas globalement la quantité « cinq » est une personnalité incapable de se mettre dans l'action. C'est cette quantité que le cerveau doit atteindre dans sa perception globale pour permettre à la personnalité de progresser en épousant le rythme du milieu dans lequel il se trouve. Et cette perception ne peut être atteinte que si l'« arrière-plan corporel » de l'enfant est en place, c'est-à-dire la faculté de s'envisager comme sujet appréhendant sa propre expérience, et étant donc en mesure de réinvestir ce vécu pour en affronter un autre similaire.

Cette totalité ne peut s'envisager que s'il y a conscience de la *subjectivité*, dans la mesure où elle est ressentie *par* et *dans* le sujet lui-même : elle est tout à la fois constitutive du sujet et constructrice de ce dernier, car elle se révèle à lui mais également elle révèle au sujet des propriétés le concernant. Et c'est bien par cette *réciprocité*, rythme concordant et ajusté, que se met en place ce que nous appelons l'« ordonnancement ». C'est précisément parce que ces propriétés sont perçues comme totalisantes pour l'individu, tant dans les faits que dans le rythme, qu'elles permettent à la personnalité de faire l'expérience de sa propre limite. Or, nous l'avons vu, la limite est conscience de l'altérité. Le sujet ne peut se représenter cette altérité qu'en référence à son présent propre : c'est la conscience sociale d'exister en tant que tel, dans un lieu déterminé, au titre d'une cohérence, qui se fait alors jour. Et cette définition du présent, vécue comme une totalité intérieure, et différente des autres, est précisément le moyen de penser les autres, autrement dit de penser l'hétérogène.

Ce ressenti comme totalité donne à l'être la possibilité de penser l'hétérogène, c'est-à-dire la possibilité de penser tout court. La conscience d'être sujet dans un milieu où l'autre se donne à la perception engendre un ordonnancement et donc une structure. C'est par sa structure que l'homme construit son histoire, son passé, dont la conscience n'est autre que la découverte progressive de son rythme, de sa différence qui façonne sa totalité intérieure.

C'est ainsi de l'*ordonnancement* que naît la faculté d'imitation. On ne peut *imiter* que ce que l'on *ressent* comme *différent* de soi et en même temps *similaire*. C'est d'ailleurs également par mimétisme que le symbole prend sens. Le symbole n'a de signification que dans une union projetante dans l'autre. Et cette projection implique la conscience d'une pensée intuitive, d'un savoir partagé : parce que c'est dans l'être totalisé que naît l'agir, la possibilité de transmission. En revanche, comme nous l'avons vu plus haut, lorsque le symbole ne naît pas, lorsque le symbole manque, c'est le symptôme qui surgit : celui-ci ne se transmet pas dans la mesure où il est symbole en rupture. Or toute rupture est *désordonnancement*.

Reprenons l'histoire de Samuel, ce petit garçon de dix ans qui avait d'excellentes compétences linguistiques et à qui j'avais demandé, lors d'une séance, de construire une histoire de son cru avec des petits personnages. Il était en effet remarquable que l'enfant déplaçait consciencieusement personnage par personnage sans chercher à les faire interagir entre eux.

Il n'utilisait jamais deux personnages simultanément. De plus, lorsqu'il *s'occupait* de l'un d'entre eux, il était flagrant qu'il le déplaçait d'un lieu vers un autre, et que ces déplacements hasardeux n'engendraient pas la moindre ébauche de construction d'histoire, surtout, cela se passait dans le silence le plus total, sans ouvrir la bouche, sans proférer une seule parole. Et lorsque je l'avais interrogé sur les raisons de son silence, il m'avait donné cette curieuse réponse : « C'est normal, il n'y a pas d'histoire dans ma tête, elle est toute vide ma tête ! »

Samuel, nous l'avons vu, n'aimait pas le modèle, il ne supportait pas de s'y conformer. Or, cette incapacité à se conformer au modèle fait que les gestes de cet enfant ne peuvent pas être des gestes symbolisants, des gestes *rythmiques*, parce qu'ils ne sont pas des gestes *com-pris* : ils ne sont donc pas pleinement *actes*. C'est la raison pour laquelle Samuel ne construit rien, n'imagine rien. Car, pour imaginer, symboliser donc, il faut acter dans le présent, dans le réel, et pour acter dans ce présent, il faut acquérir le rythme de sa propre compréhension, celui qui permet à chaque être d'entrer dans le temps.

Pour entrer dans son rythme *com-préhensif*, pour que celui-ci soit globalisant et totalisant pour l'individu, donc tout à la fois symbolisant et temporalisant, il est nécessaire d'acquérir un certain type de savoir : un savoir qui porte sur le croire. Et pour que ce savoir devienne pleinement *préhensif* de la réalité qui le contient et le construit sans cesse, il faut que celui-ci se fasse intention. Ce n'est que lorsque ce savoir porte sur une croyance qu'il peut être porteur de jugements. L'entrée dans l'imaginaire intuitif ne peut se faire que si ces trois conditions – savoir, intention, et jugement – sont réunies.

La première pierre de l'imaginaire intuitif est ainsi le savoir, un savoir qui porte sur le croire : un savoir qui implique la connaissance de l'autre et donc ses propres limites mais du même coup l'étendue de ses possibilités.

Lorsque le petit Augustin inventait mille péripéties et coups de théâtre pendant ses vacances chez ses grands-parents, ses plans rocambolesques n'étaient pour ainsi dire jamais déjoués. Augustin *savait* exploiter l'environnement, *savait* anticiper les réactions des autres, et mesurait avec justesse leurs croyances pour accomplir son dessein. Il maîtrisait parfaitement ce que croyait l'autre pour arriver à ses fins.

Un jour, alors qu'il savait sa mère très pressée, il entreprit de lui téléphoner de la maison d'une de ses tantes en se faisant passer pour le marchand de légumes qu'elle fréquentait sur son marché parisien. En effet, Augustin savait que ce dernier avait une résidence secondaire dans le village voisin de celui de ses grands-parents, et qu'il lui serait facile de trouver le numéro de téléphone dans l'annuaire.

Ayant une grande aptitude à falsifier sa voix, il se fit passer pour le marchand de légumes et, pendant une demi-heure, il infligea à sa mère d'accepter non seulement que celui-ci lui apporte des légumes dont elle n'avait nul besoin, mais encore d'expliquer le chemin dix fois comme s'il ne le comprenait pas, si bien que lorsqu'il raccrocha, il laissa sa mère dans un état d'énervement extrême. D'une part, elle s'était mise très en retard et d'autre part elle n'avait absolument aucune envie de voir arriver le marchand de légumes chez elle.

Une fois de plus, Augustin avait réussi son subterfuge : il s'était montré capable de mesurer les croyances de sa mère. Il avait su exploiter les bons arguments, pour se montrer convaincant pour être cru de sa mère. Autrement dit, c'est son propre savoir qui avait permis d'exploiter à bon escient les croyances de l'Autre, et qui lui avait permis d'imaginer intuitivement, et donc d'élaborer une situation suffisamment logique pour être crédible.

La deuxième caractéristique de la construction de l'imaginaire intuitif est l'intention. Dans le cas d'Augustin, ses *intentions* sont claires. En assemblant tout ce qu'il sait et notamment les croyances de sa mère en ce qui concerne la proximité de la résidence secondaire du marchand de légumes de son propre village, mais également les croyances éventuelles du marchand de légumes (qui, dans l'imagination du petit garçon, aurait parfaitement pu agir ainsi), il est en mesure de bâtir un scénario plausible fondé sur des *intentions*. L'intention de se faire passer pour un autre dans la mesure où il sait avoir les moyens d'être cru étant donné sa connaissance du contexte.

La troisième condition de la mise en place de l'imaginaire intuitif est la capacité de jugement. En effet, c'est parce que l'on a une connaissance de l'ensemble des croyances qui a permis aux intentions de se réaliser que l'on est en mesure de porter un *jugement* dans un contexte appréhendé en *totalité*. C'est lorsqu'on peut envisager les réactions de chacun, que l'on est à même de porter un *jugement* sur ce contexte. Juger, c'est attribuer une valeur à chaque acte, c'est faire de l'intention le marchepied de l'imaginaire : un imaginaire profondément empathique, profondément empathisé, qui donne à l'être la puissance de se faire autre.

Dans l'histoire d'Augustin, ses facultés de jugement font que, grâce à sa connaissance des croyances de sa mère, il a intentionnellement mis en place un certain scénario qu'il savait être sans conséquences réelles. À partir du moment où l'on est en mesure d'*anticiper* sur les *croyances* des autres, les *intentions* naissent et l'on porte un *jugement* sur l'ensemble du contexte.

La naissance de l'empathie
ou la nécessité d'être l'autre

Un lundi matin, alors que Gilles arrive pour sa séance, je sens que quelque chose ne va pas, ou plutôt que quelque chose d'inhabituel s'est produit en lui. Pendant plusieurs minutes, je tente de savoir ce qu'il en est mais je n'obtiens que des réponses évasives, d'une syntaxe douteuse. Gilles est rouge, tremblant ; je lui propose de s'étendre pour se relaxer. Je comprends que quelque chose s'est produit en lui, chez lui sans doute, mais qu'il n'arrive pas à l'exprimer.

Et cependant, même si cet épisode ne manque pas d'être pénible pour lui comme pour moi, je suis certaine que quelque chose de nouveau est en train de s'accomplir, pour la première fois, je n'ai plus face à moi quelqu'un d'extérieur à lui-même, quelque chose a surgi, comme un cataclysme dont je ne mesure pas encore l'étendue. De manière submergeante, de manière envahissante, de manière désordonnée, un phéno-mène essentiel est en train poindre, celui pour lequel j'ai tant travaillé, celui que j'ai tant espéré, celui que j'attends depuis tant d'années. J'assiste réellement à un véritable accouchement : la naissance des émotions de Gilles !

Après l'épisode de relaxation que je lui ai faite durant laquelle je l'ai massé, il est enfin en mesure de me raconter ce qui s'est passé : ce week-end, ses parents ont perdu un ami très cher, et c'est la première fois qu'il prend conscience de ce qui se passe. Il se met alors à me décrire ce que cela provoque en lui, de ressentir un sentiment, une émotion : « C'est comme une vague qui me submerge, et à la fois j'ai le sentiment d'être vraiment quelqu'un d'entier, et c'est la première fois que cela me fait ça ! », me dit-il.

Il me *demande* alors, lui qui jusqu'ici ne me demandait jamais rien, ne prenait jamais aucune initiative et m'obéissait au doigt et à l'œil, si je peux lui donner des feuilles de papier : il voudrait me dessiner ce qu'il *ressent* ! Je m'exécute sans mot dire, heureuse de ne plus caporaliser ! Et je vois alors se tracer sous mes yeux les plus bouleversants dessins que j'ai jamais vus. Il se dessine lui-même tout d'abord, me dit-il avec un regard qui *exprime* la tristesse, et me demande des crayons de couleur. Je n'en reviens pas, je ne l'ai jamais vu ainsi, aussi actif, aussi décidé, aussi ému. Je vais donc lui en chercher. Alors, dans un silence monacal, je le regarde tracer à l'intérieur du corps qui le représente des tas de traits entrelacés de toutes les couleurs, et des formes ondulées. Lorsqu'il a terminé et que cela ne ressemble qu'à un bel imbroglio, il me dit que ce qu'il ressent est d'une telle confusion, mais également d'une telle force entraînante que c'est cela qu'il a voulu représenter par l'amalgame des couleurs.

En un week-end, Gilles n'est plus le même. Il s'est mis soudainement à employer des termes qui jusqu'ici lui étaient totalement étrangers : ressentir, représenter… lui qui durant des années m'a dit qu'il ne comprenait absolument pas ce que pouvait signifier ce terme de *ressentir*, lui qui, depuis toujours, n'était nullement dérangé lorsqu'on lui donnait un modèle à reproduire et à qui la question de la représentation échappait totalement, indifférait au plus haut point. Gilles s'était métamorphosé en deux jours, et je n'étais pas au bout de ma surprise.

Lorsqu'il eut terminé de se représenter ainsi, avec toutes les couleurs enchevêtrées dans son corps, il me dit que son dessin n'était pas terminé : il reprit son crayon et, dans les bras du bonhomme qui le représentait, il dessina un cercueil. Il se produisit alors quelque chose d'incroyable. Je lui dis :

« C'est le cercueil de ton ami Alain que tu portes ? »

Et il me fit cette magnifique réponse :

« Oui, mais c'est aussi un peu moi ce cercueil, comme si c'était moi qui étais à la place d'Alain… »

L'empathie venait de naître chez Gilles, cette magnifique nécessité d'être l'autre et qui est avant tout le privilège de l'homme. Je me sentis soudain épuisée, je ne pouvais plus contenir ma propre émotion. En cet instant, je goûtais pleinement la victoire de ne plus devoir être le maître et de me laisser porter par la réalisation de cette espérance à laquelle je n'avais jamais renoncé, mais qui, à bien des moments, n'avait été que du domaine de la foi. Cette foi en l'enfant, en l'homme en devenir qui, depuis des années, était mon infaillible *credo* !

Alors qu'il remarquait mon émotion, il la comprit, il la ressentit. Il fit un geste d'une incroyable intensité, le plus beau des cadeaux qu'il pouvait m'offrir : il posa sa main sur la mienne et presque imperceptiblement me dit « merci ».

Dès lors, je ressentis la nécessité de bouleverser intégralement mon travail avec Gilles : il n'avait plus besoin du maître que j'avais représenté pour lui jusque-là, je pouvais enfin me faire humble tuteur du développement de son libre arbitre, de son empathie naissante, encore fragile. Mais, je savais par expérience combien c'est l'exercice de notre libre arbitre qui suscite notre empathie, qui nous fait pleinement ressentir ce besoin d'être l'autre tout en restant soi-même.

À partir de ce jour, autant que possible, je laissai Gilles raisonner par lui-même : il n'y avait que comme cela, me semblait-il, qu'il pouvait s'ériger en libre arbitre, exercer cette faculté essentielle qui fait que l'on devient maître de ses décisions et de ses choix et qu'ainsi on peut entrer en empathie avec son environnement. Certes, dans les débuts, cela resta très balbutiant, très incertain : pendant tant d'années il avait eu besoin d'une main pour le diriger dans tous les domaines ! Et pourtant, le temps de l'autonomie était venu : il fallait bien en passer par là.

C'est parce que je sentis, à partir de ce jour, que Gilles entrait à présent dans le temps et dans l'espace et donc dans la capacité à s'identifier, même si cela restait encore fragile et ténu, que je modifiai intégralement mes séances de travail, mais également mon attitude personnelle : le moment était venu que je me retire lentement. Le temps du maître s'était tari. Je ne devais devenir pour lui peu à peu qu'un cadre, un prétexte à cette construction d'intégrité, à cette élaboration d'une totalité intérieure, que la naissance de sa propre empathie lui donnait l'occasion d'expérimenter enfin !

Alors que jusque-là j'avais exercé une autorité sans faille, le menant toujours derrière moi pour lui baliser le chemin, je pus, petit à petit, desserrer mon étau et lui offrir l'exaltante sensation de se plonger dans sa propre expérience. Rien ne me paraissait plus essentiel pour développer son empathie que de le placer face à son propre choix. Car il n'y a que dans le choix que l'on mesure simultanément ses propres limites et la nécessité de se faire autre.

Commencèrent alors entre nous de toutes nouvelles relations. Je fis en sorte d'être en permanence cet autre sur lequel il pouvait exercer son empathie. Autrement dit, lorsqu'il me posait des questions, je ne lui donnais jamais de réponses déterminées, mais je lui disais toujours : « À ton avis, qu'est-ce que je ferais à ta place ? » ou encore : « Que penses-tu que je pense de ce que tu viens de faire ? » Et ainsi, en exerçant pendant des mois son libre arbitre, Gilles développa des capacités d'empathie tout à fait insoupçonnables.

C'est en effet dans la liberté que la décision prend sens, et c'est dans la capacité d'arbitrage que s'engendre le choix. C'est parce que l'individu est libre qu'il se fait arbitre de lui-même, mais également, c'est parce que l'individu est à la fois limite et distance pour lui-même qu'il façonne cet arbitrage dans et par sa liberté.

Et, de fait, l'empathie est ce qui fait de l'homme un être identifié par l'autre comme un être identifiant pour l'autre.

C'est cette aptitude qui relève primordialement de l'identification. Or celle-ci ne peut advenir qu'à un moment précis, dans un contexte défini comme un accomplissement en confidence et en correspondance avec l'Autre.

Et ce n'est que par l'exercice de ce libre arbitre que l'empathie se fait alors ce révélateur, ce miroir, qui lentement échafaude, fonde puis édifie ce qui se nomme « temps humain ». C'est la mise en place simultanée de cette limite subjective qui s'érige en tant que distance à l'autre et s'agrège à l'acte de l'homme comme une nécessaire entrée dans le temps et dans l'espace. L'identification propre à l'individu, dans son être, ne peut advenir que par la reconnaissance de son propre rythme, architecte de la compréhension de son acte.

C'est parce que l'empathie est saisissement d'un moment subjectif, d'une identification, d'un commencement de saisie de soi donc, que l'individu est en mesure d'appréhender l'espace comme la représentation de ses propres mouvements. C'est parce qu'il envisage de les concevoir comme une visée vers un objet, que l'espace se fait nécessairement l'annonceur du temps. Et c'est cette présence essentielle qui engendre le rapport du réel au mental. « Au commencement était l'acte », écrit Goethe, parce qu'il ne peut y avoir de commencement sans acte, ni d'acte sans commencement.

Pendant des années, le temps n'eut aucune prise sur Hugues. Lorsque je lui donnais un quelconque exercice à faire, il n'y avait jamais moyen que je m'éloigne, sinon il replongeait instantanément dans son monde. Son regard s'égarait, toute sa personnalité fuyait, s'anéantissait, comme vidée de toute sub-stance. Il se mettait à se balancer d'avant en arrière sans que rien ni personne n'existât plus pour lui.

Cependant, je savais qu'il fallait en passer par là pour que peu à peu l'acte prenne naissance chez lui. Alors, petit à petit, sans quitter la pièce, je m'éloignais sensiblement de lui pour qu'il fasse l'exercice que je lui avais demandé. Je ne le laissais jamais seul plus de cinq minutes, car la plupart du temps, il oubliait immédiatement ce que je lui avais demandé.

Longtemps, il fallut revenir sans cesse à la charge pour obtenir de lui qu'il se mît à faire quelque chose par lui-même. Cependant, d'une séance de travail sur l'autre, tout semblait oublié, tout se passait comme si je ne lui avais jamais rien fait faire de semblable, une page blanche.

Lorsqu'on observait Hugues dans ses agissements, on avait vraiment le sentiment de se trouver face à un robot, tout dans ce garçon respirait la rigidité la plus inflexible, la raideur la plus mécanique. Dans ces moments-là, on ressentait fortement à quel point ses gestes ne lui appartenaient pas, semblaient comme détachés de son corps, sans signification pour lui, sans réelle identification, pauvre mécanique indifférente à une quelconque intention, à une quelconque visée.

Autrement dit, Hugues était incapable de prendre l'initiative d'un geste générateur d'un résultat, et bien entendu, il se montrait incapable de décider quoi que ce fût par lui-même en règle générale. Ses gestes n'étaient donc pas des actes à proprement parler, ils n'étaient jamais le fruit d'une décision consciente, personnelle, agissant dans un but déterminé, en vue d'un résultat précis.

Cependant, à force de travail, mois après mois, année après année, la personnalité de Hugues se fit plus consistante, plus constante pourrait-on dire, et de fait, il se montra de plus en plus capable de petits gestes autonomes. Peu à peu la décision prenait poids dans sa personnalité, l'utile et l'utilisable semblaient éclore comme une plante fragile, et Hugues prenait volontiers de plus en plus d'initiatives. Il paraissait de plus en plus concerné, de plus en plus intéressé, présent à ce que nous faisions ensemble. Je pus alors élargir le choix des exercices que je lui proposais. Par ce changement, je voulais susciter en lui un besoin, une envie de choix.

D'une manière générale, la personnalité du tout petit enfant ne se sent exister véritablement que dans le choix. C'est par cette diversité proposée par son environnement que le tout-petit prend peu à peu conscience de sa propre identité, car c'est en identifiant ses choix comme autres qu'il se sait un face à ces autres et que s'élabore alors lentement en lui un processus empathique avec son environnement. Et c'est bien cela qui, chez Hugues, ne s'était pas mis en place et qu'il fallait donc susciter, éveiller. Car c'est par le choix et dans le choix que l'enfant trouve son propre rythme et devient le sujet de ses actes.

De fait, j'instaurai pour Hugues des séances où il se retrouvait assis par terre, environné d'une dizaine d'activités les plus diverses. Les premières semaines, mon principal souci fut qu'il accepte de varier le plus souvent possible ses activités, car un changement même minime engendrait encore en lui une véritable peur panique.

Lorsqu'il se montra plus familiarisé avec le changement, je lui appris à se poser des questions sur le matériel proposé. Même si cela restait encore extrêmement difficile pour lui, je le sentais de plus en plus présent à ce que nous faisions ensemble et heureux de le faire. Je sentais que nous gagnions du terrain.

Après une année longue et fastidieuse, j'étais arrivée à ce qu'il cesse d'avoir peur du changement et du choix que toute sa personnalité ressentait comme un véritable engagement. Alors que nous étions dans une de nos séances, il me fit soudain remarquer le plus naturellement du monde qu'il pourrait sans doute se servir des notices pour avoir une meilleure connaissance du matériel. Il fit cette remarque comme si cela lui était toujours tombé sous le sens, lui qui, la veille encore, n'avait jamais mentionné l'existence de celles-ci à tel point que je pensais qu'il ne les avait pas remarquées. J'étais ébahie : quelque chose d'essentiel était en train de se produire. Hugues allait entrer dans l'acte proprement dit, Hugues commençait lentement à développer de l'empathie pour son environnement.

Et le cadeau qu'il me fit fut encore plus total lorsqu'il ajouta qu'il se donnait dix minutes pour lire la notice avant de m'en parler et pour la première fois je le vis regarder la montre qu'il avait au poignet dans un but utilitaire. Il me montra sur son cadran jusqu'à quelle heure il se donnait pour lire son document et me fit ostensiblement comprendre qu'il fallait que je m'éloigne.

Je n'en revenais pas, cela s'était produit tout à coup, comme quelque chose de tout à fait naturel, comme s'il avait toujours vécu, pensé ainsi. Je détournai la tête pour qu'il ne vît pas mon émotion. Hugues entrait dans le temps, Hugues entrait dans l'acte, il allait peu à peu faire de lui-même une personnalité autonome, capable de mieux en mieux décider, d'anticiper sur une situation, d'entrer de plus en plus en empathie avec son entourage. Six longues années s'étaient écoulées avant d'en arriver là, j'avais souvent eu le sentiment de pédaler dans le vide, cependant j'eus la preuve ce jour-là qu'il ne faut jamais désespérer. Il ne faut jamais lâcher.

Mais le domaine de l'empathie est large, il concerne également les animaux, notamment certains types de singes tels que les chimpanzés. Ces derniers, en effet, sont en mesure d'adopter le point de vue de l'autre tout en conservant leur propre point de vue. Dans une expérience de Povinelli, des chimpanzés se sont montrés capables d'alterner les positions d'informateur et d'opérateur sans apprentissage. Face à un opérateur humain, ils comprenaient leur tâche d'informateur tout comme face à un informateur humain, ils comprenaient

leur tâche d'opérateur. Cette réaction nous ramène curieusement une fois de plus au concept d'*identification*. En effet,
seuls les singes qui se reconnaissent dans un miroir, comme
c'est le cas du chimpanzé, réussissent cette expérience. En
d'autres termes, l'identification est une condition nécessaire
primordiale de l'empathie.

Certes dans le cas des chimpanzés, leur empathie ne
requiert pas d'autres capacités que celles de pouvoir s'identifier dans un miroir. Dans son émouvant témoignage *Penser en
images,* Temple Grandin reconnaît ne pas être capable de plus
d'empathie qu'un animal, et dit avoir dû faire un effort intellectuel pour apprendre les comportements adaptés aux
diverses situations, et elle ajoute que c'est l'accumulation de
telles expériences qui l'a aidée à améliorer ses aptitudes
sociales.

L'empathie qui fait partie des caractères innés de l'homme
normé peut aussi faire l'objet d'un apprentissage. Naturellement l'enfant, dans son développement psychique, se montre
capable d'une véritable empathie à partir de l'âge de quatre ans
environ, mais il s'agit là d'une moyenne. L'évolution de l'empathie n'atteint son point culminant qu'à partir de l'âge de sept
ans lorsque l'enfant se montre en mesure de répondre à des
tests tels que celui de Piaget qui consiste à proposer à l'enfant
de se placer mentalement sur trois sommets différents, et,
toujours mentalement, de faire comme s'il se trouvait à cette
place, et de décrire avec précision le point de vue qu'il aurait
s'il se trouvait à cette place effectivement.

Avant quatre ans, et parfois au-delà, un enfant d'une intelligence supérieure peut encore poser des questions non
mentalisantes, qui, lorsqu'on n'est pas averti, peuvent paraître
curieuses, et que les parents interprètent souvent comme un
besoin de se rassurer, alors qu'en réalité l'enfant ne définit
pas encore précisément les limites de son espace-temps.

Alors qu'elle était une enfant d'une rare vivacité d'esprit, France, lorsque sa mère l'emmenait tous les matins à l'école, cartable en main, demandait absolument tous les jours si c'était bien à l'école que l'on allait. Cette attitude mentale se reproduisait assez fréquemment surtout lorsqu'il s'agissait de se rendre dans des lieux qui lui étaient très familiers. C'était pourtant une enfant qui avait appris à lire l'heure très tôt, dès l'âge de quatre ans, et cependant cette aptitude ne semblait pas lui servir à se situer dans le temps.

Simultanément, sa mère avait remarqué que, lorsqu'elle sortait de classe, alors qu'elle était une élève brillante, largement en avance dans ses capacités, elle était toujours incapable de raconter quoi que ce fût de ce qui s'était passé : là encore, le temps avait glissé sur elle. Et cependant, cela ne l'empêchait pas de revenir avec des cahiers impeccables, des leçons parfaitement recopiées, et le travail du soir ne lui posait absolument aucun problème. Elle était excellente en mathématiques, avait une capacité de déduction logique impressionnante pour son âge, lisait couramment depuis l'âge de quatre ans, bref, sa difficulté à *mentaliser* ne relevait d'aucune déficience de compréhension intellectuelle ni de la moindre submersion, en apparence tout du moins.

Sa toute petite enfance n'avait pas été simple, loin de là, car les graves difficultés de son frère aîné l'avaient longtemps placée, et la plaçaient encore dans une certaine mesure, au rang d'enfant aîné alors qu'elle n'était que la cadette. Il y avait donc bien eu, dès sa première année, à partir du moment où ses propres capacités avaient dépassé celles de son frère aîné, *confusion d'identification*. France avait longtemps joué ce double rôle d'enfant aîné devant montrer le chemin à son grand frère, tout en devant également rester à sa propre place pour ne pas écraser ce dernier et faire en sorte qu'il s'épanouisse. Il fallait qu'elle se retire lentement de cette place,

tout en ne brutalisant pas la situation à laquelle son destin
l'avait projetée.

La destinée de France l'avait plongée dès les premiers mois
de sa jeune vie dans une situation qui requérait des capacités
hautement empathiques : comprendre qu'il fallait prendre la
place de l'autre, tout en restant à la sienne. Il y avait donc de
quoi ne pas situer précisément sa propre place, ni savoir exactement comment s'identifier. C'est la raison pour laquelle
France posa longtemps des questions non mentalisantes : elle
avait tout simplement besoin de reprendre sa place, celle que
le destin ne lui avait pas laissé le temps de vivre. Et ce n'est que
lorsque son frère put enfin prendre celle qui lui était dévolue,
qu'elle cessa de poser ce type de questions. Elle s'identifiait
enfin comme la sœur cadette de son frère, avec une rare générosité, avec un merveilleux amour pour celui qui, sans le
vouloir, lui avait volé sa place. Elle le raisonnait parfaitement
à présent, avec une maturité qui n'avait d'égal que son
immense compréhension généreusement charitable.

Le 11 septembre 2001, France qui était alors en classe de
sixième, ne put s'endormir cette nuit-là, certes nous étions
tous bouleversés, tous profondément concernés par ce qui
venait de se passer, nous étions tous américains ce jour-là.
Mais la petite France, du haut de ses dix ans, avait reçu un
choc d'une telle violence, que non seulement elle ne ferma pas
l'œil de la nuit, mais encore, toute cette nuit-là on l'entendit
sangloter et répéter : « Je voudrais être là-bas. » Dès ce
moment, je sus qu'elle était vraiment entrée dans l'empathie
avec toute cette abnégation, avec tout ce dévouement, cette
grandeur d'âme mêlée de hardiesse, d'intrépidité et d'indulgence, qui avait fait que, quelques années plus tôt, elle avait
rendu à son frère sa place dans la fratrie, sans jamais lui en
avoir voulu un seul instant.

CHAPITRE 5

Allons parents !

Vois sur ton chemin
Gamins oubliés, égarés
Donne-leur la main
Pour les mener
Vers d'autres lendemains

Sens, au cœur de la nuit
L'onde d'espoir
Ardeur de la vie
Sentier de gloire…

Bonheurs enfantins
Trop vite oubliés, effacés
Une lumière dorée brille sans fin
Tout au bout du chemin…

Les Choristes

Lorsque je rencontre pour la première fois des parents, la même réflexion me vient toujours à l'esprit : « Arrête de penser à présent, sens, ressens tout le temps, ressens seulement ! »

Et aujourd'hui encore, je revis avec chacun des parents qui viennent me voir cette nouvelle aventure, comme si elle était pour moi « toujours une première fois ». Je ne veux pas faire autrement, mais à dire vrai, je crois que je ne pourrai jamais faire autrement, c'est ainsi. Je ne me blinderai jamais.

Chaque séance avec des parents, qu'elle soit ou non la première, est toujours pour moi d'une extrême intensité, c'est un grand moment parce que mon souhait le plus profond est que cela le soit pour eux aussi. « Tous les commencements sont difficiles », mais dans ce domaine, tout est toujours la poursuite d'un autre commencement.

Alors, dans les heures émouvantes, éprouvantes, parfois épuisantes, que nous passons ensemble, que ce soit en personne, au téléphone, ou encore à travers les notes qu'ils m'envoient, nous ajustons, nous ajustons toujours, nous ajustons sans cesse, une manière d'aborder un exercice, une attitude à adopter envers l'enfant, une façon nouvelle de se percevoir soi-même… – tout est toujours un éternel commencement !

Quelles que soient les personnalités qui se trouvent face à moi, mon principal souci à leur égard est qu'elles ne se sentent pas jugées, ni sur ce qu'elles sont, ni sur ce qu'elles ont fait jusque-là, avant d'« atterrir » chez moi. Beaucoup d'entre eux ont déjà vécu le parcours du combattant : ils se sont rendus à des dizaines de rendez-vous, ont fréquenté plusieurs institutions, se sont entourés au mieux, comme ils ont pu, et puis, voilà, ils arrivent ici toujours aussi démunis, parfois plus, qu'au premier jour. Ils ne savent plus où ils en sont, mais la seule chose dont ils sont certains, c'est qu'ils n'ont pas trouvé ce qu'ils espéraient. Et en venant ici, en arrivant chez moi, ils ne mesurent pas très bien à quoi s'en tenir, bien sûr, et pourtant, dans le tréfonds de leur être, ils ont compris que désormais ils ne pourront plus compter que sur eux-mêmes.

C'est de cela que nous parlons ensemble, c'est cela que je vais modestement m'employer à leur apprendre à insuffler à eux-mêmes tout d'abord, mais à leur enfant aussi. C'est avec humilité que je me fais passeur, avec infiniment de précautions, parce que je sais, pour l'avoir vécu moi-même, combien ce chemin de vie est semé d'embûches, combien il est chaotique et scabreux à bien des égards, parce que bien des fois, malgré les heures passées avec notre enfant, malgré l'infime progrès que l'on a enfin obtenu après bien d'incessants recommencements, on a de nouveau le sentiment d'être revenu à zéro.

J'ai le souvenir de tout cela, comment aurais-je pu l'oublier ? Oublier mon désespoir ? Oublier ma submersion ? Oublier combien je me suis sentie misérable, indigente dans tout mon être, traîne-misère dans ma quête de l'impossible, va-nu-pieds quémandant l'infaisable ? Et si tout ce que j'avais entrepris n'était qu'imposture, chimère, absurdité ?

Il n'y a pas un jour où je n'y pense pas, je crois que je n'en reviendrai jamais d'avoir fait ce que j'ai fait, et d'en être arrivée là où j'en suis arrivée. Alors comment pourrais-je porter le moindre jugement sur ceux dont le courage va jusqu'à la témérité, dont l'arrogant culot se mêle crânement à l'impétuosité résolue, dont l'espoir se fait persévérance ?

Ils me font face tous ces parents avec une confiance audacieuse, dont l'énergie héroïque se manifeste pour la première fois avec cette authentique hardiesse, cette bravoure qui les magnifie déjà, parce qu'ils savent que j'ai été l'un des leurs.

Alors, avec une timidité qui se veut généreuse, une modestie sans soumission aucune, mais avec infiniment d'émotion qui n'a d'égal que la vaillance de leur attente, pauvre espérance mendiante d'un peut-être, qu'ils voudraient de toute leur âme transfigurer en un déjà, ils viennent me dire tout simplement : « Vous êtes notre dernière chance ! »

Le téléphone sonne, au bout du fil j'entends une voix hésitante et timide prononcer mon prénom, et déjà l'aventure commence ! Dans ce premier contact quelque peu troublé et craintif, je sens toujours dans la voix qui s'adresse à moi pour la première fois et qui souvent attend depuis plusieurs semaines le moyen de me contacter, cette insatiable volonté qui n'appartient qu'à l'enfance, cette force d'âme mêlée de turbulences, infini tumulte de tout un être dont la fougue a l'inaliénable puissance de l'océan.

Je l'écoute me raconter son histoire… mon histoire, je ne sais plus bien… mais c'est toujours la première fois que je l'entends, cela ne peut pas être autrement ! Cet inconnu que je connais déjà si bien ! Et parfois, en un coup de téléphone, je me suis livrée, comme je ne l'ai jamais fait avec personne, parce qu'il est des moments de la vie où les mots ont la saveur d'une renaissance, d'une résurrection. Être parent c'est insuffler la vie, c'est tout d'abord se dire à soi-même : « Lève-toi et marche ! »

Alors, avec ce père, cette mère que je n'ai jamais vus, je reprends avec lui, avec elle, mon bâton de pèlerin, et ensemble, nous entamons cette traversée du désert dans lequel un puits se cache toujours. Mais je sais que cette levée du jour où nous le découvrirons peut-être ensemble est une longue marche. Parce que nous, parents, nous sommes tous des « pèlerins d'Emmaüs », nous avons tous bien du mal à reconnaître « Celui » qui marche à côté de nous, qui a pour nom « Destin » et qui nous donnera notre propre puissance.

Une jolie jeune femme blonde d'une trentaine d'années, à l'allure slave, entre dans la pièce, je l'ai déjà eue plusieurs fois au téléphone, et j'ai vite senti le caractère d'urgence de sa demande. En effet, pour une raison que j'ai oubliée, j'avais dû différer notre rendez-vous et j'avais senti combien cela l'avait déçue, elle avait tellement peur que je ne la reçoive pas.

Dès nos premiers contacts, je m'aperçois qu'elle n'en est pas à ses premières recherches, en effet, elle lit couramment l'anglais et a déjà parcouru tout ce qu'Internet peut lui proposer, elle a même été faire des recherches à la bibliothèque de médecine – ses capacités intellectuelles m'impressionnent.

En effet, son fils vient d'être diagnostiqué **PDD** *(pervasive developmental disease)*, autrement dit « autiste ». Elle sait déjà tout sur cette maladie, elle en sait déjà trop – « l'autisme est une maladie incurable », je l'ai lu. « *Autism is a lifetime disease* », « je l'ai vu écrit, qu'est-ce qu'on peut faire ? Il paraît que vous avez fait quelque chose d'incroyable, vous ! ». Je la laisse se débonder.

Je la sens à la fois submergée par la situation quoique tout à fait incapable de montrer son émotion que, pourtant, je devine à son comble. Elle me parle de la maladie de son fils avec une incroyable précision, je veux qu'elle sente que je lui laisse tout le temps, le temps de me dire tout ce qu'elle a besoin d'exprimer, car, dans ces moments-là, on est dans l'éternité. Derrière son calme apparent, je la sens tellement perdue, tellement accablée, car au fond, de toutes les informations qu'elle a recueillies, avec tant de minutie, tant d'exactitude, tant de détermination, elle ne sait pas du tout quoi faire. Elle se tait soudain, elle attend sans nul doute que je lui réponde, et pourtant il me faut quelques secondes pour me ressaisir moi aussi, elle est si émouvante, si impressionnante, une telle énergie, une si belle intelligence, et un tel désarroi. C'est à moi de jouer à présent !

Après un court silence entre nous, que je perçois intense, lorsque je la sens enfin disponible à m'écouter, et que j'ai en moi-même remis de l'ordre dans mes idées, je lui propose de reprendre point par point les symptômes de son petit garçon. Et lentement, car je la sens tellement fragile, mais aussi tellement en attente de quelque chose qu'elle ne perçoit pas vraiment, je commence à décortiquer un à un chacun d'eux, et je lui en démontre la logique. Je lui fais toucher du doigt la cohérence de cette incohérence.

Puis je continue en lui expliquant quel type d'exercice il faudrait faire pour remédier à chaque déviance, et pourquoi ce type d'exercice aiderait son enfant à résorber ce symptôme. Je la sens à la fois captivée, mais également un peu perdue. Je sens bien à quel point il lui est difficile de faire le lien entre telle déficience de son fils et l'exercice que je lui propose. Je reprends mes explications, elle semble peu à peu pénétrée, comme fascinée : « Je n'ai trouvé nulle part ce type d'explications, aucun livre n'élabore les liens que vous faites entre un type de symptôme et un type d'exercice, je commence à comprendre. Seriez-vous prête à faire travailler mon fils devant moi, pour que je comprenne concrètement de quoi il s'agit en me l'expliquant simultanément ? »

Et c'est ainsi que notre aventure commune a commencé. Elle venait deux fois par semaine pour que je la forme à faire travailler son fils, elle faisait consciencieusement tout ce que je lui demandais de faire, elle s'appliquait à être bon relayeur. Parfois, comme nous habitions tout près l'une de l'autre, j'allais la voir faire travailler son garçon, je rectifiais une attitude, une approche, nous discutions inlassablement du pourquoi et du comment. Et ainsi les heures, les mois, les années s'écoulèrent, non sans mal bien sûr, mais toujours avec autant d'énergie, toujours autant de constance, qui ont fait qu'un jour ce mauvais rêve n'a plus appartenu qu'au passé !

Aujourd'hui les années se sont écoulées et cette jeune femme a sorti son petit garçon de cette si désespérante « condamnation à la maladie à perpétuité », « *lifetime disease* ». Paul est retourné à l'école, c'est un garçon comme les autres à présent, avec, bien sûr, un passé fragile et chaotique. Mais c'est avec beaucoup de bonheur aujourd'hui que je vois grandir et mûrir Paul, à qui il ne reste plus qu'une année de primaire à accomplir. Sa mère se préoccupe déjà, non sans une certaine fierté, du collège qu'elle va choisir pour son entrée en sixième.

Ce récit est une histoire parmi tant d'autres, chaque rencontre est singulière, mes rendez-vous avec les parents se suivent mais ne se ressemblent jamais. Certes, je demande toujours, lors de notre premier contact au téléphone, qu'ils m'envoient des notes sur leur enfant ; cela me permet de cerner quel type de travail nous allons élaborer ensemble, quelle forme de programme, quel rythme, quelle cadence, quelle intensité, je vais pouvoir proposer aux parents lors de notre première entrevue.

Mais, malgré ce contact préalablement établi, je sais combien cette rencontre va être décisive. Ces deux heures de rendez-vous seront primordiales pour démarrer ou non ensemble ce si difficile chemin à gravir. Les premiers instants sont généralement forts. Nous ne nous sommes pas encore adressé la parole que déjà une sorte d'accord passe entre nous : de ces connivences faites de convictions mêlées de concordances.

Nous savons bien pourquoi nous sommes ici ensemble : pour que la petite personnalité qui nous réunit, et qui n'est encore aujourd'hui qu'un enfant, un petit être en devenir pour qui l'avenir a encore toute l'espérance de l'inaccompli, réconcilie un jour peut-être en lui-même tout ce qui n'est encore que coupure, césure, blessure, pour devenir cet équilibre précaire, cette concorde fragile qui deviendra pourtant, autant que faire se peut, harmonie.

C'est une jolie jeune femme brune, très nerveuse, qui vient me voir pour la première fois. C'est une amie à elle qui lui a suggéré cette démarche, nous nous connaissons par relations et les hasards de la vie ont fait qu'elle a retrouvé ma trace. La jeune femme qui est devant moi est d'une extrême fébrilité, elle vient me parler de son petit garçon de huit ans qui est à l'hôpital de jour, et de qui on n'obtient pas grand-chose depuis des années. Aucun nom n'a jamais été mis sur la maladie de son fils, et pourtant tout ce qu'elle me raconte ressemble tellement à tout ce que je connais si bien. Ce ne sera que bien plus

tard qu'elle acceptera de faire faire le diagnostic, lorsque
nous aurons entamé une jolie route ensemble et que son petit
garçon aura déjà bien progressé.

Mais en ce mois de juillet étouffant, elle vient seule. Je ne
verrai pas le petit avant plusieurs mois. Elle a besoin de me
parler, de faire le point avec elle-même, elle ne pourra
commencer à s'occuper de son fils qu'à cette condition – comme
je la comprends ! En quelques semaines, car elle vient tous les
huit jours, un fort courant d'amitié s'est établi entre nous.

Alors ensemble, comme je l'ai fait pour moi quelques
années auparavant, nous décortiquons tout ce qui la gêne,
nous démontons tout ce qui lui fait obstacle. Peu à peu, je la
mène à avoir une autre vision d'elle-même. Au fil des heures
que nous passons ensemble, je lui démontre que nous sommes
seuls responsables de l'image que nous avons de nous-mêmes,
et que, si celle-ci nous dérange, ne nous convient pas, nous
pouvons la modifier. Nous ne sommes pas tenus de considérer
que ce qui nous arrive avec notre enfant est un obstacle insur-
montable. Nous sommes seuls garants de ce que nous ressentons, de la façon dont nous vivons ce qui nous arrive.

Les mois passent, et je ne vois toujours pas le petit, mais
la jeune femme qui m'est arrivée en juillet de l'été précédent
n'est déjà plus la même. Elle a commencé, de manière certes
précaire, à prendre confiance en elle. Ici, elle ne se sent pas
bousculée, rien ne la presse, rien ni personne ne la juge,
même plus elle-même ! Alors, lentement, tout doucement,
elle commence à se découvrir, et de son propre aveu, elle ne
se reconnaît plus. Mais il n'est toujours pas question de son
petit garçon, pas pour l'instant, il est trop tôt : je ne pose pas
de question, je sens que le temps n'est pas venu.

Et puis, un jour de novembre, timidement, presque
comme si elle introduisait une anomalie dans nos rencontres
devenues hebdomadaires depuis bientôt six mois, elle me

demande si je suis prête à rencontrer son fils, moi qui attendais sa demande depuis longtemps déjà !

La semaine suivante, elle vient avec son petit garçon, un bambin brun aux yeux noisette, d'une profondeur extraordinairement émouvante : c'est un enfant magnifique, comme il m'a été rarement donné l'occasion d'en voir. Et c'est ainsi qu'une fois de plus, l'aventure, cette aventure toujours si singulière, si particulière commença. Et pourtant, elle a beau être unique, celle d'un sûrement peut-être et d'un peut-être sûrement, elle porte sans cesse ce même prénom que chacun porte au plus profond de soi : espérance !

Et ainsi, pendant plusieurs mois, elle vint assister aux séances que je faisais avec son fils. Elle se montrait toujours nerveuse, craintive, car l'autorité avec laquelle je cadrais son garçon était pour elle toute nouvelle. Jamais elle n'avait osé être si ferme, de son propre aveu jamais elle n'aurait cru son fils capable de tels résultats. Depuis des années, l'hôpital de jour lui disait toujours de le laisser tranquille, il ne fallait pas lui en demander plus après la journée qu'il venait d'avoir. Et voilà que je me montrais exigeante, intransigeante avec son petit, cela la bouleversait littéralement.

Mais malgré les séances que je faisais à présent avec son enfant, elle continuait à venir me voir seule une fois par semaine, comme autrefois. Elle avait besoin que je l'apprivoise à cette toute nouvelle manière d'aborder son fils. À bien des égards, je la sentais apeurée, et pourtant elle reconnaissait que, à peine en quelques semaines, j'avais obtenu de lui des résultats qu'elle n'aurait jamais espéré voir venir un jour. Et c'est ainsi que je la formais à faire travailler son garçon, mais aussi à avoir envers lui une nouvelle attitude, *plus ferme parce que plus confiante*. Combien de fois, le manque de fermeté n'est en fait de la part des parents qu'un manque de confiance envers l'enfant : c'est leur manière de dire : « À quoi bon essayer, il n'y arrivera pas ! » Alors, ils baissent les bras, sans d'ailleurs avoir jamais essayé de les lever.

Et pourtant, il n'y a ni miracle ni hasard, il y a simplement nécessité : celle de croire en son enfant ! Croire en un enfant, cela ne veut pas dire qu'il fera ce que vous espérez de lui. Que signifie réellement cette espérance-là, à dire vrai, si l'on veut bien y réfléchir ?

Croire en son enfant, c'est bien autre chose, c'est l'accepter en tant qu'être différent de nous-mêmes, parents, dans tout ce que cette différence a de complexe, de confus, de délicat, de subtil. C'est créer une embellie et donner dimensions à ce qui n'aurait pu n'être qu'amenuisé, c'est permettre le déploiement de ce qui n'aurait pu être que comprimé, amoindri, amputé, c'est faire que cet enfant advienne par lui-même, devienne prophète pour lui-même, et développe cette capacité d'interpeller l'autre pour éveiller en lui ce qu'il y a de meilleur. C'est en cela, parents, que nous sommes tuteurs, c'est en ce sens que nous devons montrer à nos enfants un chemin d'exigence, et de ténacité. Une trop grande douceur est souvent synonyme de défiance à son égard et de lâcheté envers nous-mêmes. Parents, la différence entre une fleur et une mauvaise herbe n'est qu'une question de jugement, d'état d'esprit que nous portons sur notre enfant, tout est là !

Avec les années qui se sont succédé, le petit bambin aux yeux noisette a fait d'immenses progrès. Il n'est plus cet enfant d'autrefois qui refusait de laisser la moindre trace. C'était bien clair, il ne supportait pas d'esquisser le plus petit trait avec un crayon, ni d'entendre sa voix au magnétophone. Il était strictement incapable d'un geste aussi simple que celui d'enfiler une perle, par exemple. Toute sa personnalité n'était que fuite, un ailleurs d'errances et de néant.

Mais, aujourd'hui, sa mère a appris à se faire confiance à elle-même, une assurance faite d'obstination, de toupet, de hardiesse et qui s'abandonne à l'espérance. Et ce joli bambin à la chevelure d'ébène a aujourd'hui pour armes de combat ces promesses qui appartiennent à l'enfance, touchant échafaudage d'un charmant entêtement, noble ténacité, somptueux acharnement de ceux qui entendent le monde pour la première fois. Il travaille volontiers, il travaille toujours plus, d'une exquise énergie faite de cet ébahissement sublime, que seules les personnalités qui font peau neuve s'offrent, juste retour, magnanime présent à leur opiniâtre virulence qui a encore la puissance de l'étonnement.

C'est grâce à vous parents que votre enfant prendra cette route-là, ce sentier épineux fait de tous les horizons, panorama aux mille étendues qui se veut lent et incertain cheminement. Mais il est des moments de vie où il faut savoir se faire voleur, voleur de l'impossible, maraudeur et pillard de l'espoir inter-dit : et ainsi, tel un Jean Valjean, un Monsieur Madeleine, un Fauchelevent, nous trouvons tous à nos heures la force d'être « le père de Cosette », d'être celui qui aime jusqu'au bout de lui-même pour avoir tout risqué.

La réussite, l'échec, cela ne veut rien dire, parents, cela n'a aucun sens ! Tout est toujours chemin, tout est toujours opportunité. Oh ! bien sûr, pas celle que vous escomptiez, pas celle que vous auriez tant aimé voir se réaliser, mais à celui qui sait entrevoir, deviner, tout est toujours sentier, tout est toujours ouverture, misère transfigurée en cette authentique fierté de ne devoir qu'à soi seul ce qu'on est devenu.

Nous sommes des faiseurs d'âmes, nous parents, sur des chemins difficiles faits d'inconnu, d'imprévu, de déroute, de doute, de souffrances, tracés par toutes ces heures où nous nous sentons spoliés, bafoués, arrachés à nous-mêmes. C'est pourtant dans ces heures-là, parents, et dans ces heures seulement que vous construirez la puissance et la gloire d'un destin que vous n'auriez jamais pu même envisager être le vôtre.

Avec tous vos découragements, avec tous vos regrets, avec toutes vos blessures, avec toutes vos incertitudes, c'est pourtant ainsi que simplement, mais avec une fierté qui n'appartiendra qu'à vous, et qui sera le sublime présent de toutes ces déchirures, avec les armes que vous lui aurez données, vous pourrez dire à votre enfant, dans tout le rayonnement, dans tout le déploiement de votre confiance unique, construite pas à pas, fragile suture faite d'abandons mais non de soumission, courtisane d'une humble escorte hantée par la tentation du désespoir, qui pourtant aura su modestement, tout doucement s'ériger, alors, à cet enfant-là qui est le vôtre, mais à qui vous aurez appris à devenir lui-même, parce qu'en dépit de tout, vous y aurez toujours cru, vous pourrez lui clamer : « Allez, mon petit, à présent, va ! »

Qu'avons-nous fait de nos propres promesses de jeunesse, parents, qui sommes-nous devenus ? Le métier de vivre n'est pas de devenir « quelqu'un », mais d'advenir à soi-même dans cet éternel présent qu'offre chaque instant de vie. Vous le savez trop bien, vous ne le savez que trop, on ne devient jamais, on advient pour un temps, on arrive toujours par surprise là où l'on n'aurait jamais cru devoir ni pouvoir arriver.

L'homme survient sans cesse, la surprise est le propre de sa nature. Alors, quand vient ce temps-là, lorsqu'il fait de nous ce que nous sommes, dans cette stupéfiante trouvaille de nous-mêmes, nous acceptons de devenir ce barreur qui, imperceptiblement, offre d'instant en instant à son navire un tribord, un bâbord, pour conserver simplement un cap qui n'est jamais que celui d'un maintenant.

Mais cet avènement-là exige que nous allions jusqu'au bout de nous-mêmes, jusqu'au bout de notre humanité. Il ne s'agit pas d'avoir pour ambition d'espérer que notre enfant devienne ceci ou cela, non ! Notre aspiration à nous parents doit être bien plus grandiose : il s'agit de faire naître une personnalité qui ne nous appartient en rien, à sa propre ampleur, à sa propre abondance, à cette élévation faite d'une stature tout à la fois imposante et fragile, appelée à toutes les promesses.

Notre rôle à nous parents n'est pas de prédire l'avenir, car cette prédiction-là est faite de frustrations, de déceptions, bien souvent d'amertume, mais de créer dans le présent les conditions qui, sur le chemin de celui que le destin nous a confié, pourront porter peu à peu et construire son avenir. Il s'agit d'abord et avant tout de l'aider à éveiller toutes les possibilités qui sont en lui, de faire que celles-ci deviennent une vision grandissante pour lui-même, par lui-même. C'est cela que nous *devons* à notre enfant, c'est cela que nous *pouvons* réellement pour lui, rien d'autre.

C'est sans projet et sans habitude qu'il faut modifier peu à peu ce temps de vivre ! Lorsque l'homme paraît à la barre du tribunal de l'aujourd'hui, c'est avec toute sa fragilité, toute son incertitude, qu'il lève la main pour prêter serment, illusoire engagement, fait de tant de feintes, de tant d'impostures, de tant de leurres, de tant de perfidies, qui pourtant érige en ceux que nous sommes une certaine grandeur d'âme. Et cette modeste gratification que nous nous attribuons, cette certaine tendresse que nous nous accordons un instant à nous-mêmes, offrent à notre serment tout son sens, celui qui, au-delà de tout ce qui peut advenir, nous fait hurler, comme un écho en nous-mêmes, quoi qu'il arrive : « Je maintiendrai ! »

Acceptez parents de ne rien attendre de particulier, de ne jamais juger, de ne pas toujours comprendre ! Mais accordez votre confiance faite de tous vos écarts, de toutes vos déroutes, de tous vos égarements : c'est ainsi que l'on érige un être en devenir. Suivez-le dans tout ce qui le déconcertera, dans tout ce qui le confondra, le désorientera, et sachez accompagner le sens qu'il donnera à son étonnement lorsque l'heure de l'inattendu viendra. Guidez-le, mais soyez toujours un pas derrière ! C'est à lui d'aller de l'avant à présent, c'est à lui de se hisser à la proue de sa vie, il en existe de mille sortes : il n'est de puissance que d'embellies.

Le téléphone sonne, j'attends ce coup de fil, cette maman m'a été recommandée par l'institutrice qui fait travailler son garçon. À vrai dire, je la connais, elle a été mon professeur de danse lorsque j'avais quatre ou cinq ans, et puis les années ont passé et je n'ai plus jamais entendu parler d'elle. Une voix timide demande à me parler, cela me fait drôle de l'entendre, je reconnais sa voix... des années plus tard.

Elle me vouvoie et moi aussi. Nos propos sont à la fois quelque peu officiels et teintés d'une certaine émotion. Elle me parle de son garçon, un jeune homme de seize ans. Derrière l'optimisme de ses propos, je perçois une profonde angoisse qui ne veut pas dire son nom. Nous prenons rendez-vous, je sens intensément combien cela nous ramène ensemble des années en arrière.

À ce premier contact, elle vient avec son mari et son fils. Je la reconnais en une fraction de seconde, elle n'a pas changé, seulement vieillie, la dernière fois que je l'ai vue, c'était une jeune fille de dix-huit ans, elle en a plus de cinquante à présent. Je la sens extrêmement intimidée par notre rencontre, la femme que je suis devenue ne lui dit plus rien, mais lui rappelle sans doute beaucoup de choses. Elle a gardé de moi l'image d'une petite fille blonde toute frisée, et elle se trouve aujourd'hui devant une inconnue, ou presque !

Je ressens profondément, dès nos premiers regards, qu'elle ne sait pas du tout à quoi s'en tenir. Moi, en un clin d'œil jeté sur son garçon, j'ai malheureusement compris, alors tout s'emballe au fond de moi, tout s'entrechoque et s'entremêle : comment lui expliquer, comment lui faire comprendre, comment l'aider à accepter ? Dans tout ce qu'elle m'a dit au téléphone, elle n'a jamais mentionné le moindre symptôme spécifique, et pourtant, il n'y a qu'à le regarder ce jeune homme, c'est tellement criant !

Notre entretien commence, je suis frappée par leur état d'esprit commun qui suscite en moi une profonde admiration. Tant elle-même que son mari ont peu à peu transformé cette situation difficile en une généreuse partie de cartes, aveu de leur entêtement, confession de leur confusion, dont l'ignorante cécité s'est toujours traduite par de l'opiniâtreté. Ils n'ont jamais vraiment compris ce qu'avait leur garçon, sans doute n'ont-ils jamais osé y mettre un nom. Je verrai bien, il ne faut jamais rien bousculer, il est bien trop tôt encore dans tout ce chemin à parcourir de nouveau.

J'ai le sentiment de me trouver face à des combattants englués dans une tranchée depuis des années, mais que rien ne fera lâcher. Et en effet, c'est avec résolution qu'ils ont continué à avancer et à y croire. Ils font montre d'une belle détermination faite d'ardeur, de constance, de fermeté, d'une noble énergie intrépide, impétueuse et téméraire, bâtie sur leur vaillance et sur leur volonté, qui a toujours gardé confiance et persévérance malgré tout.

Je mesure bien vite à quel point ils ne saisissent pas du tout ni l'un ni l'autre la nature des « difficultés » de leur fils. Je constate qu'ils n'ont jamais vraiment cherché à se renseigner, c'est ainsi, chacun son sentier de vie. Je sens vite l'ampleur du chemin qu'il va falloir que je les aide à faire, et aussi l'importance du travail à accomplir sur ce jeune homme au visage de pierre.

Il n'a pas ouvert la bouche depuis le début de l'entretien. Il est assis là dans une raideur hiératique : il hoche parfois la tête, sort une ou deux onomatopées et je sens à quel point toute notre conversation lui échappe complètement. Il n'est pas là pour ainsi dire, il est bien incapable d'être parmi nous en réalité. Il ne comprend rien, et ne comprend pas qu'il faille comprendre, c'est un être en morceaux, une personnalité en miettes que j'ai en face de moi.

Mais personne ne leur a jamais rien dit, personne n'a jamais eu le courage de mettre un nom sur les « difficultés » de leur fils et je les sens tellement impuissants malgré leur détermination. Je les laisse parler, je sens qu'ils en ont besoin, mais à dire vrai, ils ne m'apprennent pas grand-chose sur leur garçon, ils sont très flous dans leur manière d'expliquer ce qu'il a exactement. Ils ont fait de leur mieux pour lui faire suivre une scolarité normale jusqu'à la cinquième, et puis tout s'est arrêté. Alors les cours par correspondance ont pris le relais : ni lui ni elle n'ont jamais considéré les problèmes de leur fils comme autre chose que des difficultés scolaires.

Et pourtant, je mesure bien l'ampleur du travail non fait, non entrepris, très spécifique qu'il va falloir mettre en place avec ce jeune homme. Il ne prend l'initiative d'aucun dialogue, même très simple, il se montre à peine capable de répondre lorsqu'on lui pose une question. Si je me tourne vers ses parents, il fuit immédiatement vers un indescriptible ailleurs, comme s'il oubliait instantanément qu'il se trouvait parmi nous. Et chaque fois que je lui adresse la parole, c'est comme s'il revenait à lui, comme s'il se réveillait.

Tout en parlant aux parents, j'analyse la situation : il ne globalise pas, il ne mentalise pas et n'a donc aucune capacité d'empathie, son visage de pierre traduit son absence totale d'émotion, pas de mémoire de travail, pas de mémoire immédiate, incapacité à se mettre dans la démarche, donc dans le choix. Conjointement, j'élabore en moi-même l'ordonnancement du travail que je vais leur proposer d'accomplir avec leur garçon.

Je les sens à la fois émus et quelque peu désorientés : jamais on ne leur a proposé un programme de travail d'une telle nature, ni d'une telle ampleur. Je réalise qu'ils ne saisissent pas encore, mais pourtant ils acceptent. Le cadre très structurant que je leur impose les rassure, les questions que je pose leur montre que je tape juste, et cependant, personne ne leur a jamais parlé ainsi de leur fils, personne ne leur a même jamais suggéré d'entreprendre un tel travail. Je les sens bouleversés.

Chacun avec ses différences présente une personnalité déterminée. J'ai tout de suite compris qu'ils seront bons partenaires, inconditionnels associés. Je leur explique ce par quoi il va falloir commencer. C'est dur, très dur à entendre, bien sûr, ils ont le sentiment d'avoir déjà tant fait, et c'est tellement vrai ! Pourtant, dans bien des domaines, il va falloir repartir de zéro, reprendre pas à pas le premier programme de maternelle. Oui, il va falloir refaire tout ce chemin-là, pour rendre à l'existence cette personnalité déconnectée, pour ensemencer peu à peu le présent dans cet être du nulle part, pour solliciter cet aujourd'hui fait de miettes, afin qu'il devienne un jour un lendemain en pierres.

Et ainsi, au fil des mois qui passent, je les reçois régulièrement. Je sens à quel point chaque rendez-vous est l'occasion de découvertes de leur part. Longtemps, les questions qu'ils me poseront me prouveront combien ils ont besoin d'être mis sur la voie, d'être aidés eux aussi pour accompagner plus efficacement leur garçon. C'est tellement difficile à accepter après tout ce qu'ils ont déjà fait pour lui.

D'ailleurs, grâce à eux, leur fils a de précieux acquis : le jeune homme sait lire (il serait plus juste de dire qu'il sait déchiffrer, car je m'aperçois bien vite que le sens d'un texte lui échappe d'une part, et que, d'autre part, il a une très mauvaise mémoire immédiate et une mémoire de travail quasiment inexistante), il sait aussi écrire, même si son orthographe reste très phonétique. Cela ne me paraît pas être la chose la plus urgente à corriger, il y a un travail d'une tout autre urgence et d'une tout autre nature à élaborer, beaucoup plus essentiel que la correction des fautes d'orthographe.

Au fur et à mesure de nos rendez-vous, je perçois lentement un changement dans leur attitude : ils comprennent mieux la situation, ils apprennent à la gérer avec plus de justesse, plus d'efficacité.

Le père du jeune homme est l'homme le plus opiniâtre que j'ai jamais rencontré : cette magnifique, cette splendide détermination qui n'a jamais été autre chose que de l'amour. Il est l'exemplarité faite père. Sa volonté m'impressionne, me fascine, me touche au plus profond de moi-même, il a toujours tellement voulu y arriver, et pourtant il s'est si souvent heurté, écorché, raboté sur ce chemin de vie, si rude, si saccadé. Et son incomparable ordonnancement a tellement tangué, a été l'objet de tant de collisions, de tant de commotions, de tant de déchirures, il s'est si souvent senti impuissant ! Et pourtant, jamais je n'ai croisé dans mon existence un homme de si grand engagement, de si grande droiture, de tant de franchise et d'honnêteté qui, au tréfonds de lui-même, n'a jamais cessé d'y croire.

Chacune de nos rencontres est l'occasion de faire le point sur telle ou telle attitude de leur fils qu'ils ne saisissent pas bien encore. Leurs questions sont toujours précises, pertinentes. Je sens qu'ils perçoivent de mieux en mieux la nature des difficultés à régler chez leur fils. Et, cependant, leur bel optimisme ne tarit pas, malgré une intense émotion que nous ressentons tous ensemble lors de nos discussions.

Au cours de nos conversations, ils comprennent douloureusement tout ce qu'il aurait fallu entreprendre plus tôt, plus vite, et qui n'a pas été mis en place faute de compréhension de la situation. Ils se sont acharnés sur la réalisation chaotique d'un programme scolaire qui, de leur aveu, est encore bien loin d'être assimilé, ils lui ont fait suivre des séances d'orthophonie, mais l'ensemble des problèmes n'a jamais été cerné dans sa totalité.

Chaque fois que j'aborde un symptôme spécifique et que j'y mets un nom, je ressens toute leur émotion. C'est tellement difficile pour eux de réaliser à quel point leur acharnement, leur détermination ne les a pas aidés à mesurer l'ampleur et la nature du chemin à parcourir. Je sens que cela crie en eux – tant de volonté pour n'avoir pas su voir ! Ils accomplissent à présent leur chemin de Damas. Je fais de mon mieux pour qu'ils ne se jugent pas sévèrement, il ne faut pas qu'ils culpabilisent, car c'est bien grâce à eux que leur fils a développé de précieuses capacités.

Avec les années, ils apprirent à accompagner leur garçon de manière plus efficace, plus déliante donc plus opérante. Peu à peu la nature de leur relation changea entre eux : elle devint plus confiante, plus affranchissante pour le jeune homme et, de fait, une toute nouvelle et nécessaire distance s'édifia et laissa sa place à l'émancipation.

Alors que je dînais chez eux l'année dernière, une sorte d'ébahissement me saisit soudain. Je n'avais plus face à moi ce jeune homme au visage de pierre mais bien une personnalité réellement présente : même s'il restait encore gauche et souvent malhabile, il participait de son mieux à notre conversation et exprimait autant qu'il lui était possible ce qu'il pensait, lui qui si longtemps était resté hors de toute démarche, de tout choix, de toute opinion.

Je revoyais notre parcours : cela avait toujours été un chemin chaotique et embourbé alternant stagnations et avancées minimes. Et cependant, bon an, mal an, de toute cette inertie, de toute cette déstructure était né peu à peu un ordonnancement. Certes, il était encore très précaire, avait bien des défaillances, bien des insuffisances, mais avec le temps et à force d'acharnement, des aptitudes insoupçonnables jusqu'ici commençaient d'apparaître.

Du coin de l'œil ses parents me regardent, ils sont fiers ! Ils sont presque intimidés de voir leur fils ainsi. Je ressens fortement combien ils goûtent au présent, cet instant tant attendu, cette heure tant espérée. Et comme je m'apprêtais à partir, son père me serra dans ses bras et me dit de cette voix rieuse et chaleureuse, remplie d'une belle émotion : « Vous m'avez donné un nouveau fils. » Dans la rue, je ne pus contenir mon émotion.

Les miettes sont parfois les plus fiables fondations, parents ! D'un humble promontoire peut sourdre une pyramide, il suffit de toujours les rassembler, de ne pas en oublier, de ne jamais les négliger, de toujours se souvenir d'elles comme les premières pierres. C'est de les avoir amassées une à une ces miettes qu'est né ce premier colmatage, et la fragile accroche s'est faite amarrage. Tout doucement dans l'ombre du temps, elle s'est agrippée, est devenue crampon, cette délicate alliance s'est faite agrégation, d'un invisible ancrage est né cette liaison. Celle, parents, qu'on nomme réunion : cette frêle concorde, ce diaphane concert, dont l'harmonie n'a pas toujours été celle de l'unisson, mais qui, bon gré mal gré, s'est faite communion.

Nous savons tous, nous parents, ce que nous devons à nos carences, à nos discordances, à nos dissonances. C'est avec elles que nous avons bâti, c'est grâce à elles que nous avons créé, inventé, disséqué, décortiqué et intégré, au plus profond de nous-mêmes, ce que signifie com-prendre. Comprendre, c'est contenir en soi, c'est s'envelopper lentement, c'est incorporer doucement, faire entrer peu à peu cette part de l'autre pour la mêler et l'inclure en nous-mêmes, pour que cela devienne embrassement du monde.

La victoire n'est jamais celle que l'on attend, elle ne ressemble que bien rarement à ce que nous avions imaginé : et cependant la voici, ainsi ! C'est avec toutes nos césures que

nous l'avons bâtie et peu à peu elle est devenue suture ; c'est
avec toutes nos miettes que nous l'avons érigée tant bien que
mal, bon an mal an, et elle s'est faite liens, et toutes nos cica-
trices sont devenues chemin. Nous avons transformé, par nos
instants de vie, nos buissons épineux en plaines ensoleillées,
sur nos amenuisements nous avons fondé notre ampleur, à
nos amoindrissements, offert notre abondance. Vous ne le
savez que trop, vous le savez si bien : c'est du temps de la
chute que vient l'élévation, oh parents !

Lorsque nous nous faisons guides et humbles conseillers
auprès de nos enfants, c'est un peu de tout ça que nous leur
apportons. L'expérience ne vaut que par ce que l'on en fait, il
n'y a pas d'âge pour y entrer. La sagesse n'est pas une science
dont on peut se targuer d'avoir acquis le secret. C'est un
apprentissage bien trop capricieux, bien trop incertain : tout
âge a ses risques, tout âge a ses hasards, ébahissement d'un
jour, tâtonnement d'un autre, l'échéance de l'homme est
d'avoir été chercheur.

Être chercheur, c'est accepter de se perdre pour mieux se
retrouver, c'est se fourvoyer pour mieux s'entreprendre, c'est
s'endeuiller de ses ambitions pour faire jaillir ses aspirations,
c'est se dépouiller de ses illusions pour se vêtir de ce qu'on est,
c'est s'abîmer peut-être, sombrer un moment, c'est tout ce
dénuement, toute cette pauvreté, qui chaque jour devient un
surplus de ressources, apparat d'une heure, majesté d'un
instant dont la quête incessante est l'unique luxe et la seule
opulence. C'est cette conduite, cette allure, cette tournure que
l'on donne à notre quotidien, qui peu à peu, se fait *maintien*.

Éduquer, que ce soit sous une forme ou une autre, c'est
toujours insuffler, c'est toujours passer *par*, toujours passer
pour, c'est toujours advenir et un peu devenir. Quel que soit
l'enfant, il faut sans cesse cibler, souvent ajuster, adapter,
combiner, composer, car, au fond et à bien y réfléchir, chacun

de nos bambins s'accommode de notre éducation comme d'un accoutrement, ainsi qu'une parure dont il se revêt au plus juste pour s'agencer lui-même et mieux s'ajuster, et avec cet assemblage fait de mille petits riens, se façonner son moule en unique exemplaire.

Maints aménagements, maints arrangements devront voir le jour pour que se forge peu à peu, se forme et se conforme tout ce qui dans un petit être doit d'abord se pétrir et se dégrossir avant de se sculpter et de se polir. C'est à tout cela, parents, que nous contribuons : car pour fortifier celui que le destin nous a confié, il faut tout doucement le consolider, l'affermir, l'équiper, le tremper peu à peu dans cet humble *peut-être* qui un jour, nous le savons, nous échappera.

Éduquer, c'est toujours un peu s'éclabousser nous-mêmes pour faire éclore : lente floraison d'une juste rupture, menus avènements qui, de brèches en fêlures, devront, vous le savez, mener à la cassure. Et il n'est pas d'entaille qui ne laisse de traces, mais sachons faire de celles-ci d'inédites opportunités : c'est dans l'inusité que se fonde l'inouï. Nos enfants ne nous appartiennent pas, ils ne sont qu'à eux-mêmes, c'est bien assez s'ils y parviennent.

Il est 8 heures du soir, le téléphone sonne, je décroche : une jeune femme prononce mon nom. C'est le médecin qui s'occupe de sa fille qui lui a donné mon numéro. Au bout du fil, j'entends une voix très nerveuse : « Je cherche une éducatrice spécialisée pour ma fille », articule-t-elle. Je lui explique qu'elle fait fausse route et lui demande qui l'a recommandée à moi. Ce médecin sait parfaitement ce que je fais et ce que je propose. Alors, posément, je lui explique que je ne suis pas une « éducatrice spécialisée », au sens où elle l'entend, mais que je fais de la formation parentale pour aider les parents à faire travailler leur enfant avec un programme spécifique pour lui.

Soudain elle se détend : ce n'est pas du tout ce qu'elle était venue chercher, mais ça l'intéresse. Je sens dans cette voix que je ne connais pas une rare détermination, une énergie exceptionnelle, prête à tout pour trouver ce qu'il faut pour sa petite fille de deux ans. Au bout d'une heure de conversation, nous prenons rendez-vous.

Elle vient seule. C'est une jeune femme magnifique qui se présente à moi : blonde, grande, avec un regard de braises. Dès les premiers instants, il se produit entre nous comme une sorte de symbiose de nos énergies. Je n'ai pas de mal à me retrouver dans son caractère. Tout, dans cette belle jeune femme, respire une autorité faite de constance, d'endurance et d'entêtement.

Durant le rendez-vous, je constate que je n'ai pas fait fausse route dans mes premiers sentiments. Elle m'impressionne par sa ténacité, par son intransigeance, par son obstination. Ses capacités intellectuelles sont confondantes, elle parle six langues couramment et possède une imposante culture générale.

Elle est à la fois éclatante, étonnante et émouvante, car sa brillance n'a d'égal que sa très grande simplicité et sa profonde bonté : jamais je n'ai croisé une telle personnalité. L'éducation qu'elle a elle-même reçue a toujours été celle de l'exigence : inspirant élitisme fait de rigueur, de rectitude et de volonté, mêlant toujours en lui-même force d'âme et opiniâtreté, résolution et ténacité ; élisant, caractère et courage obligent, libre arbitre et authenticité. Mais à présent, la vie vient de sonner l'heure où elle va devoir mettre en pratique tout ce qui jusqu'ici n'a été qu'exhortation théorique.

En moins d'une demi-heure, je comprends qu'elle est prête à tout et à n'importe quoi pour sauver sa petite fille. Elle a une personnalité très structurée et imaginative, dans tout ce que l'imagination peut engendrer de conception, de conjecture, de création. Très vite elle saisit parfaitement le type de travail que je lui propose et l'esprit que cela suppose, imbriquant à la fois invention et formation, évocation et combinaisons, tout cela dans un détachement qui requiert de ne rien attendre de particulier de ce que nous entreprenons, de ne pas porter de jugement, de ne pas poser de conditions. Je la sens séduite, elle est prête à s'y mettre.

Mille et une idées lui jaillissent alors à l'esprit pour s'organiser, et dans ses propos je sens à quel point elle vibre à l'unisson de ma propre conception du travail qui, pourtant, va être très difficile et contraignant pour cette petite fille. Mais elle vit cela avec un rare enthousiasme : celui des personnalités pour qui la vie se bâtit dans l'expérience de l'instant présent.

Elle m'explique le cas de sa fille, il est lourd : la petite est très renfermée, elle a de nombreuses stéréotypies, ne dit pas un mot. Pourtant, bien que la situation ne soit pas gratifiante, je ressens la foi immense que cette jeune femme a en son enfant. Malgré sa façon d'être emmurée, bien que cette petite fille paraisse comme encoffrée, internée, séquestrée par elle-même, elle est persuadée de sa grande intelligence. Certes, il s'agit d'une enfant *différente,* mais cette jeune mère croit en cette différence comme une possibilité d'émergence de toute une puissance faite d'étendue et d'élévation. Unique distinction d'une disparité dont la stature grave et généreuse offre l'ampleur sublime de l'éminence.

Elle transformera, elle en est sûre, cette différence en exception, elle fera de cette particularité une grandeur, elle offrira à cette singularité toute son abnégation, tout son détachement, toute sa plénitude. Elle n'a pas commencé que déjà *elle sait* au plus profond d'elle-même que, contre vents et marées, elle renversera et bouleversera les certitudes mais elle obtiendra ce qu'elle cherche.

La semaine suivante, elle vient avec la petite, une adorable blondinette toute frisée. En cette séance d'observation, j'évalue le type de travail que l'on va mettre en place dans les plus brefs délais. La première des priorités est d'éduquer ses gestes : tous, jusqu'à la préhension, lui posent de sérieux problèmes. Alors, nous montons un premier programme autour du geste. Bien avant de sauter ou de danser, d'empiler ou d'encastrer, il va falloir apprendre à saisir, à attraper, à prendre et à lâcher. Alors, sous ma direction, sa maman s'escrime pendant des heures à lui enseigner ces gestes essentiels. Je monte pour elle des exercices où tout est décomposé en sa plus simple expression.

Bien entendu, elle est incapable de la moindre simultanéité : nous travaillons donc main par main, presque doigt par doigt. Nous lui apprenons à supporter de toucher un peu longuement pour, peu à peu, obtenir d'elle une esquisse de saisie. Ce sont tous les gestes quotidiens les plus simples qu'il faut éduquer chez cette enfant.

Aujourd'hui, après sept années de travail acharné, la petite fille a fait des pas de géant : il ne lui manque que la parole courante, car elle dit tout de même quelques mots. En tout état de cause, elle comprend tout et se fait très bien comprendre, elle fait même du ski lorsque la saison s'y prête. Sa mère est fière d'elle, comment pourrait-il en être autrement !

Durant toutes ces années, malgré des départs en province, elle n'a jamais lâché, elle a toujours travaillé avec acharnement et détermination, et aujourd'hui encore son énergie et son optimisme ne se sont pas taris. Nous nous voyons parfois, mais elle n'a plus besoin de moi depuis longtemps, elle a parfaitement compris le type de travail qu'elle doit proposer à sa fille.

Et la jeune femme blonde aux yeux de braises a tenu parole : elle a su transformer tous ces instants de vie si contraignants en victoire. Triomphe d'un instant, fortune d'un moment, modestes gains gagnés à la sueur de son front, mais qui font boule de neige. Vous saisissez, parents : il n'est de trophées que de petits bonheurs, il n'est de lauriers que d'humbles événements.

C'est dans l'incessant effort que se gagne l'honneur : cette estime, cette fierté, cette dignité, cette honnêteté de ne jamais lâcher prise et qui peu à peu s'est faite privilège. C'est toute une faveur, toute une distinction, tel un hommage à notre détermination, que les progrès de notre enfant nous offrent et que nous savons apprécier à leur juste mesure : pourboire du présent si durement gagné et qui pourtant fait toute notre fierté. Et, c'est avec un légitime orgueil que nous regardons derrière nous le chemin parcouru, car même si la route n'est pas encore terminée, nous l'avons faite nôtre, ainsi qu'une destinée.

Je viens de sortir d'un long rendez-vous et le téléphone sonne déjà. Une voix de femme fatiguée demande à me parler. Une maman dont je m'occupe l'a recommandée. Timidement, elle me demande si elle ne me dérange pas, et m'explique qu'elle a quatre enfants dont la dernière, une fillette de sept ans, a été diagnostiquée autiste, elle ajoute qu'elle aimerait me rencontrer.

Le coup de téléphone se prolongera pendant une heure et demie, mais à part la mention qu'elle a faite de cette enfant en début de conversation, il n'en sera plus jamais question. Elle me raconte son histoire : l'histoire d'une vie brisée, l'histoire d'une vie en miettes, macabre destinée d'instants broyés. Tout dans cette vie s'est abîmé, a chaviré, a été sabordé.

Au bout du fil, je l'écoute mais je me sens tellement impuissante. Je sais combien mes réponses sont insuffisantes, déficientes, défectueuses, exiguës. Je me sens courte, médiocre et inapte face à un tel océan de souffrances. C'est toute l'humanité insultée, bafouée, humiliée qui est venue à moi en cette heure-là : et lentement, bien malgré moi, dans le silence de mon désarmement, mon émotion me submerge. Je ne puis qu'offrir ma modeste écoute à son atteinte et à son outrage.

Elle ne viendra qu'à un unique rendez-vous, et pendant deux heures, je la laisserai parler, il ne sera pas question un seul instant de cette fillette pour laquelle elle est prétendument venue me voir, bien que j'aurai plusieurs fois essayé d'aborder le sujet.

Ce jour-là, j'ai rencontré toute la pauvreté, tout le dénuement, tout l'abîme humains. Lorsque la misère se fait injure, lorsque le manquement se fait offense et l'affront infamie, c'est avec infiniment de précautions que l'on offre en retour quelques instants d'accueil dont par avance l'on mesure l'inestimable insuffisance. Au bout des deux heures, elle s'est levée, et m'a alors adressé cette phrase que je n'ai jamais oubliée : « Je vous remercie, madame, de m'avoir écoutée et de ne pas avoir regardé votre montre. » Comment l'aurais-je pu !

Notre histoire commune s'est arrêtée là, je ne l'ai jamais revue, je n'en ai plus entendu parler, mais je ne l'ai jamais oubliée. Elle m'avait pourtant assuré qu'elle reviendrait avec sa fille aînée à qui elle désirait que je parle. Je ne saurai jamais ce qui s'est produit pour que nous en restions là, mais j'ai peine à croire que j'ai été suffisante ce jour-là pour qu'elle ne revienne pas. A-t-elle changé d'avis ? Lui est-il arrivé quelque chose d'irrémédiable ? N'ai-je pas été l'interlocutrice dont elle avait finalement besoin ? Je me suis longtemps posé la question et je n'ai toujours pas trouvé la réponse : il faut être modeste, on n'est pas toujours celui que l'on voudrait être pour l'autre, ni celui qu'il faudrait être pour lui, c'est sans doute ce qui s'est passé et je le regrette encore.

La voix d'un jeune homme résonne dans mon oreille, il demande à me parler et se présente. Je suis surprise de l'entendre, car depuis que nous nous connaissons il ne m'a jamais téléphoné, alors qu'aujourd'hui, il paraît qu'il a insisté pour passer lui-même le coup de téléphone. Il m'annonce qu'il a trouvé un stage et une école et qu'il est content. C'est un jeune homme de dix-sept ans qui travaille avec moi depuis un peu plus d'un an à présent. Avant notre rencontre, sa mère a beaucoup cherché, beaucoup pataugé et elle est arrivée chez moi ne sachant plus que faire ni comment réagir.

Encore une fois, il avait fallu reprendre les premiers apprentissages qui lui avaient échappé, et puis, peu à peu modifier ses programmes de travail. Pour ce faire, je lui ai demandé à quoi il s'intéressait. Cela m'est toujours apparu essentiel de partir de l'intérêt de chacun si l'on veut aider l'enfant ou le jeune à continuer d'avoir le goût d'apprendre, ou si on veut le lui communiquer.

Car aimer apprendre, s'intéresser, cela s'éduque, cela se distille peu à peu, cela fait partie de l'éducation que l'on doit offrir à nos enfants. Nous sommes responsables, parents, et ce, dès leur plus jeune âge, de développer chez eux l'envie de l'effort et l'intérêt pour ce qui les entoure. C'est à nous de susciter peu à peu cet éveil, de façonner cette intelligence naissante, c'est à nous de ciseler, de graver, de modeler leur discernement et leur entendement : un petit être ne se construit pas par hasard, il se fait toujours témoin de l'environnement qui l'a porté.

Les intérêts de l'enfance ont une grande influence, bien souvent inconsciente, sur ce que notre enfant fera de lui-même lorsque viendra l'âge d'homme. Nous devons nous faire promoteurs de ses découvertes, complices de son ingéniosité. C'est du temps de l'enfance que naît l'intransigeance, c'est du temps de l'enfance que s'engendrent cette attitude et cette inclination pour les choses humaines. Nous sommes bâtisseurs, parents, nous sommes architectes et forgerons.

C'est donc en m'appuyant sur ce que me disait le jeune homme que j'ai monté un programme mêlant à la fois les apprentissages scolaires nécessaires qu'il devait rattraper avec les sujets qui l'attiraient le plus, car il fallait qu'il se mette dans une logique de lecture, d'écriture et de mathématiques.

Aujourd'hui, il travaille avec l'aide de sa mère qui vient régulièrement me voir car nous faisons ensemble pour son garçon un travail cadrant et précis. Le jeune homme a déjà beaucoup changé, ce n'est plus la même personnalité qu'il y a quelques mois : il est plus présent, plus confiant, plus assuré, mais surtout il est fier de lui et il sent que l'on est content de lui dans son entourage.

Certes, la route est loin d'être terminée pour ce jeune homme, mais il a aujourd'hui des armes qui lui permettent d'avancer et de croire en lui. Jusqu'où ira-t-il ? Que deviendra-t-il ? Nul ne le sait, mais sur ce sujet il est sur un même pied d'égalité que tout un chacun : qui peut se targuer de pouvoir prédire l'avenir d'aucun d'entre nous ? L'essentiel est d'apprendre à se gérer au mieux jour après jour.

En tant que parents nous devons prendre conscience qu'il n'y a pas d'âge pour entamer cette route-là, il n'est jamais trop tard pour s'y mettre, il y a toujours une possibilité de changement, d'évolution. Les routes à poursuivre avec nos enfants sont multiples et variées, et à qui sait les voir et les explorer, elles sont toujours faites d'opportunités, toujours faites d'ouvertures. Une bataille n'est jamais perdue, il faut la mener jusqu'au bout et savoir en tirer avantages là où l'on ne s'y attendait pas, là où on n'aurait jamais cru pouvoir se trouver, mais la vie est ainsi faite, elle nous offre des chemins que l'on fait nôtres bien malgré nous, et qui sont tout notre bonheur.

Tous mes rendez-vous, toutes mes rencontres n'ont pas toujours été des réussites, je n'ai pas toujours su me faire ce passeur que j'espère être auprès des parents. Je n'ai pas forcément été comprise, je n'ai pas toujours su allumer cette petite flamme et le courant n'est parfois pas passé : je mesure à quel point ma part de responsabilité est grande dans ce cas. Ou bien encore, ce que je proposais n'était pas le parcours que les parents qui me faisaient face se sentaient en mesure d'entreprendre.

Je me suis déçue moi-même de ne pas avoir pu, de ne pas avoir su ce jour-là ouvrir un chemin, distiller un espoir, mais c'est ainsi.

À tous les parents qui travaillent aujourd'hui à mes côtés et qui ont entamé cette route tortueuse et accidentée, mais combien magnifique dans sa noblesse et grandiose dans sa générosité, je voudrais dire à quel point le risque vaut d'être couru. Ce sont tous nos affronts, tous nos défis, toutes nos épreuves qui donnent un sens à notre mesure et qui accordent une écoute et une destination à notre inlassable quête.

Devenir parent c'est se faire tour à tour dompteur, équilibriste, guide de haute montagne, c'est apprendre à braver et à s'aventurer, c'est courir le hasard au risque de s'égarer, c'est se commettre et se compromettre, c'est entreprendre et s'engager, c'est s'exposer à essayer et s'éprouver. Éternels risque-tout pour bâtir un *peut-être* dont l'unique évidence reste l'incertitude.

Mais on ne vit pas d'assurances, on vit de convictions, rien dans les choses humaines n'a part à l'absolu : c'est de notre contingence, dans tout ce qu'elle a de vulnérable, d'instable et de contestable, que peu à peu a jailli notre constance, authenticité sans cesse oscillante, bien souvent vacillante. Notre barque à nous, parents, a pour rames le précaire et l'indéterminé et pour flots l'imprévu instable et versatile.

Et cependant, tous ces tâtonnements, tous ces ballottements, ces tergiversations faites de flottements, d'inquiétudes, d'indécisions et de désarrois, nous ont donné l'élan de vie dans tout ce que cela implique d'existence, de force, d'intensité, d'irremplaçable expérience, sève de notre dynamisme et de notre vaillance.

C'est parce que notre ardeur s'est faite éloquence et notre persuasion faconde et élégance, qu'un jour venu, comme avant nous nos parents, nous nous sommes arrêtés là, nous l'avons fait passer devant, et nous avons dit à notre enfant : « Maintenant va ! » Il n'y a pas de hasard : nous récoltons parce que nous avons semé, nous édifions parce que nous avons fondé.

Notre chemin de vie nous a menés là où nous n'aurions jamais souhaité nous trouver. Et durant bien des heures nous nous sommes sentis asphyxiés, étranglés, garrottés, noyés, et cependant c'est parce que peu à peu nous avons compris qu'il ne fallait rien attendre de particulier pour toujours continuer à avancer, que nous avons appris à accueillir encore et toujours ces instants de vie-là, comme opportunités.

Et de cette sourdine est née une mélodie qui eut souvent pour notes l'accroc et l'indigence : d'accords en arrangements, de cadences en mouvements, cette musique est devenue concert, et c'est tout doucement dans le fortuit et dans l'accidentel qu'un chœur s'est élevé. Son chant est celui de l'aventure et de la circonstance, réconciliation de l'adaptation et de la malchance, et le manque peu à peu s'est fait affiné. C'est dans l'aléatoire et dans l'aventureux, dans l'éventuel et dans l'indiscernable qu'instant après instant, année après année, une seule certitude nous est née : *ne jamais renoncer*. Allons parents !

Table des matières

Ouvrage proposé par Gérard Jorland
et publié sous sa responsabilité éditoriale

CET OUVRAGE A ÉTÉ COMPOSÉ
ET MIS EN PAGES CHEZ COMPO 2000 (SAINT-LÔ)

Impression réalisée sur Presse Offset par

C P I
Brodard & Taupin

La Flèche (Sarthe), le 28-01-2008
N° d'impression : 45489
N° d'édition : 7381-2051-X
Dépôt légal : janvier 2008

Imprimé en France